Beate Battenfeld

75 FRAUEN

– Solinger Persönlichkeiten –

Solingen 2010

Die vorliegende Publikation wurde gedruckt mit Unterstützung von:

Horst Eickenberg
Axel Fuesers
Gleichstellungsstelle der Stadt Solingen
Tilmann Schultes sen.
Boris und Friederike Sinowenka
Stadtarchiv Solingen
Hildegard Terp
Klaus und Ina Wester
Ellen Weyersberg-vom Stein
Hans Werner und Hannelore Wolfertz

Herausgeber: Bergischer Geschichtsverein Abt. Solingen e. V.
Gestaltung: Dr. Beate Battenfeld, Solingen
Lithografie: Thiele & Keller GmbH, Solingen
Druck: Druckerei H.-J. Rießelmann GmbH, Lohne

ISBN 978-3-925626-36-4

Sitzung des Solinger Stadtrates, 1956 *Stadtarchiv Solingen*

VORWORT

Solingen ist eine lebens- und liebenswerte Stadt. Hierzu tragen grundlegend die Bürgerinnen und Bürger bei, die im verborgenen oder öffentlichen Leben aktiv sind. Sowohl im Beruf als auch im Ehrenamt kümmern sie sich um die Belange aller Einwohner.

Die Stadt Solingen würdigt seit 1964 besonderes Engagement mit der Verleihung des Ehrenringes. Ihn erhalten Solingerinnen und Solinger, die sich um das Wohl der Stadt verdient gemacht haben. Ebenso wie diejenigen, die sportliche Höchstleistungen vollbracht haben und mit dem Sport-Ehrenring der Stadt ausgezeichnet wurden.

Es wurden vor allem die Frauen ausgezeichnet, die sich nach 1945 als Kommunalpolitikerinnen um den Aufbau der Demokratie verdient gemacht haben und gleichzeitig im sozialen Bereich tätig waren. Ihrer Tatkraft und ihrem beispielhaften Einsatz ist es zu verdanken, dass Solingen zu einem modernen Gemeinwesen geworden ist. Andere brachten Meistertrophäen von sportlichen Wettkämpfen nach Solingen. Sie alle waren zu ihren aktiven Zeiten sehr bekannt in ihrer Heimatstadt – und sind es noch heute.

Auf all diese Frauen kann Solingen mit Recht stolz sein kann. Als gebürtige Solingerinnen waren sie später in ihrer Geburtsstadt aktiv oder wurden in der weiten Welt berühmt. Andere kamen als Kinder oder junge Frauen in die Klingenstadt und setzten sich für ihre neue Heimat ein.

Bislang fehlte eine Publikation mit Angaben zu Leben und Werk bedeutender Solingerinnen. Mit dem vorliegenden Buch widmet sich die Solinger Historikerin Dr. Beate Battenfeld nun erstmals bekannten Persönlichkeiten der Kommunalpolitik, des Sports, der sozialen und kulturellen Entwicklung in der Stadt. Sie erhielten für ihr Wirken öffentliche Würdigungen oder trugen den Namen der Stadt über diese hinaus.

Ich wünsche Ihnen viel Vergnügen bei der Lektüre.

Norbert Feith
Oberbürgermeister der Stadt Solingen

EINLEITUNG

Frauen haben zu jeder Zeit die Welt mit verändert und verbessert. Schon immer haben sie Leistungen vollbracht, von denen man glaubte, sie seien nur Männern vorbehalten. Sie erkundeten die Welt und machten geniale Erfindungen.

In der Geschichtsschreibung wurden Frauen und ihre Leistungen jahrhundertelang stillschweigend übergangen. Erst in den letzten Jahrzehnten erschienen Publikationen zum Beispiel über wagemutige Frauen, geniale Frauen und auch Entdeckerinnen. Es gibt Lebensbilder von Frauen in aller Welt ebenso wie vermehrt Biographien aus einem begrenzten Raum.

Einige dieser Veröffentlichungen waren für mich der Anlass, im Solinger Stadtarchiv nach bekannten Frauen aus der Stadtgeschichte zu forschen und die Ergebnisse in einem Vortrag zu veröffentlichen. Es ging nicht darum, Frauengeschichte darzustellen, sondern einzelne Personen und ihre Bedeutung für die Stadt und/oder ihren Schaffensbereich zu porträtieren. Dies geschah imehrfach vor einem interessierten Publikum.

Seitdem sind mehrere Jahre vergangen, in denen ich immer wieder mal gefragt wurde, ob und wann es über die berühmten Solingerinnen ein Buch geben würde. Also nahm ich im Frühjahr 2010 die Recherchen wieder auf.

Die Solingerinnen, deren Namen sich im Stadtbild wiederfinden lassen, sollten auf jeden Fall aufgenommen werden. Die meisten nach Frauen benannten Straßen haben lediglich Vornamen, so wie viele Städte sie haben. Einige tragen Namen von Frauen der Unternehmer, die dort eine Firma hatten oder die Straße mitfinanziert haben. Drei Straßen tragen die Namen verdienter weiblicher Persönlichkeiten, doch einzig die Emilienstraße wurde offiziell nach einer Solingerin, Emilie Köbeler, benannt.

Auch Häuser erhielten die Vornamen von Frauen. Hier war es oft die Ehefrau eines Unternehmers. So erhielt auch das Henriette-Amalie-Rasspe-Stift in Stöcken bei seiner Einweihung 1906 seinen Namen in Erinnerung an die Frauen der großzügigen Unterstützer beim Bau des Gemeindehauses. Drei Gebäude in Solingen tragen Namen von Frauen, die für Solingen eine besondere Bedeutung haben: Maria Grosser, Helga Leister und Elisabeth Roock. Nach Mildred Scheel, der Ehefrau des in Solingen geborenen Altbundespräsidenten Walter Scheel, wurden die „Gewerblich-hauswirtschaftlichen Berufs- und Berufsfachschulen der Stadt Solingen mit Fachschule für Sozialpädagogik und Fachoberschule für Sozialpädagogik" an der Untengönrather Straße benannt. Die Namensgebung war ein Beweis für die Anerkennung ihrer Arbeit für die Deutsche Krebshilfe. Junge Menschen sollten sich weiterhin an ihrem Beispiel für glaubwürdiges soziales Engagement orientieren können.

Es gibt noch viel mehr Frauen, die es verdient haben, dass in Solingen an sie erinnert wird. Sie wurden in Solingen geboren und erreichten später in ihrem Beruf, im Ehrenamt oder im Sport große Bekanntheit und wurden berühmt. Andere verbrachten einige Jahre in der Stadt und zogen dann fort, um später als erfolgreiche Töchter Solingen zu besuchen. Viele Frauen wählten, oft durch äußere Umstände bedingt, die Klingenstadt zu ihrem neuen Wohnort. Hier wirkten sie vor allem in der Kommunalpolitik und im sozialen Bereich. Einige Frauen legten Grundlagen für die heutige Struktur der Stadt sowohl im politischen als auch im kulturellen Bereich.

Sie alle haben sich um die Entwicklung Solingens verdient gemacht und zum guten Ruf der Stadt im nahen und fernen Umfeld beigetragen. Nicht wenige engagierten sich auf überörtlichen Ebenen bei Institutionen und Vereinen. Dafür erhielten sie hohe Auszeichnungen des Bundespräsidenten, des Papstes sowie von regionalen und bundesdeutschen Verbänden.

Mit mehr als hundert verstorbenen Frauen in und aus Solingen habe ich mich befasst. Eine Auswahl zu treffen, war nicht einfach, jedoch musste sie nach subjektiven Gesichtspunkten und Quellenlage erfolgen. Als Grundlage dienten die im Stadtarchiv Solingen befindliche Literatur und die unterschiedlichen Archivalien. Erst während der intensiven Recherchen festigte sich die Überlegung, auch lebende bekannte Frauen aufzunehmen. Ansonsten wären einige Solingerinnen unerwähnt geblieben, deren aktive Zeit und damit ihre Leistungen und Verdienste viele Jahre zurückliegt. Berücksichtigt wurden hierbei die Geburtsjahrgänge bis 1939, um die Anzahl der vorgestellten Personen zu begrenzen.

Es wird an die Frauen erinnert, die bereits sehr lange in der Stadt bekannt sind, und an die, deren Namen sich bei Museen finden. Eine Ausnahme bildet die gebürtige Solingerin, die in Schweden schon lange zu den berühmtesten Schriftstellerinnen gehört.

Während der Arbeit zu diesem Buch habe ich viele Menschen kennengelernt, die mir ihr Vertrauen schenkten. Sie haben mir ihre oder die Lebensgeschichte ihrer Ehefrau, Mutter, Großmutter, Schwester oder Tante erzählt und Fotos geliehen. Dafür möchte ich mich recht herzlich bedanken.

Dank gebührt auch den Mitarbeiterinnen und Mitarbeitern des Stadtarchivs Solingen für ihre vielfältige Hilfe sowie den genannten Fotografen, die mir freundlicherweise Fotos zur Verfügung stellten, und den Redaktionen der örtlichen Presse für die Abbildungen aus ihren Archiven.

Besonders wertvoll für die inhaltliche Gestaltung waren die konstruktiven Gespräche mit Ralf Rogge und Dr. Horst Sassin, denen ich auch für die Durchsicht des Manuskripts sehr dankbar bin.

STADTGESCHICHTE

Hinweise auf Frauen in der Geschichte des Bergischen Landes finden wir im Buch „Bergische Frauen" von Otto Schell, erschienen 1927 in Elberfeld, ebenso wie in „Volks- und Heimatkunde des Wupperlandes" von Julius Leithäuser. Die einzige berühmte Frau, von der sowohl Schell als auch Leithäuser berichten, ist Louise Berg. Schell schreibt, dass sie „wohl als die bedeutendste Frau Solingens angesprochen werden kann".

In der dreibändigen Publikation zur Solinger Geschichte „Geschichte einer Stadt" von Heinz Rosenthal finden wir im Personenverzeichnis verschiedene Frauennamen. Manche der Frauen sind im Text nur namentlich erwähnt als Schwester oder Frau eines Regenten und haben mit Solingen nichts zu tun. Andere werden als Witwen und Eigentümerinnen oder Töchter Solinger Hofeigentümer genannt. Eine wichtige Rolle spielten sie beim Übergang von Gütern oder Höfen auf andere Familien. Ausführlich erzählt auch Rosenthal die Geschichte von Louise Berg, die einen französischen Marschall heiratete. Erwähnung findet bei ihm auch die Postbotin Wittib Hammerstein. Doch das Kapitel „Persönlichkeiten" in Band 3 berichtet nur von Männern.

Für die Entwicklung der Stadt Gräfrath war das von der Äbtissin Elisabeth zu Vilich auf ihrem Besitztum zu Gräfrath im Jahr 1187 gegründete Kloster eine wichtige Voraussetzung. Ohne es wäre aus der Handvoll Bauerngüter am Fuß des Berges vielleicht keine Stadt hervorgegangen.

Einige Solinger Töchter aus bekannten Unternehmerfamilien brachten durch Beziehungen nach ihrer Heirat wichtige Kontakte in bestimmte Kreise und damit Aufträge für die Solinger Fabrikanten. Neben Louise Berg sei hier die Tochter des Notars Ferdinand Ludwig Henrich und seiner Ehefrau Anna, geborene Weyersberg, Tochter des Königlichen Kommerzienrates Carl Gustav Weyersberg, erwähnt. Elisabeth Henrich wurde 1879 im Haus Kölner Straße 69 geboren, dem Haus, in dem einst die Vermählung von Louise Berg stattgefunden hatte. 1883 mit den Eltern aus Solingen verzogen, heiratete Elisabeth 1903 Raimund Freiherr von Guttenberg-Steinhausen, der im Ersten Weltkrieg 1914 fiel. Elisabeth von Guttenberg-Steinhausen wohnte von 1923 bis zu ihrem Tod 1965 in Kirchlauter auf einem alten Familienbesitz der Familie Guttenberg. Sie pflegte bis zuletzt stets die engsten Beziehungen zu Solingen und ihren Verwandten.

Andere Solingerinnen halfen bei der Erforschung der Stadtgeschichte und weitere Frauen sind selbst ein Teil davon. Sie bauten Einrichtungen auf oder unterstützten die Stadt bei Vorhaben, die heute wichtig sind für die weitere Entwicklung und den Ruf der Stadt in unterschiedlichen Bereichen.

Eine besondere Frau ist die Solingerin Mevlüde Genç. Geboren 1943 in der Türkei, kam sie 1973 nach Deutschland, wo ihr Mann drei Jahren zuvor als

Gastarbeiter eine Arbeitsstelle bekommen hatte. Sieben Jahre lang lebten ihre fünf Kinder abwechselnd in der Türkei bei den Großeltern und in Solingen bei den Eltern. Als zwei weitere Kinder zur Welt kamen, kauften die Eheleute Genç von geliehenem Geld eines Freundes ein älteres Haus.

Nachdem sie 1993 bei einem rechtsextremen Brandanschlag auf ihr Wohnhaus zwei Töchter, zwei Enkelinnen und eine Nichte verloren hatte, wurde Mevlüde Genç zur Botschafterin des deutsch-türkischen Zusammenlebens. Am Grab ihrer ermorderten fünf Familienmitglieder plädierte sie für die Versöhnung und Toleranz zwischen Deutschen und Türken. Auch nach dem schrecklichen Ereignis blieb sie Solingen treu und wurde 1995 deutsche Staatsbürgerin. Sie gründete u. a. einen Kindergarten und unterstützt das Bewusstsein, das bereits bei kleinen Kindern von Anfang an geschult werden sollte – nämlich dass Rassismus in Deutschland keine Chance haben darf.

Für ihre Bemühungen um Versöhnung nach dem Anschlag erhielt sie am 27. Februar 1996 das Bundesverdienstkreuz am Bande verliehen. Die ARD hatte sie bereits zur Frau des Jahres 1994 ernannt, und auch in der Türkei bekam sie mehrere Orden. Bei den Deutsch-Türkischen Kulturwochen der Friedrich-Ebert-Stiftung wurde sie 2003 mit dem Freundschaftspreis ausgezeichnet.

Mevlüde Genç, 2006 *Uli Preuss*

JOHANNA LOUISE ELISABETH SOULT (1771–1852)
geborene Berg

Ein geradezu märchenhaftes Ereignis spielte sich vor über 200 Jahren in Solingen ab. Die Heirat einer jungen Solingerin und die Vorgeschichte erregten große Aufmerksamkeit. Ihre Heimatstadt und deren Industrie profitierte später erheblich von den verwandtschaftlichen Beziehungen.

Johanna Louise Elisabeth Berg war die am 26. Mai 1771 geborene Tochter der Eheleute Johann Abraham und Sybilla Catharina Wilhelmina Berg, geborene Mumm. Der Vater war Klingenkaufmann von Beruf und einige Jahre Bürgermeister von Solingen.

Im Verlauf der damals tobenden Revolutionskriege erfolgte nach dem siegreichen Vorrücken der Franzosen durch Belgien an den Rhein die zweite Emigrantenwelle auch nach Solingen. Unter ihnen war Anfang 1795 ein gewisser Duffieux, angeblich Offizier. Er machte in der Stadt dadurch auf sich aufmerksam, dass er sich in Louise Berg verliebte und sie entführen wollte. Die darüber tief betrübte Mutter fand die Unterstützung des Magistrats, der im April 1795 ein großes Verhör veranstaltete und Duffieux ins Preußische abschob.

Kurz darauf wurde das Amt Solingen infolge eines im Dezember 1795 geschlossenen Waffenstillstandes stark mit Soldaten belegt. Die Einquartierungen belasteten die Stadt sehr und es kam zu Beschwerden der Bürger. Dazu kamen Plünderungen der Soldaten, u. a. bei der Witwe Berg. Anfang 1796 nahm der Chef der 31. Halbbrigade, General Jean de Dieu Soult, bei ihr Quartier. Sie empfing sie ihn aufgrund der äußeren Umstände sehr kühl, wie Soult es in seinen Erinnerungen beschrieb.

Auf dem Weg zu ihr muss er deren Tochter Louise beim „Haus auf der Treppe" ihres Onkels Johann Abraham Knecht an der Kölner Straße 69 gesehen haben. Vermutlich bat er darum, mit ihr bekannt gemacht zu werden. Es ist in der Familie überliefert, dass der französische Offizier der schönen, durch Begabung und Gemüt ausgezeichneten Solingerin in nichts nachgestanden habe. Binnen acht Tagen verlobten sich die jungen Leute. Die Affäre Louise Bergs mit dem Emigranten Duffieux, der gegen die Verlobung Einspruch erhob, wurde notariell bereinigt, indem die Witwe Berg eine Erklärung abgab, dass zwischen dem Mädchen und Duffieux kein Verlöbnis bestanden habe.

Louise Berg und Jean de Dieu Soult heirateten am 27. April 1796 in Solingen und feierten ihre Vermählung im Haus des Onkels an der Kölner Straße. Die Trauung nahm der reformierte Pastor Neinhaus in der evangelischen Stadtkirche vor.

Viele, jedoch nicht belegbare Erzählungen ranken sich um die schnelle Hochzeit. Was damals niemand ahnen konnte – dem Ehepaar Soult stand ein abwechslungsreiches Leben bevor. Beim Abzug der Franzosen Ende Mai 1796 versprach General Soult, die Stadt Solingen vor künftigen Kriegsfolgen möglichst zu verschonen – was er auch hielt.

Das Ehepaar Soult lebte Jahre lang in St. Cloud als unmittelbare Nachbarn Napoleons. Er war Pate ihres 1802 geborenen Sohnes Napoleon-Hector und äußerte 1804 zur Geburt ihrer Tochter Josephine Louise Hortense gegenüber Jean de Dieu Soult: „Ich wünsche mir, daß Ihre Tochter ihrer Mutter ähneln wird."

Ein besonderes Ereignis wird für die Solingerin die Krönung Napoleons gewesen sein. Louise ist auf einem der populärsten Gemälde im Louvre zu sehen: Napoleon Bonaparte setzte sich selbst und seiner Frau Josephine am 2. Dezember 1804 in der Kathedrale von Paris die Kaiserkrone auf. Dieses weltgeschichtliche Ereignis beobachtete das Ehepaar Soult aus nächster Nähe. Louise sitzt auf dem bekannten Krönungsbild Jacques-Louis Davids in der Ehrenloge zur Linken der Mutter Napoleons, zu deren Ehrendame sie der Herrscher ernannt hatte.

Kaiserkrönung Napoleons in Notre-Dame von Paris am 2. Dezember 1904, gemalt von Jacques-Louis David. Louise Soult sitzt in der Loge der Mutter Napoleons

bpk / RMN /Versailles, châteaux de Versailles et de Trianon / Peter Willi

Auch eine persönliche Konfrontation mit Napoleon hat stattgefunden. Wie es damals Brauch war, begleitete Louise gelegentlich ihren Mann auf seinen Reisen. Und das waren nicht wenige, denn Jean de Dieu Soult spielte in der Geschichte Frankreichs eine hervorragende Rolle. Er wurde 1804 zum Marschall und 1807 zum Herzog von Dalmatien ernannt. Nachdem Marschall Soult bereits von 1808 bis 1813 Oberbefehlshaber in Spanien war, wollte Napoleon ihn einige Monate später wieder dorthin schicken. Louise weigerte sich „mit ihrer bergischen Aufmüpfigkeit", so Axel Fuesers, ihren Mann nach Spanien zurückkehren zu lassen. Weil sie so starken Einfluss auf ihren Mann hatte, wandte sich dieser an Napoleon, der die Herzogin zu sich kommen ließ. Sie erschien mit großem Auftritt und erklärte klipp und klar, ihr Mann kehre nicht nach Spanien zurück und es sei Zeit, dass er sich ausruhe. Der Kaiser bemängelte ihr Benehmen und erinnerte sie daran, dass sie ihrem Mann zu gehorchen habe. Also beugte sie sich und fuhr in die Pyrenäen zurück, während man sich im Hauptquartier über die Herzogin lustig machte. Napoleon schrieb später über diese Episode, dass man kaum glauben könne, dass Soult in seiner Ehe nicht der Bestimmende sei, trotz seiner Haltung und Disziplin, die einen großen Charakter kennzeichnen.

Louise Soult mit ihren Kindern im Park von Villeneuve l'Etang bei St. Cloud

Sammlung Axel Fuesers (Original verschollen)

Nach dem endgültigen Sturz Napoleons wurde Soult von der Regierung König Ludwigs XVIII. verbannt und lebte mit seiner Familie drei Jahre in Düsseldorf. Hier kam die jüngste Tochter, Marie-Caroline Louise, zur Welt, starb jedoch noch im Geburtsjahr 1817. In Düsseldorf lernte Louise auch die Mutter Heinrich Heines kennen und pflegte mit ihr eine gute Freundschaft. Louise Soult, Herzogin von Dalmatien, kämpfte am Hof in Paris für die Rehabilitierung ihres Mannes, dem man vorwarf, sich während der 100 Tage, die Napoleon aus dem Exil kommend nochmals regierte, auf dessen Seite gestellt zu haben, nachdem er zuvor dem Boubornenkönig die Treue geschworen hatte. Im Jahr 1819 schließlich rief König Ludwig XVIII. Soult nach Paris zurück.

1830 wurde der Herzog von Dalmatien Kriegsminister und 1832 Ministerpräsident. Da er das Amt des Kriegsministers bis 1834 behielt, verdankten ihm die mit seiner Frau verwandten Solinger Waffenfabriken und Kaufleute umfangreiche Bestellungen seitens der französischen Regierung. Louises Fürsprache spielte gewiss eine wichtige Rolle, und so erhielt ein Teil der Solinger Bevölkerung durch diese Aufträge Arbeit. Seit 1839 war Soult auch Minister des Auswärtigen. Nach seinem Rücktritt erhielt er den Titel „Maréchal géneral de France", der ihn über alle übrigen Marschälle erhob. Kein anderer der Marschälle Napoleons hat Soult überlebt. Und bis heute hatte kein Ministerpräsident Frankreichs dieses Amt länger inne als Jean de Dieu Soult.

Die Marschallin hielt enge Beziehungen zu ihrer Familie. Sie freute sich, wenn Geschäftsreisende aus Solingen bei ihr in Paris oder auf Schloss Soult-Berg in St. Amans erschienen, und nicht selten hat sie durch ihre machtvolle Fürsprache geholfen.

Oft kam die Marschallin – zuletzt noch als Achtzigjährige – mit ihrem großen vierspännigen Reisewagen und zahlreicher Dienerschaft zu ihrer Verwandtschaft auf Besuch. Ihr Mann stand in bestem Einvernehmen mit der Solinger Bürgerschaft und versuchte deren Kriegslasten nach Möglichkeit zu mildern.

Louise Soult, 1847, gemalt von Franz Eduard von Heuss *Privatbesitz*

Louise hat ihren am 26. November 1851 verstorbenen Mann nur um wenige Monate überlebt. Um in denselben Himmel zu kommen wie er, konvertierte sie auf dem Totenbett vom Protestantismus zum Katholizismus. Johanna Louise Elisabeth Soult, geborene Berg, Marschallin Soult, Herzogin von Dalmatien, starb am 12. März 1852 auf Schloss Soult-Berg in St. Amans in Frankreich.

AUGUSTE HOPPE (1872–1948)
geborene Loeber

Wenn über die Ortschaft Aufderhöhe gesprochen wird, hört man gelegentlich noch die Bezeichnung „Kurort". Tatsächlich wurden hier zu Beginn des 20. Jahrhunderts die Grundlagen für einen mannigfaltigen Kurbetrieb geschaffen.

Die Eheleute Friedrich und Bertha Loeber, geborene Becker, wohnhaft am Neuenhof in Höhscheid, wurden am 9. Dezember 1871 Eltern einer Tochter, die sie Auguste nannten. Der Vater, Scherenschleifer und Winkelierer von Beruf, verstarb früh, so dass die Mutter eine zweite Ehe einging.

Am 31. Mai 1894 heiratete die gewerbslose Auguste Loeber, wohnhaft an der Bergerstraße in Höhscheid, den 1854 geborenen Messerfabrikanten Ferdinand Hoppe aus Aufderhöhe. Am 22. Juni zog sie mit ihm, dessen Gewerbe als Messerschmied und Gärtner angegeben wurde, ins Haus Aufderhöhe 29, wo am selben Tag auch ein Gärtnerlehrling einzog, der sechs Monate blieb. Auguste Hoppe ging noch im gleichen Jahr nach Berlin und ließ sich bis 1898 in Massage, Krankenpflege und Behandlung von Frauenleiden ausbilden. Vermutlich nach ihrer Rückkehr nahm das Ehepaar Hoppe den im Jahr 1897 in Bernburg geborenen Rudolf Hellweg als Sohn an. 1901 erhielt er den Namen Hoppe.

Im Jahr 1898 begann Auguste Hoppe gemeinsam mit ihrem Mann in Aufderhöhe inmitten von Obstbäumen und gärtnerischen Anlagen mit dem Bau eines Sanatoriums. Das im Jahr 1900 eröffnete Kurhaus erhielt den Namen „Augustaheim" und war für die damalige Zeit hervorragend ausgestattet. Man erkannte es schon von weitem an der großen Windkraftmaschine auf dem Dach, die vor der Einführung der städtischen Wasserversorgung Pumpen antrieb und damit den hohen Wasserverbrauch für die Heilbehandlungen ermöglichte.

Für einen gemütlichen Aufenthalt standen den Kurgästen laut einem Hausprospekt behaglich eingerichtete Zimmer, ein Speisesaal, Lese- und Gesellschaftszimmer, ein Wintergarten und eine geräumige, mit einem offenem Kamin eingerichtete Diele zur Verfügung. Zudem waren eine 100 qm große „Badeanstalt" für medizinische Bäder im Haus sowie ein Lichtbad und Massageräume vorhanden. In dem als Naturpark bezeichneten etwa 10 Hektar großen Gelände gab es Liegehallen und „Hütten", wo man frische Luft genießen konnte und bei gutem Wetter auch schlafen konnte.

Unter der Aufsicht des leitenden Arztes, Dr. Carl Römer aus Ohligs, wurden in erster Linie Frauenleiden jeder Art, Krankheiten des Nervensystems, des Stoffwechsels sowie der Luftwege behandelt. Versorgt wurden auch Rekonvaleszenten nach Operationen, denen angeboten wurde, sich auf dem zum

Sanatorium gehörenden landwirtschaftlichen Betrieb zu betätigen.

Während Auguste Hoppe in die Behandlung der Kurgäste eingebunden war, kümmerte sich ihr Mann um die Landwirtschaft. Er war ebenso wie seine Frau Inhaber des Sanatoriums und wurde als Gärtner und Fleischbeschauer bezeichnet. In Aufderhöhe war er als Naturapostel bekannt, und seine Erscheinung in Sandalen, ohne Kopfbedeckung und mit langem Bart gehörte zum dortigen Ortsbild. Als besonders heilkräftig sah er den Verzehr von Rhabarber und der bis dahin unbekannten Tomaten an. Vermutlich zog Ferdinand

Auguste Hoppe, geborene Loeber, um 1900

Das Augustaheim mit Ferdinand und Auguste Hoppe (im weißen Kittel) sowie der hauseigenen Kutsche, um 1900

2 x Stadtarchiv Solingen

Hoppe die Tomaten selbst auf dem weitläufigen Gelände rund um das Kurhaus.

Die Patienten des Sanatoriums wurden mit der hauseigenen Kutsche vom Bahnhof Landwehr oder vom Bahnknotenpunkt Ohligs abgeholt. Wegen des starken Zulaufs nahm man zeitweise nur Frauen auf. Zur Vergrößerung des Kurbetriebes erfolgten bis 1910 in Etappen bauliche Erweiterungen.

Nach dem Tod ihres Mannes Ende April 1914 war Auguste Hoppe der alleinige Vorstand des Sanatoriums. Sie hätte den Kurbetrieb sicherlich fortführen können, doch der Erste Weltkrieg brachte vielfältige Veränderungen für die Aufderhöher Einrichtung mit sich. Das Augustaheim wurde dem Deutschen Roten Kreuz als Lazarett zur Verfügung gestellt. Der Kurbetrieb war während des Krieges und auch für einige Zeit danach vermutlich eingeschränkt oder ganz eingestellt.

1919 verstarb Auguste Hoppes Mutter und sie selbst erkrankte. Im folgenden Jahr verpachtete sie das allgemein als „Kurhaus" bezeichnete Haus dem bisherigen behandelnden Arzt Dr. Carl Römer und verzog am 31. Dezember 1920 innerhalb Höhscheids nach Brücke.

Aufgrund der folgenden allgemein schwierigen Zeiten war es dem Arzt nicht möglich, das Haus lange aufrecht zu halten. Da sie keinen Nachfolger für das Kurhaus hatte, verkaufte Auguste Hoppe das gesamte Anwesen mit insgesamt 28,25 Hektar Land am 11. Mai 1927 an das 1896 in Witten gegründete Diakonische Werk Bethanien. Die große Liegenschaft in Aufderhöhe bewog die neuen Eigentümer dazu, ihre Aktivitäten zunehmend auf dieses Anwesen zu konzentrieren. In mehreren Bauabschnitten erfolgte bis heute die Ausweitung der Einrichtung, die gegen Ende des Krieges durch behördliche Verordnung ein Lungen-Krankenhaus geworden war.

Auguste Hoppe wohnte seit Ende 1926 an der Gesundheitsstraße 2 in ihrem neu errichteten Privathaus. Hier übte die Heilpraktikerin bis zum Beginn des Zweiten Weltkriegs ihre Tätigkeit aus. Nach 1945 praktizierte sie aufgrund einer beginnenden Krankheit nicht mehr. Anfang 1948 verbrachte sie noch zwei Monate in der Schweiz, doch auch hier fand sie keine Linderung. Auguste Hoppe verstarb nach schwerer Erkrankung am 5. November 1948 in ihrer Wohnung. Das nach ihr benannte Augustaheim begründete den Ruf Aufderhöhes als „Kurort", wenn auch nur vorübergehend, und legte den Grundstein für das heutige Krankenhaus Bethanien.

ELFRIEDE DORP (1888–1970)
geborene Corts

Für das großzügige Geschenk einer Kunstsammlung erhielt eine Solinger Unternehmerin den Ehrenring der Stadt Solingen. Eine 1972 ins Leben gerufene Stiftung erhielt ihren Namen.

In Remscheid kam am 12. März 1888 Alma Elfriede Corts als Tochter des Bäckermeisters Gustav Corts und seiner Ehefrau Laura, geborene Cornelius, zur Welt. Dort heiratete sie am 27. April 1911 den Solinger Kaufmann Arthur Dorp. Er hatte im Jahr 1907 das noch heute an der Sonnenstraße in Solingen bestehende Unternehmen Arthur Dorp gegründet. Begonnen hatte er mit der Herstellung von Rasierklingen sowie Maß- und Federbandstählen. Danach nahm er die Produktion von Ampullenfeilen für die pharmazeutische Industrie auf. Ab Mitte der 1930er Jahre übernahm Arthur Dorp Werksvertretungen verschiedener namhafter Stahl- und Metallwerke und wandelte das Unternehmen zu einem Handelshaus für Metalle und Kunststoffe um.

Elfriede und Arthur Dorp, 1951

Firma Arthur Dorp

Elfriede und Arthur Dorp bewohnten bis zum Jahr 1944 eine Villa am Ende der Sonnenstraße, in unmittelbarer Nähe zum Verwaltungsstandort ihres Unternehmens. Die Produktion befand sich an der Bismarckstraße. Während der Luftangriffe auf Solingen im November 1944 wurde das Wohnhaus so stark getroffen, dass die Eheleute im Keller verschüttet waren und Arthur Dorp innere Verletzungen erlitt.

Auch die Firmengebäude – vor allem das Stahllager – wurden im Zweiten Weltkrieg schwer beschädigt, doch die Eheleute Dorp bauten sie wieder auf und brachten ihr Unternehmen zu großer Leistungskraft. Mitte der 1950er Jahre verkauften sie Firmenanteile an Dr. Karl Barich, den Vorstandsvorsitzenden der Stahlwerke Südwestfalen. Seine Familie übernahm im Jahr 1994 schließlich auch die restlichen Anteile und führt das Unternehmen heute in dritter Generation.

Nach dem Tod ihres Mannes am 27. Dezember 1957 trug Elfriede Dorp als Mitinhaberin und Geschäftsführerin weiterhin unternehmerische Verantwortung für die Arthur Dorp KG. Jeden Tag kam sie von ihrem Haus an der Bismarckstraße in die Geschäftsräume an der Sonnenstraße und war in das aktuelle Tagesgeschehen eingebunden. Als Chefin war sie den Mitarbeitern stets ein Vorbild in Pflichterfüllung. „Durch ihre vornehme Gesinnung, die Lauterkeit ihres Charakteres und ihren unermüdlichen Einsatz gewann sie die Wertschätzung und die Freundschaft aller, die sie gekannt haben", ist in einem Nachruf zu lesen.

Urlaub machte Elfriede Dorp nicht, dafür aber Sonntagsausflüge mit ihren Freundinnen. Da sie selbst keinen Führerschein hatte, fuhr ein Firmenmitarbeiter die Damen im Mercedes ihres verstorbenen Mannes an den Rhein oder an die Mosel.

Elfriede Dorp im Haus Mees zur Feier ihres 75. Geburtstags *Firma Arthur Dorp*

1968 schenkte Elfriede Dorp der Stadt die wertvolle Gemäldesammlung ihres Mannes bestehend aus 29 kostbaren Kunstwerken mit herausragenden Werken von Lovis Corinth, Hans Thoma, Anselm Feuerbach und Franz von Stuck. Arthur Dorp hatte diese schönen Stücke nacheinander erworben. Durch ihren Bürgersinn trug seine Witwe mit dazu bei, die Anfänge einer städtischen Kunstsammlung zu begründen. Für die bedeutende Schenkung erhielt sie am 4. Juli 1969 den Ehrenring der Stadt Solingen. Ein halbes Jahr später starb die Kauffrau Alma Elfriede Dorp nach kurzer schwerer Krankheit am 14. Januar 1970.

Die Kunstwerke der Sammlung Dorp sollten damals im Klingenmuseum einen würdigen Platz finden. Sie befinden sich heute im Kunstmuseum Baden und sind bereits mehrfach der Öffentlichkeit präsentiert worden.

Gemäß ihrem Vermächtnis wurde 1972 mit einem Kapital von 450.000 Mark die gemeinnützige Elfriede Dorp-Stiftung gegründet mit dem Zweck der Finanzierung von Projekten der Altenhilfe, Hilfe für Behinderte und mildtätige Zwecke. Gemeinsam mit der Alten-Stiftung der Stadt-Sparkasse Solingen finanzierte die Stiftung den Bau einer Seniorenwohnanlage in Wald, in der Wohnungen für blinde Menschen entstanden.

ERIKA SCHLESINGER (1926–2010)
geborene Helten

Ein grundlegendes Nachschlagewerk über die Solinger Messerzeichen verdankt die Stadt Solingen der Heimatforscherin Erika Schlesinger. Aufgrund ihrer Kenntnisse der Zeichen konnte sie etwa 100 Bestecke des Deutschen Klingenmuseums erstmals Solinger Meistern zuordnen.

In Gräfrath wurde am 19. September 1926 Erika Helten geboren, Tochter von Ernst Helten und seiner Frau Auguste, geborene Joest. Nach ihrer Schulzeit in Meigen und Dorperhof absolvierte sie eine Lehre bei der Firma Franz Schwan in Solingen und arbeitete dort nach Abschluss ihrer Prüfung als kaufmännische Angestellte bis zum Kriegsende.

Ihre Berufstätigkeit setzte die junge Frau nach dem Krieg bei Woolworth in Solingen und Stuttgart fort. Dann kehrte sie nach Solingen zurück, um am 4. August 1953 Günter Schlesinger zu heiraten. Eine Tochter und ein Sohn gingen aus dieser Ehe hervor.

Über die Beschäftigung mit ihrer eigenen Familiengeschichte kam Erika Schlesinger zur Erforschung der Solinger Familien- und Handwerkergeschichte. 1970 legte sie dem Stadtarchiv erstmals Forschungsergebnisse vor: Ein Manuskript mit den Stammtafeln der Familien Lüneschloß und Schlesinger.

Im Jahr 1978 veröffentlichte Erika Schlesinger den ersten Band über die Solinger Messerzeichen mit dem Untertitel „Die Zeichen der Messermacher-Rolle von 1684 und ihre Besitzfolge bis 1875". Der zweite Band folgte vier Jahre später. In den beiden umfassenden Büchern befindet sich eine Liste der Zeicheninhaber mit Angaben über den Zeitraum des Zeichenbesitzes und der Weitergabe an Nachkommen bzw. über den Verkauf der Zeichen.

Außer diesen über Solingen hinaus bekannten Publikationen verfasste die Heimatforscherin in den Jahren 1967 bis 1983 diverse Zeitschriftenbeiträge zu bekannten Säbeln, Degen und Messern. Einzelbeiträge zu Bergischen Familien erschienen in der Zeitschrift „Romerike Berge" des Bergischen Geschichtsvereins

Erika Schlesinger 1944, 1952, 1960

Barbara Schlesinger

(BGV) und in der Zeitschrift „Die Heimat" der Abteilung Solingen des BGV. An der Solingen-Mappe des Rheinischen Städteatlases war Erika Schlesinger maßgeblich mit Vorarbeiten beteiligt: Sie erschloss das Solinger Grundbuch von 1684 in einer Kartei und ermöglichte so dessen Auswertung.

Für ihre als Hobby betriebenen Forschungen zur Geschichte Solingens und des Bergischen Landes erhielt Erika Schlesinger Ende Juni 1983 den Rheinlandtaler des Landschaftsverbandes Rheinland. Sie war sehr überrascht und zugleich erfreut über die Anerkennung jahrzehntelanger verdienstvoller Arbeit.

Tag der Bergischen Geschichte 1986 in Gräfrath

Stadtarchiv Solingen

Im Stadtarchiv Solingen beschäftigte sie sich weiterhin ehrenamtlich u. a. mit dem Nachlass der Schmiede- und Scherenmacherfamilie Heipertz. Hierzu veröffentlichte sie 1984 in „Romerike Berge" die Rekonstruktion des Tagebuchs eines Hammerschmiedes. Vor allem für zukünftige Nutzer sind ihre, durch unterschiedliche Handschriften oft mühsam erfolgten, Übertragungen der Sütterlin- und der Deutschen Schrift ins Hochdeutsche besonders wertvoll.

Als langjährige Schriftführerin der Abteilung Solingen im Bergischen Geschichtsverein bis zum Jahr 1994 kümmerte sich Erika Schlesinger über ihre Aufgaben hinaus um die Belange des Vereins. Sie warb neue Mitglieder und war anderen Familienforschern stets bei der Suche nach Unterlagen oder dem Lesen der alten Schriften behilflich. Auch nach ihrem Ausscheiden aus dem Vorstand war sie dem Verein verbunden und nahm an vielen Veranstaltungen teil.

So war es für sie auch selbstverständlich, 2005 einem Aufruf zu folgen und gemeinsam mit anderen Vereinsmitgliedern im Katasteramt der Stadt Solingen Pläne mit handschriftlich in Sütterlin notierten Texten zu übertragen und damit nutzbar zu machen.

Erika Schlesinger

Christian Beier

Erika Schlesinger verstarb am 15. Februar 2010 in Solingen. Ihr Vermächtnis ist das umfangreiche Nachschlagewerk über die Messerzeichen – noch heute für viele Forschungen von unschätzbarem Wert.

LUISE HENDRICHS (1920–2000)
geborene Hendrichs

Eng mit dem Namen einer Frau verbunden ist ein bedeutendes Solinger Museum. Luise Hendrichs, die das Unternehmen ihres Mannes zunächst fortführte, ermöglichte damit später die Umwandlung zu einem Industriemuseum.

1886 gründeten die Brüder Friedrich-Wilhelm und Peter-Wilhelm Hendrichs in der damaligen Stadt Merscheid (seit 1891 Stadt Ohligs) eine Gesenkschmiede. Hier wurden Rohwaren erzeugt, die dann auf traditionelle Weise in kleinen Handwerks- bzw. Heimarbeiterbetrieben weiterverarbeitet wurden. Binnen weniger Jahrzehnte entwickelte sich die Gesenkschmiede mit insgesamt 33 Hämmern zu einer der größten ihrer Art im Gebiet der heutigen Stadt Solingen. Die Brüder ließen sich neben ihrem Unternehmen eine große Villa errichten, in der jeder eine Haushälfte mit ihren Familien bewohnte.

Am 3. Februar 1920 kam Luise Emilie, Hendrichs, genannt Liesel, im Bethesda-Krankenhaus an der Friedrichstraße in Solingen zur Welt. Sie wuchs mit ihrer um ein Jahr jüngeren Schwester in dem traditions- und familienbewussten Unternehmerhaushalt ihrer Eltern, Friedrich und Hedwig Hendrichs, geborene Hackenberg, in Ohligs auf. Nachdem die Familie 1932 in die vom Großvater mit erbaute Villa gezogen war, spielte sich ihre Kindheit hauptsächlich auf dem benachbarten Fabrikgelände ab. Wenn sie es auch nicht durften, so waren sie auch oft in den Gebäuden, um zu schauen, was dort passierte.

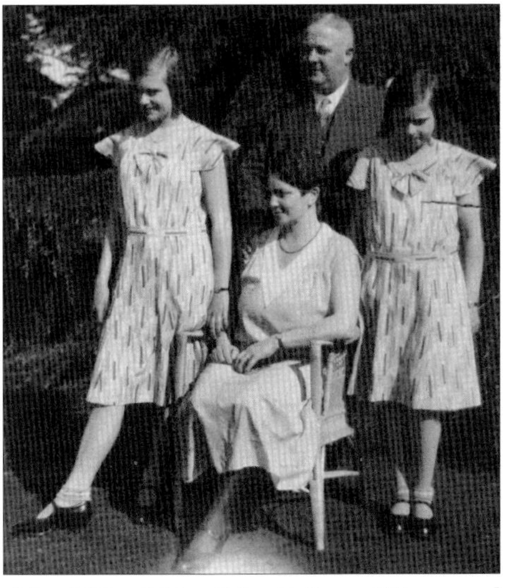
Liesel Hendrichs (l.) mit ihren Eltern und ihrer Schwester Ruth Eberhard Heuser

Nach dem Besuch der Volksschule kam Luise auf das Lyzeum in Ohligs. Auf dem gemeinsamen Schulweg mit ihren Freundinnen lernte sie damals schon ihren späteren Ehemann kennen, der mit seinen Klassenkameraden zum Humboldt-Gymnasium ging. Weil das Lyzeum mit der Mittleren Reife auslief, ging sie zur Frauenoberschule, der August-Dicke-Schule in Solingen. Eigentlich sollte diese weitergeführt werden bis zum Abitur, doch weil dies nicht geschah, kam als Ort der nächstgelegenen weiterführenden Schule nur Düsseldorf oder Wuppertal in Frage.

Nach dem Besuch des Luisengymnasiums in Düsseldorf musste Luise Hendrichs im Herbst 1939 zum Arbeitsdienst antreten. Da sie jedoch Wirtschaftswissenschaften studieren wollte, wurde sie nach drei Monaten beurlaubt. Sie machte zunächst ein erforderliches Praktikum im Büro der Firma Hendrichs und besuchte Kurse in Stenographie, Schreibmaschine und Buchhaltung. Diese konnte sie dann nicht beenden, weil die Leiter und auch einige Teilnehmer zum Kriegsdienst eingezogen wurden.

Seit 1940 bereits verlobt, heiratete Liesel Hendrichs 1942 Eberhard Heuser und wurde 1944 Mutter ihres Sohnes Eberhard. Zwei Monate später fiel ihr Ehemann in Südrussland. Dadurch, dass sie im Elternhaus wohnen konnte, war die Not nicht groß. Doch ihr Sohn brauchte einen Vater. Er verstand sich gut mit seinem Großvater und seinem 1906 geborenen Onkel Willi, der inzwischen mit im Unternehmen tätig war. Am 20. Februar 1951 heiratete Liesel in Solingen den Vetter ihres Vaters, Diplom-Wirtschafter Peter Wilhelm Hendrichs. Nach dem Tod ihres Vaters 1952 und ihres Onkels 1953 wurde ihr Ehemann alleiniger Geschäftsführer der Firma F&W Hendrichs an der Merscheider Straße 297.

Liesel Heuser (l.) mit ihrem Sohn Eberhard und ihrer Mutter Hedwig, 1947 *Eberhard Heuser*

Nach dem Zweiten Weltkrieg hatte das allgemeine Wirtschaftswachstum der Firma steigende Umsatzzahlen beschert. Spätestens in den 1960er Jahren wären für die weitere Firmenentwicklung diverse Investitionen notwendig gewesen, die jedoch mangels Kapital und vor allem bedingt durch eine schwere Erkrankung von Peter Wilhelm-Hendrichs nicht erfolgten. Seine Frau hielt er von allen Unternehmensbelangen fern.

Nach fünf Jahren Leidenszeit starb der Unternehmer im Dezember 1974. Seine Witwe Luise ging nach diversen Überlegungen und Gesprächen das Wagnis ein, die Geschäfte weiterzuführen. Anfangs nahm sie abends alle Sachen mit nach Hause, saß bei ihrer über 80 Jahre alten und auf Hilfe angewiesenen Mutter und arbeitete sich ein. Tagsüber kümmerte sie sich um die Arbeit im Büro und um die Mutter. Zwölf Jahre schaffte sie alles, führte sogar noch die erforderliche Umstellung der Transmission von Schweröldieselmotor auf Elektromotoren durch. Dabei war sie stets auf der Suche nach einer Möglichkeit, den Betrieb ohne Härten für die Beschäftigten auslaufen zu lassen.

In dieser Situation erwies sich das Angebot des Landschaftsverbandes Rheinland (LVR), die Gesenkschmiede mitsamt der Beschäftigten zu übernehmen, als Glücksfall. Als die Firma 1986, hundert Jahre nach ihrer Gründung, die Tätigkeit einstellte, wurde sie von einem Tag zum anderen zum Museum. Der LVR hatte die Fabrik erworben, um sie zu einem Standort des von ihm betriebenen Rheinischen Industriemuseums zu machen. Die Mitarbeiter der Firma Hendrichs behielten ihren Arbeitsplatz und demonstrieren weiterhin die Produktion von Scheren.

Liesel Hendrichs beim Familientreffen in der Gesenkschmiede Hendrichs, 1986

Eberhard Heuser

Die Enkel und Urenkel sowie die Nichten und Neffen der Firmengründer kamen von überall angereist, um mit Luise Hendrichs das Firmenjubiläum zu feiern. Und alle waren ihr dankbar, dass es durch ihren persönlichen Einsatz das Unternehmen noch gab. Der Bergische Geschichtsverein Abt. Solingen ernannte Luise Hendrichs 1987 in dankbarer Anerkennung ihrer Verdienste um die Überführung der Gesenkschmiede Hendrichs in das Rheinische Industriemuseum zum Ehrenmitglied.

Nach erforderlichen Um- und Ausbauten für einen laufenden Betrieb mit Publikumsverkehr und Museums-Infrastruktur erfolgte 1999 die offizielle Eröffnung. Die denkmalgeschützten Gebäude, die Firma und die Villa der Familie Hendrichs, blieben erhalten und bilden als Schauplatz Solingen einen von sechs Schauplätzen des LVR-Industriemuseums. Ein wichtiger Gewinn für Solingen – dank Luise Hendrichs.

Die ehemalige Unternehmerin nahm sich eine Wohnung in Merscheid und verfolgte interessiert die Ereignisse rund um die Gesenkschmiede. Sie war 1990 auch gerne bereit, für eine Dokumentation zur Industrie- und Sozialgeschichte aus ihrem Leben zu erzählen. Luise Hendrichs verstarb am 26. September 2000.

ILSE BADEN (geb. 1924)
geborene Koll

Im Stillen wirken und den Menschen Gutes tun. Hierfür steht auch eine Frau, die gemeinsam mit ihrem Mann eine Stiftung einrichtete und ihre Heimatstadt vielfältig unterstützte.

Am 20. Dezember 1924 wurde Ilse Koll in Cronenberg geboren. Ihr Vater Alfred Koll war ein bekannter Fabrikant, ihre Mutter Elfriede, geborene Berg, kam gebürtig aus Remscheid. Ilse war ein wildes Kind, kletterte gerne auf Bäume und sagte oft gerade heraus, was sie dachte.

Sie besuchte zunächst die Volksschule in Cronenberg und wechselte im Alter von zehn Jahren auf das von Nonnen geführte Anna-Lyzeum in Elberfeld. Die letzten Schuljahre verbrachte Ilse in Garmisch, wo sie aufgrund der Kriegswirren mit ihrer Mutter evakuiert war. Durch Urlaubsreisen war ihnen der Ort vertraut. Hier ging Ilse zum Lyzeum und absolvierte ihr Abitur.

Wieder zu Hause in Cronenberg war Ilse Koll bei ihrem Vater auf dem Büro tätig. Viel lieber hätte sie im Betrieb an den Pressen gearbeitet und nicht nur am Schreibtisch, doch diese Arbeit war für sie nicht vorgesehen. Dafür hat sie eine andere Tätigkeit sehr gerne gemacht. Sie nahm Unterricht bei der bekannten Gesangspädagogin Gertrud Asteroth in Solingen-Stöcken. Im Kreis der Schülerinnen und Schüler nahm sie an vielen Konzerten teil, sang gemeinsam mit dem Chor und auch Solo.

Am 28. Dezember 1954 heiratete Ilse Koll den Solinger Architekten Kurt Baden, 1957 wurde Tochter Sabine geboren. Ihr Mann war, wie sie selbst sagt, der Gegenpol zu ihr, eher ein ruhiger Mensch. Er mochte ihre direkte Art, und das Zusammenleben funktionierte wunderbar. Wenige Jahre später starben nacheinander Ilse Badens Eltern. Nun machte sie sich vertrauter mit den betrieblichen Abläufen, um die Firma fortzuführen. Mit ihrer Tochter im Auto fuhr sie jeden Morgen nach Cronenberg, dann entschloss sie sich doch zum Verkauf des Unternehmens.

Ilse Baden mit ihrer Tochter Sabine

Ilse Baden

In den 1950er Jahren nahm Ilse Baden weiterhin Stunden bei Gertrud Asteroth. Zu Hause spielte sie häufig mit ihrem Mann vierhändig auf dem Klavier, sehr zur Freude ihrer Tochter. Auch sie war sehr musikalisch, starb jedoch im Alter von 18 Jahren bei einem Autounfall.

Kurt Baden war als Architekt in viele Projekten des Wiederaufbaus des zerstörten Solingem eingebunden. Sein Büro gehörte bald zu den bekanntesten in der Stadt. Auch durch persönliches Engagement und finanzielle Unterstützung trugen er und seine Frau zur Entwicklung Solingens bei.

Zum Stadtjubiläum 1974 richteten die Eheleute Baden die „Bürgerstiftung Solingen 600" ein, die der Stadt zahlreiche Kunstwerke bescherte. 1991 erneuerten sie die Stiftung als „Bürgerstiftung Baden", deren Zweck – „Förderung der Kunst und der Kultur" – von Beginn an verwirklicht wird durch die Vergabe eines bundesweit beachteten Preises für besonderes kulturelles Engagement im Bereich der Solinger Kultur. Viele einzelne Personen sowie Vereine und kulturelle Einrichtungen wurden bisher ausgezeichnet.

Ilse Baden Ilse Baden

Am 3. März 1995 erhielten Ilse und Kurt Baden gemeinsam den NRW-Verdienstorden für ihr jahrzehntelanges kulturelles Engagement. Sie haben sich um den Wiederaufbau und die kulturelle Gestaltung der kriegszerstörten Stadt Solingen große Verdienste erworben. Auch das Deutsche Klingenmuseum und das Konzertleben Solingens wurde von den Eheleuten gefördert. Hinzu kommt das stille und uneigennützige Wirken für soziale Einrichtungen und Menschen in Not.

Ilse und Kurt Baden, 1995 Ilse Baden

Die „Bürgerstiftung Baden" gab auch die Initialzündung für eine weitere Stiftung zur Realisierung eines Kunstmuseums in Solingen, das nach den Sponsoren den Namen „Kunstmuseum Baden" erhielt. Dessen Einrichtung im alten Gräfrather Rathaus wurde im Jahr 1996 durch die Stiftung der Eheleute Baden ermöglicht. Dem Museum überließen die Eheleute Baden Kunstwerke und eine Porzellansammlung. Der Stiftungsvertrag endete 2006, zwei Jahre nach dem Tod von Kurt Baden im November 2004. Er hatte sich 1999 aus dem Vertrag zurückgezogen. Heute beherbergt das Museum neben dem Solinger Kunstbesitz das Zentrum für Verfemte Künste, das vom Landschaftsverband Rheinland unterstützt wird.

INSTITUTION

Nur wenige Menschen in einer Stadt sind einfach bekannt um ihrer selbst willen. Sie spielen eine besondere Rolle, die sie nicht bewusst eingeübt und eingenommen haben. Sie gehören einfach zum Stadtbild und zu einem Teil der Stadtgeschichte dazu. Fast jeder hat einen gewissen Respekt vor ihnen, anders als bei anderen Mitmenschen. Man kennt sie, auch wenn man mit ihnen noch nie etwas zu tun hatte. Auch in Solingen hat es solche Frauen gegeben und es gibt sie auch heute noch.

So spielte während der Jahrzehnte um 1800 eine Frau im öffentlichen Leben von Wald und seiner benachbarten Ortschaften eine bedeutsame Rolle. Es war die „Wittib Hammerstein aus Wald". Sie besorgte von 1783 bis 1816 die „Landbriefbestellung", also den Briefpostverkehr, zwischen Wald und Elberfeld, die so genannte „Elberfelder Schnellpost". Mehrmals in der Woche beförderte sie Post und Nachrichten von einer Gemeinde zur nächsten. Ihr mehr als 15 Kilometer langer Weg führte von Wald über Nümmen, Gräfrath zur „Alten Kölner Landstraße" auf der Roßkamper Höhe über Schieten, Bies, Grotenbeck, Sonnborn nach Elberfeld – und wieder zurück. In Wald wurde sie in einer Wirtschaft von den Empfängern erwartet. Denen, die des Lesens unkundig waren, las sie den empfangenen Brief vor, denn sie verstand die Kunst des Lesens.

Es ist nicht bekannt, was die Witwe bewogen hatte, eine Verpflichtung zu übernehmen, die nicht nur körperliche Anstrengung erforderte, sondern auch Mut und Entschlossenheit. Damals konnten nicht nur Wölfe, sondern auch Wegelagerer und andere seltsame Gestalten ihren Weg kreuzen. Es war die Zeit der französischen Revolution, der folgenden Belagerung und französischen Verwaltung sowie der Befreiungskriege. Ein Stock mag deshalb nicht nur als Hilfe bei beschwerlichen Wegstrecken gedient haben.

Die Tatsache, dass 1816 ein Zeichner die Postbotin zum Gegenstand einer Zeichnung machte, lässt darauf schließen, wie sehr die öffentliche Meinung mit der dargestellten Frau verbunden war. Mit dem Bildnis erhielt die Wittib Hammerstein einen Ehrenplatz im früheren Reichspostmuseum in Berlin. Dabei sind weder ihr Vorname noch ihr Wohnort überliefert.

Durch Rückrechnung ergibt sich, dass die Postbotin zu Beginn ihrer Tätigkeit 37 Jahre alt gewesen sein muss. Das in der Literatur mit dem 22. Juli 1836 angegebene Sterbedatum der Postbotin bezweifelte schon der Autor Braches, denn die an diesem Tag verstorbene Witwe Hammerstein war erst 72 Jahre alt – die berühmte Namensvetterin hätte bereits 90 sein müssen. Passender wäre nach seinen Recherchen die Anna Christina Hammesfahr, Witwe von Heinrich Hammerstein, die im Alter von 74 Jahren Ende 1821 verstarb.

Das Bild trägt die Unterschrift „Diese 70jährige Frau hat 33 Jahre lang den Postboten-Dienst zwischen Elberfeld mit aller Treue und Fleiß versehen“. Heute befindet es sich im Bundespostmuseum in Frankfurt am Main. Eine zweite Unterschrift unter ihrem Bild lautet: „Man siehet sie gerne gehen und noch lieber wiederkommen“. Zu dem Respekt vor ihrem Alter kam die Scheu vor dem menschlichen Wesen, das ein Künder von Schicksalen zu sein schien, die sie in ihrem Ranzen auf dem Rücken über Berg und Tal trug.

HEDWIG SCHMITZ (1879–1970)

Im Jahr 1955 erhielt eine Solingerin das Bundesverdienstkreuz, die zur Geschichte des Solinger Tageblatts gehört wie die Familie Boll selbst. Jahrzehnte blieb sie dem Unternehmen treu und erhielt dafür im Alter von 75 Jahren die Auszeichnung des Bundespräsidenten.

Hedwig Schmitz wurde am 24. Dezember 1879 als Tochter des Federmesserarbeiters August Schmitz und seiner Ehefrau Julie, geborene Pohlig, am Hossenhaus in Höhscheid geboren.

Am 2. Februar 1900 begann sie als kaufmännischer Lehrling ihre Tätigkeit beim Verlag B. Boll, der seinerzeit von der Witwe Mathilde Boll geleitet wurde. Ihr Interesse galt vor allem dem Anzeigen- und Vertriebswesen. Daher dauerte es nicht lange, bis sie die alleinige Leitung dieser beiden Sparten übernahm. Zahlreichen Kunden und Abonnenten des Solinger Tageblatts sowie den über 100 Zeitungsboten war sie gut bekannt. Bis zur vollkommenen Zerstörung des Betriebes behielt sie ihre Arbeitsstelle.

Hedwig Schmitz *Udo Nicklass*

Als die Familie Boll nach 1945 mit dem Wiederaufbau begann, konnte sie auch auf Hedwig Schmitz zählen. Sie war mit allen Abläufen gut vertraut und konnte schon für die erste Ausgabe des Solinger Tageblatts im Oktober 1949 an alte Kontakte anknüpfen.

Die langjährige Mitarbeiterin übernahm in einem Alter, in dem anderen Menschen in Ruhestand gingen, zunächst wieder ihren bisherigen Arbeitsbereich, um dann einen Vertrauensposten in der Buchhaltung zu bekleiden. Streng gegen sich selbst, setzte sie sich bis Ende Dezember 1958 für „ihren" Verlag ein. Sie war dort den Mitarbeitern ein echtes Vorbild an Verantwortungsbewußtsein, Pflichterfüllung und Zuverlässigkeit.

Für ihre jahrzehntelange Berufstreue zum Verlag B. Boll erhielt Hedwig Schmitz im Mai 1955 eine hohe Auszeichnung, das ihr vom Bundespräsidenten verliehene Bundesverdienstkreuz.

Auch in ihren Freizeit war Hedwig Schmitz eine couragierte Frau. Als Mitglied des Eifel- und auch des Alpenvereins unternahm sie viele ausgedehnte Wanderungen in ganz Deutschland. Eines Tages bestieg sie sogar das Matterhorn. Daneben galt ihre Liebe dem Wassersport, so dass man sie häufig in den Solinger Schwimmbädern antraf. Der Wechsel von Beruf und Freizeit, vor allem der Sport, hielt sie lange gesund. Hoch betagt starb Hedwig Schmitz am 25. Juni 1970.

Hedwig Schmitz, 1955

Udo Nicklass

Hedwig Schmitz oberhalb von Bozen, 1928

Udo Nicklass

Hedwig Schmitz, 1967

Archiv Solinger Tageblatt

OLGA LANGE (1886–1977)
geborene Hartkopf

Stolz auf ihre sechs Meter lange Schießbude war 1966 die Seniorchefin einer alten Schaustellerfamilie. Deren Auftrieb hatte sie entscheidend vorangetrieben. Und viele Menschen – nicht nur ihrer Familie – sagten liebevoll „Tante Olga“ zu ihr.

Der Landwirt Daniel Hartkopf aus Mittelhöhscheid überraschte einst die Bevölkerung des Bergischen Landes mit dem ersten Karussell. Sein Sohn Karl Ernst, „Carousselbesitzer“ von Beruf, brachte den Namen der Familie in aller Munde: Er sorgte mit dem ersten Dampfkarussell für eine kleine Revolution auf den Kirmesplätzen. Seine am 25. Dezember 1886 in Mittelhöhscheid geborene Tochter Olga Wilhelmine kam schon früh mit ihrer Mutter Ida Hartkopf, geborene Frohn, in eine neue Umgebung. Der Wohnwagen wurde ihre zweite Heimat, wenn sie nicht in Höhscheid die Schulbank drückte. Als sie 14 Jahre alt war, schickte ihr Vater sie mit einer Schiffschaukel auf Reisen – auf eigene Verantwortung.

Später heiratete Olga Hartkopf den Schausteller Carl Arthur Jülicher aus Haan, der durch ein Kriegsleiden jedoch früh verstarb. Ihr zweiter Ehemann, Hermann Alfred Lange, den sie am 31. März 1937 heiratete, erlag 1959 einer schweren Krankheit. Aus der ersten Ehe hatte Olga Lange drei Kinder, zwei Mädchen und einen Jungen. Ihr Sohn starb im Alter von zehn Jahren durch einen Unfall. Vor der Tür kam er auf gefrorenem Boden zu Fall und wurde von einem der damals noch wenigen Autos auf der Neuenhofer Straße überfahren. Dies war für Olga Hartkopf ein schwerer Schicksalsschlag. Ihre beiden Töchter waren bis zu ihrer Hochzeit stets mit der Mutter unterwegs.

Olga und Carl Arthur Jülicher mit Tochter Anneliese *Günter Darmann*

Als nach dem Zweiten Weltkrieg für Schausteller Platzschwierigkeiten auftraten, war sie es, die ein zähes Ringen mit den Behörden aufnahm und gewann. Auf vielen Kirmesplätzen traf man Olga Lange und ihren Mann an. Sie mit ihrer Schießbude, und er mit einer Schiffschaukel, die sie nach seinem Tod verkaufte. Für fünfzig Jahre Treue zur

„Bienenkirmes“ erhielt sie von der „Kameradschaft Biene Jagenberg“ eine Ehrenurkunde. Dort und auch in Gräfrath und Aufderhöhe, sagte sie 1966, waren alle eine große Familie, Besucher und Aussteller.

Seit Anfang der 1960er Jahre stand der bekannten Schaustellerin als Angestellter Günter Gutzmann zur Seite, der später noch einige Jahre bei ihrem Enkel Günter Darmann im Imbisswagen tätig war. Schon zuvor war auf einer Kirmes in Düsseldorf eines Tages ein Junge zu ihr gekommen, der sie bat, ihn doch mitzunehmen. Er hatte im Krieg seine Eltern verloren und wollte einfach weg. Sie lehnte natürlich zunächst ab, doch der Junge namens Konrad Fey ließ nicht locker. So regelte Olga Lange, was zu regeln war, und nahm ihn mit nach Solingen. Auch er ging später zur Familie Darmann und ist als „Currywurst-Konni“ vielen Solingern, vor allem vom Dürpelfest her, gut bekannt.

Olga Lange's Heimat war ein langer Wohnwagen, mit dem sie seit Anfang der 1950er Jahre auf dem bahneigenen Schotterplatz an der Bahnstraße in Solingen-Ohligs überwinterte. Obwohl ihre Töchter und Enkel es ihr immer wieder angeboten hatten, lehnte Olga Lange es stets ab, zu ihnen ins Haus an die Beethovenstraße zu ziehen. Sie blieb in ihrem Wohnwagen. Nur zu Weihnachten kam sie gerne ins Haus der Familie ihrer Tochter Anneliese, verheiratete Darmann, wo die alte Dame dann auch ihre Geburtstagsgäste empfing.

Olga Lange mit ihrem Enkel Günter, 1951

Günter Darmann

Ihre Kinder wollten schließlich, dass sie sich zur Ruhe setze, doch Olga Lange spannte weiter den Wohnwagen hinter den Traktor und reiste im Bergischen Land, zwischen Rhein, Ruhr und Wupper von Kirmes zu Kirmes. Mit 86 unterhielt sie eine der letzten Schießbuden im Bergischen Land. Um mit der Konkurrenz mithalten zu können, die damals bereits moderne Wagen hatte, kaufte sie sich 1972 einen gebrauchten Schießwagen. Olga Lange war bis ins hohe Alter kerngesund und arbeitete bis kurz vor ihrem Tod. Nach einem erfüllten Leben starb sie am 10. November 1977 in Solingen-Ohligs.

AUGUSTE SPITZER (1887–1978)

Sie war 1967 eine der ältesten Ausstellerinnen Deutschlands und fehlte auf keiner deutschen Messe. Ob in Hannover, Ludwigshafen oder Wiesbaden – überall brachte Auguste Spitzer ihre Solinger Qualitätsmesser, Bestecke und Putzmittel spielend an den Mann und warb für die Klingenstadt.

Auguste Spitzer wurde am 8. August 1887 als Tochter des Federmesserreiders David Spitzer und seiner Frau Emma, geborene Fuhrmann, in Untenwiddert, Höhscheid, geboren. Sie war das älteste von sieben Kindern und musste in ihrer Jugend hart arbeiten. Später war sie als Krankenschwester tätig. Gemeinsam mit den Eltern wohnte Auguste ab 1902 in Solingen an der Kasinostraße 92.

Vermutlich nach 1945 begann ihre zweite berufliche Laufbahn. Auguste Spitzer wurde Messe-Ausstellerin für Produkte aus Solingen. Einem Anmeldebogen von 1955 ist zu entnehmen, dass sie „Heimschönende Blumenhalter, Büchsenöffner, Rasierklingen und Poliermittel" anbot. Durch ihre unkomplizierte und freundliche Art war sie schnell nicht nur aufgrund ihres Angebotes bei den anderen Ausstellern und den Besuchern bekannt. Zeit zum Heiraten hatte sie nach eigener Aussage durch ihre Arbeit nicht.

Auch noch in einem Alter, in dem andere Menschen gerne in den Ruhestand gingen, machte sie weiter. In vielen Städten gab es schon die Tradition, die Messe erst dann zu eröffnen, wenn auch Auguste Spitzer, „Tante Auguste", wie sie von ihren vielen Bekannten liebevoll genannt wurde, ihren Stand aufgebaut hatte. In allen Städten, die sie besuchte, hatte sie Ehrenplätze auf den Ausstellungsgeländen und verkaufte stets gut ihre Produkte. Auch in hohem Alter noch strahlte sie förmlich vor Freundlichkeit und Gutmütigkeit und zog die Menschen in ihren Bann.

Zudem verfügte sie über eine gehörige Portion Mutterwitz. Trotz ihrer Beliebtheit hatte sie sich ein bescheidenes Herz bewahrt und kam auch nicht umhin, anderen Menschen hin und wieder eine Lektion zu erteilen. In Berlin von einem Herrn gefragt, was sie auf der Ausstellung zu suchen habe, flüsterte sie ihm ins Ohr: „Wie

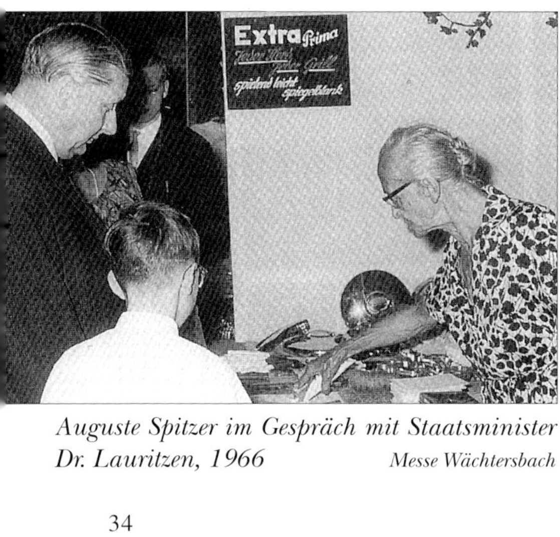

Auguste Spitzer im Gespräch mit Staatsminister Dr. Lauritzen, 1966 *Messe Wächtersbach*

kommt es, dass im Himmel arm und reich nebeneinander stehen? Da oben wären Sie bestimmt froh, wenn Sie so eine kleine Solingerin neben sich hätten!" Dass dieser Mann Adam Opel war, erfuhr Tante Auguste erst kurze Zeit darauf, als dieser Mann bei ihr prompt Waren im Wert von 700 Mark bestellte. „So etwas hat noch keiner gewagt!", war der Kommentar von Opel. Diese reizende Begebenheit war charakteris-tisch für Auguste Spitzer.

Anlässlich der seit 1949 stattfindenden Frühjahrsmesse von Industrie, Handel, Handwerk und Gewerbe in Wächtersbach eröffnete die Solingerin jahrelang als Ehrendame den Ball nach der Ausstellung und bekam obendrein viele Geschenke. Und fand dies selbst zum Schmunzeln. Noch mehr amüsierte sie sich über ihren „Beitrag" zum Abschluss der dortigen Frühjahrsmesse 1977. Wächtersbacher Vereine gestalteten einen bunten Abend in der Stadthalle. Mit zu den Höhepunkten dieser Veranstaltung zählte die Ehrung der ältesten Messe-Ausstellerin, Auguste Spitzer aus Solingen. Am Arm von Bürgermeister Heldmann spazierte die im 90. Lebensjahr stehende „Tante Auguste" über einen roten Läufer quer durch die Stadthalle und heimste wie immer dankbaren Applaus für die Freundschaft und Verbundenheit zu Wächtersbach ein.

Auguste Spitzer

Messe Wächtersbach

Mit dieser Ehrung nahm Auguste Spitzer für immer Abschied von ihrem geliebten Wächtersbach. Die Hausfrau, wie in der Sterbeurkunde vermerkt ist, verstarb im Alter von 90 Jahren am 2. Januar 1978 in ihrer Wohnung in Solingen an der Kasinostraße 92.

In einem Nachruf stellte der Bürgermeister von Wächtersbach fest, dass die Stadt mit „Tante Auguste" eine alte und gute Freundin verliere. Weiter führte er aus: „Viele hatten sie in ihr Herz geschlossen. Und sie war ein Mensch, der in Wächtersbach seit 30 Jahren immer wieder aufs Neue Freude bereitete und anderen persönliche Freude schenkte. Güte, Freundlichkeit und Hilfsbereitschaft zeichnete stets die älteste Ausstellerin der Wächtersbacher Messe aus. Die vielen gemeinsamen Erlebnisse und frohen Stunden mit ihr werden vielen Wächtersbachern noch lange in dankbarer Erinnerung bleiben."

EDITH BOLL (1920–1998)
geborene Friesenhausen

Die Frauen der Verleger des Solinger Tageblattes, Mathilde Boll, geborene Decker, Irma Boll, geborene Lüttges, und Edith Boll, geborene Friesenhausen, waren sich zu allen Zeiten ihrer exponierten Stellung in Stadt und Gesellschaft bewusst und engagierten sich sozial und karitativ. Nach dem Tod ihrer Männer sahen sie es als ihre selbstverständliche Pflicht an, das Traditionshaus fortzuführen.

Edith Friesenhausen kam am 22. April 1920 in Zerbst/Anhalt als Tochter von Karl August und Else Friesenhausen, geborene Heinze, zur Welt. Die Familie wohnte damals in einem Wohn- und Geschäftshaus, in dem sich ein Zeitungsverlag befand.

Nach dem Besuch von Volksschule und Lyzeum ging Edith zum Studium nach Leipzig und arbeitete anschließend als Volksschullehrerin. Während des Krieges schickten sie und ihre Schwester stets Pakete an ihren Bruder an die Front. Dieser teilte den Inhalt mit seinem besten Kameraden, Bernhard Boll aus Solingen. Aus einem Dankschreiben Bernhards an die Schwestern Friesenhausen entwickelte sich ein reger Briefkontakt. Einen Fronturlaub nutzte Bernhard Boll schließlich, um Edith in der Schule zu besuchen. Diesem Treffen folgten weitere und bald waren sie ein Paar.

Edith Boll mit Mann und Kindern, 1949

Bernhard Boll

1945 kam Edith Friesenhausen mit einem Rucksack über die „grüne Grenze" nach Solingen und heiratete am 5. Dezember Dr. Bernhard Boll, den Sohn des Verlegers Bernhard Boll II. Zwei Kinder gingen aus dieser Ehe hervor, Bernhard 1946 und Gisela 1948. Edith Boll nahm in Solingen keine berufliche Tätigkeit auf, sondern war gerne Hausfrau und Mutter.

Das Solinger Tageblatt durfte nach dem Zweiten Weltkrieg zunächst nicht herausgegeben werden, erst 1949 hoben die Besatzungsmächte den Lizenzzwang auf, und am 29. Oktober 1949 erschien erstmals wieder „Boll's Blättchen".

Edith Boll und auch ihre Kinder waren indirekt in die Geschehnisse des Verlages eingebunden. Die Familie Dr. Bernhard Boll wohnte im Verlagsgebäude, so dass der Verleger die täglichen Mahlzeiten mit seiner Frau und den Kindern zusammen einnehmen konnte. Sie waren die Drehscheibe des Familiengeschehens. Hier fanden viele Gespräche statt, die alle Familienmitglieder prägten.

Das Jahr 1968 brachte für das Leben von Edith Boll eine gravierende Wende. Ihr Mann wurde in seinem Wochenendhaus bei der Vorbereitung eines Vortrages Opfer eines Mordes. Noch kurz zuvor hatte sein Sohn Bernhard ein halbjähriges Praktikum im Verlag gemacht, weil der Vater wissen wollte, ob er sich eine Tätigkeit in seinem Unternehmen vorstellen könne, und damit er alles kenne, falls ihm etwas zustoßen sollte.

Dr. Bernhard und Edith Boll, 1967

Bernhard Boll

Nach diesem schrecklichen Ereignis nahm die junge Witwe die Geschicke des plötzlich führungslos gewordenen Verlags in die Hand. Aus den vielen Gesprächen während der täglichen Mahlzeiten im Hause Boll waren Edith Boll und ihren Kindern die Abläufe im Verlag und die beteiligten Personen bekannt. Nun stellte sich ihnen die Frage, ob sie mit dem vorhandenen Personal das Unternehmen würden führen können, oder ob sie jemanden von außen holen müssten. Die beiden wichtigsten Mitarbeiter waren der technische Leiter und der Assistent des Verlegers. Edith Boll und ihr Sohn setzten auf den jungen Kaufmann Dietrich Ramcke, dem sie es zutrauten, als Verlagsleiter gemeinsam mit der neuen Chefin die Situation zu meistern.

Sieben Jahre lang leitete Edith Boll das Unternehmen, bis sie es ihrem Sohn nach dessen beendeter Ausbildung im Jahr 1975 übergeben konnte. Sie stellte ihr Privatleben in den Hintergrund, um das Unternehmen im Sinne der Familie Boll fortzuführen. Mit ihrem großen persönlichen Engagement und ihrer Kontaktfähigkeit trug sie in dieser Zeit ganz wesentlich zur außergewöhnlich engen Verbindung zwischen dem Leser und „seinem Blatt" bei. Während ihrer aktiven Geschäftsführertätigkeit wurde die führende Marktstellung des Solinger Tageblattes gefestigt und mit der Herausgabe des Anzeigenblattes Solinger Wochenblatt ausgebaut.

Edith Boll in ihrem Büro im Verlagshaus, 1984 *Solinger Tageblatt, Archiv*

Unter der Ägide von Edith Boll startete im Winter 1968 die Initiative der „Kette der helfenden Hände“ – eine einzigartige Leser-Aktion. Die Unternehmerin konnte sich vollkommen mit der Idee ihrer Redakteurin Monika Krebs identifizieren. Jedes Jahr vor Weihnachten stellt die ST-Mitarbeiterin seitdem im Solinger Tageblatt hilfsbedürftige Mitbürger vor und ruft die Solinger Bevölkerung zu Spenden auf. So wird Not gelindert, Freude bereitet und auch schon einmal ein geheimer Wunsch erfüllt.

Als Schirmherrin der Aktion brachte Edith Boll viel unbürokratische Hilfe auf den richtigen Weg. Und auch nach ihrem Rückzug aus der Geschäftsführung des Verlages blieb sie Schirmherrin und Vereinsvorsitzende der „Kette“. Dabei ging es ihr stets um mehr als nur die finanzielle Seite der Not. In vielen persönlichen Gesprächen hatte sie in Altersheimen, Krankenhäusern und Kindergärten ein offenes Ohr für die Nöte der Mitmenschen.

Der vielfältige Einsatz von Edith Boll wurde durch Vereine und Institutionen in Solingen geehrt. In Anerkennung für den ungewöhnlichen und unermüdlichen Einsatz in Erfüllung der öffentlichen Aufgabe des Solinger Tageblattes und ihr beispielhaftes soziale Engagement erhielt Edith Boll am Tag des Grundgesetzes 1975 aus den Händen von Bundespräsident Walter Scheel das Verdienstkreuz Erster Klasse des Verdienstordens der Bundesrepublik Deutschland überreicht.

Was Edith Boll am meisten auszeichnete, war ihre besondere Herzlichkeit in menschlichen Belangen. Mit viel Kraft setzte sie sich für andere ein und blieb als Ruheständlerin den Mitarbeiterinnen und Mitarbeitern des Verlages verbunden. Ihr soziales Wirken setzte sich im Engagement im Inner Wheel Club Solingen fort, dessen Präsidentin sie 1988/89 war.

Edith Boll und Monika Krebs bei der Jubiläumsfeier zu 25 Jahre „Kette der Helfenden Hände", 27. November 1993 *Uli Preuss*

Die Seniorverlegerin des Solinger Tageblattes starb nach kurzer schwerer Krankheit am 21. Februar 1998. Sie hinterließ eine Lücke – nicht nur bei den Familien ihres Sohnes und ihrer Tochter, sondern auch in der Solinger Öffentlichkeit.

Die Fortführung der „Kette der helfenden Hände" liegt seit ihrem Tod ganz bei der Redakteurin Monika Krebs, auch über deren Eintritt in den Ruhestand hinaus. Für dieses Engagement erhielt sie 2004 die Verdienstmedaille des Verdienstordens der Bundesrepublik Deutschland. Noch heute erinnert diese Aktion an Edith Boll, eine große Persönlichkeit, einen herzlichen, lebensfrohen Menschen, der Zeit seines Lebens vielen Mitmenschen eine Freude machte.

MARIANNE GÖLLNER (1940–2010)
geborene Thümer

Wenn es im Deutschen Klingenmuseum lebhaft zuging, Kinderlachen und Kinderstimmen die ansonsten „heilige Ruhe" des Museum durchbrachen, konnte der Besucher sicher sein, dass Marianne Göllner eine ihre beliebten Führungen machte.

In Luckenwalde in der Mark Brandenburg erblickte Marianne Charlotte Else Thümer am 19. August 1940 als Tochter von Otto Bruno und Elisabeth Gertrud Thümer, geborene Pietschke, das Licht der Welt. Nach 1945 floh die Familie in den Westen nach Bebra.

Von der Volksschule wechselte Marianne auf das Gymnasium Jakob-Grimm-Schule zu Rotenburg (Fulda) und machte dort im Jahr 1960 Abitur. Nach einem erforderlichen Haushaltspraktikum absolvierte sie von 1960 bis 1964 im evangelischen Seminar für Soziale Berufsarbeit Kassel eine Ausbildung zur Sozialarbeiterin.

Auf das Anerkennungsjahr 1964/65 mit Tätigkeiten im Gesundheitsamt in Lauterbach sowie im Jugendamt in Kassel folgte 1965 eine Anstellung als Sozialarbeiterin bei der Stadt Kassel. Dort war sie bis zur Geburt ihres ersten Kindes 1966 beschäftigt.

Marianne Göllner, 1982 Ben Göllner

Marianne Thümer heiratete am 9. November 1964 in Kassel den Ingenieur Gottfried Erhard Göllner. Nach der Geburt von Sohn Nils 1966 zog die Familie 1967 von Kassel nach Solingen. Als gelernte Sozialarbeiterin war Marianne Göllner hier zunächst in der Erwachsenenbildung tätig. 1971 wurde Sohn Ben geboren. Das Ehepaar Göllner trennte sich 1983 und wurde 1985 geschieden.

Anfang der 1970er Jahre folgte Marinne Göllner einem Aufruf des Solinger Kulturdezernenten, einen Kurs bei der Volkshochschule zu belegen, um anschließend Führungen im Deutschen Klingenmuseum übernehmen zu können. Bereits im Kurs legte sich die wissbegierige junge Frau ein großes Buch an, in das sie alles hineinschrieb, was sie über die Exponate erfahren konnte. Zusätzlich las sie Fachliteratur. Nicht nur der Direktor des Museums, sondern auch der Kustos standen ihr mit Rat und Tat zur Seite – und entließen die neue Führerin eines Tages mit ihrem Buch in der Hand „ins kalte Wasser".

Seit 1975 war Marianne Göllner als Honorarkraft im Klingenmuseum zuständig für Museumsführungen und Kinderaktionen. Von Anfang an waren es die Kinder, die sie gerne durchs Museum führen wollte, da diese eine helfende Erklärung im Museum bräuchten. Sie, die schon als Kind ein großes Faible für Kunst hatte und Knaurs Lexikon der modernen Kunst fast auswendig konnte, wurde der gute Geist und die Seele des Klingenmuseums. Mehr als 30 Jahre hat sie Generationen von Kindern, Jugendlichen und Familien Kunst und Kultur näher gebracht.

Ihr Kenntnisreichtum, aber vor allem die Fähigkeit Marianne Göllners zum lebendigen Erzählen waren legendär. Vor allem die von ihr in den Schulferien angebotenen Aktionen für Kinder stießen auf große Resonanz. Die bei Kindern so beliebte „Märchentante der Stadtbücherei" scheute es auch nicht, in den Schulen und öffentlichen Einrichtungen für „ihr" Museum und die dortigen Führungen zu werben.

Kultur war für Marianne Göllner ein Lebensmittel, das sie auch anderen Menschen nahe bringen wollte. Deshalb leitete die Sozialarbeiterin auch viele Kurse und Aktionen für die Familienbildungsstätte. Menschen aller Generationen hat sie auf vielfältige Art Literatur, Malerei, Musik und jede andere Art der Kunst näher gebracht. Im Rahmen der Seniorenarbeit der Stadt wählte sie die Literatur als Thema, um ältere Mitbürgern aus den Altersheimen an diese heranzuführen.

Marianne Göllner in einer Sonderausstellung im Klingenmuseum, 1990

Ben Göllner

Marianne Göllner prägte das kulturelle Leben in und um Solingen, um nicht zu sagen, sie war ein Bestandteil der Solinger Kultur. Die Bedeutung von Literatur hat sie schon zu einer Zeit erkannt, als es noch keine Lesenächte gab. Durch Ausstellungen von und mit Kindern, Kinderführungen, Rallyes in Museen, die Erstellung einer Museumszeitung von Kindern für Kinder oder das Projekt „Schule macht Kunst, Kunst macht Schule" versuchte sie, das Interesse und das Verständnis junger Menschen für die Kunst zu wecken.

Für das Wort „Morgensonne" hatte Marianne Göllner beim Verein für Deutsche Sprache die Patenschaft übernommen. Sie liebte Worte, Sätze, Texte, schrieb kleine Gedichte, die in Anthologien veröffentlicht wurden, und gestal-

Marianne Göllner gehört zum kulturellen Geschehen in Solingen hinzu, was eine Collage im Forum Produktdesign verdeutlichte, 2007 Christian Beier

tete auch buchstabengestützte Collagen. Als Büchernärrin war sie aktives Mitglied im „Freundeskreis der Stadtbibliothek Solingen".

Sie war Mitglied in Vereinen und Ausschüssen und unterstützte auch persönlich zahlreiche kulturelle und soziale Projekte. Einige, die heute zum festen Bestandteil der Stadtkultur zählen, brachte sie selber auf den Weg. Das Jugendkulturfestival ebenso wie Seniorenprojekte, Aktionen am Tag des Buches, Ausstellungen, Konzerte und viele weitere Projekte hat sie initiiert. Sie engagierte sich zudem viele Jahre für den Verein „Hexenkessel". Seit Jahren bot Marianne Göllner Bürgerreisen zur documenta oder in auswärtige Museen an und blickt damit über die lokale Kultur hinaus. Ihr besonderes Herzensanliegen war das Engagement für zeitgenössische und in der Vergangenheit verfemte Kunst. Nach ihrer Pensionierung gründete sie den Verein „Solinger Ehrenamt für Kultur" und wurde dessen erste Vorsitzende.

Wofür sie sich auch einsetzte, Marianne Göllner tat es stets mit Herz und Begeisterung. Mit ihrer offenen, unprätentiösen Art öffnete sie die Herzen selbst schwieriger Gesprächspartner. Sie war eine einzigartige Persönlichkeit, ein Vorbild für jeden, der sich ehrenamtlich betätigen möchte. Der Landschaftsverband Rheinland würdigte ihr vielfältiges Engagement am 23. Januar 2006 mit der Verleihung des Rheinlandtalers, mit dem Persönlichkeiten

Marianne Göllner in der Dauerausstellung des Klingenmuseums, 2001 Christian Beier

geehrt werden, die sich in besonderer Weise um die Kultur in ihrer Region verdient gemacht haben. Die Auszeichnung spornte sie an, zukünftig mindestens so vielfältig zu wirken wie bisher.

Seit 1988 Mitglied der SPD, gehörte Marianne Göllner von 1999 bis 2004 dem Rat der Stadt an. Als kulturpolitische Sprecherin der SPD-Fraktion war sie Ansprechpartnerin für Kulturschaffende aus allen Bereichen, deren Anliegen sie mit Elan und Überzeugungskraft ins Bewusstsein der Politik rückte. Auch in der aktuellen Ratsperiode hätte sie dem Solinger Rat angehört, doch dazu kam es nicht mehr.

Mitten aus ihrem Schaffen gerissen, erkrankte Marianne Göllner 2009 plötzlich schwer und starb nach langer Krankheit am 27. Mai 2010. Sie hinterließ ihre betagte Mutter, ihre beiden Söhne mit den Partnern und vier Enkelkinder. Das kulturelle Leben in Solingen ist ärmer ohne sie.

Marianne Göllner mit ihren Söhnen, 2005
Ben Göllner

ELSA BÖHM (geb. 1936)
geborene Pfuhler

Müngsten und seine Brücke sind untrennbar mit einer Frau verbunden, die sich viele Jahre dafür einsetzte, dass dieses bergische Kleinod erhalten blieb. Der Kiosk der Familie Böhm unter der Müngstener Brücke ist weit über die Stadtgrenzen Solingens hinaus bekannt.

Elsa Böhm, am 1. Mai 1936 in Solingen am Mittelpilghauser Weg geboren, zog noch im selben Jahr mit ihren Eltern Karl und Elisabeth Pfuhler, geborene Fratz, ins Nacker Bachtal zum Kotter Hammer. Schon kurz nach ihrer Geburt hatte die damals bekannte Wahrsagerin Hulda Spökenrieder vom Eulswaag im Kaffeesatz gelesen und vorausgesagt, dass Mädchen werde „einmal die Prinzessin von Müngsten".

Elsa Pfuhler (oben) 1943 mit ihrer Mutter und den Geschwistern und als aktive Jugendliche im Karneval, 1955 Elsa Böhm

Ganz Unrecht hatte sie nicht. Doch zunächst ging Elsa Pfuhler zur Volksschule am Stübchen und aufgrund der Kriegseinflüsse auch einige Zeit an die Schule Wiener Straße. In den Teichen am Heidberg lernte sie Schwimmen und spielte in den Wäldern gerne Indianer. Damit war es bald vorbei. Sie besuchte die Mädchenberufsschule an der Friedrichstraße, um dann eigenes Geld zu verdienen. Sie erlernte den Beruf des Tankwarts und kennt seitdem ein Auto in- und auswendig.

Am 6. Juli 1962 heiratete Elsa Pfuhler den Solinger Gerd Böhm. Nach dem 1959 geborenen Sohn bekam das Paar 1965 eine Tochter und 1971 einen zweiten Sohn. 1968 kauften sie ein Haus in der Hofschaft Windfeln und zogen dort nach umfangreichen Renovierungsmaßnahmen ein.

Elsa Böhm wurde zwar nicht die Herrscherin in Müngsten, jedoch der Ausflugsort und Elsa sind seit 1969 untrennbar miteinander verbunden. Seit jenem Jahr betreibt sie gemeinsam mit ihrem Mann den Minigolfplatz mit

Kiosk direkt unter der Müngstener Brücke. 1951 hatten die Eltern von Gerd Böhm das Gewerbe dort gestartet. Von Elsa Böhms Kindern ist inzwischen ein Sohn ebenfalls hier tätig. Bei ihnen kann man Bergische Spezialitäten, darunter auch Elsas berühmten „Original Wupperschlamm" erwerben, ein regional legendäres Gebäck, das gegen alle nur erdenklichen Leiden helfen soll.

Bereits der Vater hatte ihr als Schülerin mit auf den Lebensweg gegeben, was wichtig sei: „Rechnen, Schreiben, Platt kallen und anpacken können". Elsa redete nicht nur, sondern kämpfte als unbequeme Mahnerin für einen bewussteren Umgang mit der Natur, denn Naturschutz sei stets auch Menschenschutz.

Elsa Böhm mit „Wupperschlamm" unter der Müngstener Brücke, 1996 Uli Preuss

Herbe Kritik von Besuchern war für Elsa Böhm 1979 der Anlass zu einer großen Pro-Müngsten-Kampagne. Die Methoden, derer sie sich bediente, stießen nicht immer auf Zustimmung. So musste sie 400 Mark Bußgeld zahlen, weil sie ein Tempo 30-Schild entwendete und in Müngsten aufstellte. Stets war sie wenig zimperlich und direkt in der Sprache, wenn es um den Erhalt der Natur ging. Den lange diskutierten Tagesordnungspunkt „Pflegezustand Müngstener Brücke" fasste sie bei einer Sitzung 1984 dahingehend zusammen, dass sie es leid sei, für andere Leute den Dreck zusammenzukratzen. Ihrem Vorschlag, gemeinsam nach Müngsten zu kommen, folgte der Rat nicht. So wurde weiter nur einmal wöchentlich in Müngsten gekehrt, und das bei einer unbefestigten Straße, auf der jedes Auto heftig Staub aufwirbelte. Also griff Elsa Böhm häufig selbst zu Besen und Schaufel bzw. zu Lappen, wenn z. B. mal wieder Schmiereien die Brücken-Tafel „zierten".

Das Windfelner Bachtal wurde dank Elsa Böhm wieder zu einer seltenen Oase. Es gelang ihr, dass die Stadt ihren Plan, das Windfelner Bachtal durch eine Schnellstraße und eine Mülldeponie zu zerstören, aufgab. Sie sorgte für die Renaturierung der ehemaligen, im Lauf der Jahre vernachlässigten Fischteiche in der alten Hofschaft Windfeln. In unzähligen Arbeitsstunden vieler Helferinnen und Helfer entstand Anfang der 1980er Jahre aus dem von der Stadt gepachteten, etwa 800 Quadratmeter großen Sumpfgelände wieder ein intaktes Feuchtgebiet mit zahlreichen seltenen Pflanzen und vom Aussterben bedrohten Tieren wie Vogelarten und Amphibien.

Elsa Böhm, Mahnerin in Sachen Natur und rastlose Bewahrerin von Heimatbräuchen, erhielt für ihr Engagement und ihre Zivilcourage 1983 den Umweltschutzpreis der Stadt Solingen. Die mit dem Preis verbundene Prämie stiftete Elsa Böhm zu gleichen Teilen dem Club Behinderter und ihrer Freunde und der Ortsgruppe Solingen des Rheinisch-Bergischen Naturschutzvereins.

Elsa Böhm im Windfelner Bachtal, 1983

Elsa Böhm

1988 erhielt sie eine Urkunde vom Zweckverband Naturpark Bergisch Land und 1992 eine weitere als „Dank und Anerkennung für besonderes Engagement und aktives Bemühen um eine lebenswerte Umwelt" für ihre Teilnahme am Europäischen Umweltpreis 1991. Mit vielen Personen kam Elsa zusammen, so auch mit Johannes Rau, den sie schon als NRW-Landesvater duzen durfte und zu dem sie bis zu seinem Tod in regelmäßigem, sehr persönlichem Briefkontakt stand. Jeder scheint die Frau mit dem unbequemen Mundwerk zu kennen. Post mit der Adresse „Elsa aus Müngsten" kam jedenfalls an. „Ech bin dat Elsa ut Müngsten" machte ein Aufkleber allen Besuchern klar, doch auch ohne ihn erkennt sie jeder. Sie hört sich geduldig deren Sorgen und Nöte an und hat auch immer einen guten Ratschlag parat.

Sie kämpfte weiter gegen Behörden bzw. Vorschriften, um das Gebiet am Windfelner Bach unter Naturschutz zu stellen. Auf Fichten und fremdländische Gewächse, die in einem Biotop nach Gesetzestext nichts zu suchen haben, wollte Elsa Böhm nicht verzichten. Also machte sie weiter. 1998 kündigte die Stadt die Verträge bezüglich der Grundstücke wegen Eigenbedarf. Zehn Jahre später waren die Teiche und Wege zugewachsen. Es blieb ihr nichts als zu resignieren und sich zu fragen „Wozu die ganze Knochenarbeit?"

Wenn sie auch mit den Politikern in Solingen hadert und manch bösen (Leser-)Brief schrieb, so macht Elsa Böhm doch gerne Werbung für die Klingenstadt. Für die Bekanntheit ihres „Wupperschlamms" sorgte sie durch zwei Auftritte in der Remscheider Theater-Talkshow mit Horst Kläuser 1983 und 1986. Eingeladen war sie aufgrund ihres Einsatzes für die Natur und vor allem für „ihr“ Müngsten. Der Moderator erinnerte sich 2004: „Die Frau war großartig, sie hatte den Abend voll in der Hand und unterhielt das Publikum nahezu alleine.“ Auch im Dritten Programm des WDR warb Elsa Böhm 1984 gekonnt in „Mittwochs in Remscheid“ für Solingen. Wobei nicht verhehlt wurde, wie unbequem sie manchmal für die Behörden ihrer Heimatstadt war und sicherlich auch weiterhin sein würde. An ihrem Urlaubsort in der Türkei gingen die Aufkleber und Solingen-Prospekte 1995 so schnell weg, dass sie beim Presseamt neues Material bestellen musste.

2004 ehrte die Regionale 2006-Agentur fünf Bürger, die den Prozess des Strukturwandels in den bergischen Städten engagiert mit begleiten. Das Müngstener Urgestein Elsa Böhm gehörte dazu und erhielt wie die anderen die silberne Ehrennadel einer „Regionale-Botschafterin“. Dies hinderte sie nicht daran, die 2005 begonnenen Arbeiten mit schwerem Gerät in Müngsten als „Mord an der Natur“ zu bezeichnen. Die Umgestaltung der Naturlandschaft zu einem Park lehnten sie und ihr Mann kategorisch ab. Als Grundstückseigentümer setzten die Eheleute Böhm es durch, dass ihr Kiosk und die Kleingolfanlage an Ort und Stelle blieben. Und heute ist Elsa Böhm doch ganz angetan von dem Ergebnis in Müngsten.

Elsa Böhm, 2007 *Elsa Böhm*

Ihren vielfältigen Einsatz für die Natur schaffte Elsa Böhm neben ihrer hauptberuflichen Tätigkeit im Kiosk und der Versorgung einer fünfköpfigen Familie. Dabei stritt sie stets mit Sachkunde für ihre Belange. Sie kann für sich in Anspruch nehmen, ein besonderer Mensch zu sein. Warum sonst traten mehrere Chöre in Müngsten an, um ihr zum 60. Geburtstag ein Ständchen zu bringen und die mehreren hundert erschienenen Freunde und Prominente zu erfreuen? Elsa Böhm ist ein Solinger Original und gehört für alle Besucher zu Müngsten einfach dazu.

Erst seit einer schweren Erkrankung ist es ruhiger um sie geworden. Ihr Lebensmotto wandelte sich: Jeder Tag, an dem sie aufsteht, ist der schönste in ihrem Leben.

POLITISCHE TÄTIGKEIT

Im Jahr 1961 stiftete der Rat der Stadt Solingen einen Ehrenring, der laut § 1 der Satzung, an „besonders verdiente Persönlichkeiten, die sich um das Wohl der Stadt Solingen verdient gemacht haben, verliehen werden kann“. 1964 wurden erstmals sechs Personen ausgezeichnet, 1971 waren es 16, die höchste Zahl in einem Jahr. Insgesamt bekamen ihn bis heute 65 Personen, unter ihnen neun Frauen. Die Auszeichnung ging an verdiente Kommunalpolitikerinnen der ersten Stunde, deren Verdienste um den Wiederaufbau Solingens nach 1945 als unstrittig galten.

In sämtlichen Solinger Stadtparlamenten nach 1945 waren Frauen recht spärlich vertreten. Ungleich größer als ihre Zahl aber war der Einfluss, den die Frauen in diesem Gremium ausübten. Sehr häufig stellten sie das verbindliche Element in harten politischen Auseinandersetzungen dar, in sozialen und kulturellen Fragen war ihr fraulicher Rat von großer Gewichtigkeit. Nur einige von ihnen seien hier stellvertretend genannt.

Dem ernannten Landtag von Nordrhein-Westfalen in den Jahren 1946 und 1947 gehörte auch die Solingerin Betty Pallas (1910–1988), geborene Martin, an. Die Arbeiterin und Hausfrau war als KPD-Mitglied nach dem Ende der nationalsozialistischen Herrschaft Mitglied in der ernannten und ab 1947 Mitglied der gewählten Stadtverordnetenversammlung in Solingen. Von 1952 bis 1954 saß sie im gewählten Landtag von Nordrhein-Westfalen.

Einige Jahre verbrachte Charlotte Mierbach (1912–1992), geborene Schaumann, in Solingen. Sie kam 1924 von Magdeburg nach Wald, wo seit 1923 bereits ihre Mutter und ihr jüngerer Bruder wohnten. 1926 wurde sie Mitglied der Sozialistischen Arbeiterjugend (SAJ) und damit auch der SPD sowie der Naturfreunde. Kampf für Freiheit, Gleichheit und Brüderlichkeit – die Ideale der Jugendbewegung – prägten ihr Leben. 1933 heiratete Charlotte Albin Mierbach, ebenfalls in der Sozialistischen Jugendbewegung aktiv, und zog von Solingen nach Leverkusen. Dort kam sie 1946 in den Stadtrat und war gewähltes Ratsmitglied von 1952 bis 1974. Für ihr außerordentliches gesellschaftliches Engagement bekam die engagierte Sozialdemokratin 1977 den Ehrenring der Stadt Leverkusen. 1982 erhielt Charlotte Mierbach den Verdienstorden der Bundesrepublik Deutschland.

Hildegard Dumke (1900–1985) hat sich gleich nach ihrem Umzug nach Solingen Anfang der 1950er Jahre dem sozialen Bereich verschrieben. Nach langjähriger ehrenamtlicher Arbeit an verantwortlicher Stelle, seit 1956 für die SPD im Rat und in verschiedenen Ausschüssen, trat sie 1975 nicht wieder für den Rat an. 1973 hatte sie das Bundesverdienstkreuz erhalten.

HANNA RAUTENBACH (1889–1981)
geborene Weber

Eine Solingerin, die glaubte, nur der Kommunismus könne eine gerechtere Welt schaffen, saß nicht nur in der Solinger Stadtverordnetenversammlung, sondern auch im preußischen Landtag in Berlin.

Nach dem frühen Tod der Eltern musste Hanna Weber, geboren am 28. Mai 1889 in Horn i. Lippe, als älteste Tochter bereits im Alter von 13 Jahren für ihre fünf Geschwister sorgen. Dadurch erfuhr sie früh die Not, aber auch die Solidarität der Arbeiterklasse.

Geprägt durch ihren ältesten Bruder Hermann, einen der führenden Kommunisten Solingens, trat sie dem Spartakus-Bund bei und gehörte 1919 zu den Mitbegründern der KPD in Solingen. Seit 1911 war sie verheiratet mit dem Messerhärter Walter Staubes und bekam 1912 einen Sohn, der auch den Namen Walter erhielt.

Durch ihre Tätigkeit als Parteisekretärin der Frauenabteilung des Bezirks Niederrhein der KPD war Hanna Staubes vielen Menschen bekannt. Im Solingen der damaligen Zeit, gekennzeichnet durch eine hohe Erwerbslosigkeit, erwarb sie sich in den 1920er Jahren das Vertrauen breiter Schichten der Arbeiterschaft. Die Kommunisten waren in Solingen wesentlich stärker vertreten als die Sozialdemokraten. Sie wählten die aktive Frau 1929 in die Stadtverordnetenversammlung, in den Düsseldorfer Provinzial-Landtag und in den Preußischen Landtag in Berlin.

Besondere Aufmerksamkeit schenkte Hanna Staubes, deren Ehe 1928 geschieden wurde, der Frauenarbeit, ein damals weitgehend vernachlässigtes Feld. Sie organisierte im Jahr 1931 den Roten Rhein-Ruhr-Kongress werktätiger Frauen und nahm ein Jahr später als Delegierte an einem internationalen Frauenkongress in Moskau teil. Als Sprecherin des Frauenausschusses der Gewerkschaft lernten viele Solinger Arbeiterinnen Hanna Rautenbach als konsequente Interessenvertreterin kennen.

Während des Nationalsozialismus war sie rücksichtsloser Verfolgung ausgesetzt. Durch das Verbot der KPD erwerbslos geworden, entzog sich Hanna Staubes seit Beginn der Machtübernahme der Verhaftungswelle gegen KPD-Mitglieder durch Flucht. Dies bedeutete ein illegales Leben, teilweise im Freien und bei verschiedenen Bekannten in Düsseldorf. Dreimal kam sie ins Gefängnis bzw. ins Konzentrationslager, 1933/34, 1937/38 und erneut 1944 in Solingen. Zwischenzeitlich stand sie unter ständiger Polizeiaufsicht. Am 18. Juli 1934 heiratete sie nach ihrer Rückkehr aus Düsseldorf in zweiter Ehe Otto Rautenbach, geboren 1893, ebenfalls Mitglied der KPD und geschieden. Nach einer seit dem 31. August 1937 andauernden Untersuchungshaft verurteilte der Volksgerichtshof Hamm die Solingerin im Oktober 1938 wegen Vorbereitung zum Hochverrat zu einem Jahr und drei Monaten Haft.

Nach 1945 gehörte Hanna Rautenbach zu den ersten Mitbürgerinnen und Mitbürgern, die an den demokratischen Wiederaufbau gingen. Als Vorsitzende des Solinger Ausschusses für Wohnungssuchende von November 1945 bis 1946 setzte sie sich unermüdlich für die Nöte der Menschen ein. Als KPD-Abgeordnete kam sie in den ersten nordrhein-westfälischen Landtag, dem sie bis 1950 angehörte.

Nach dem Verbot der KPD 1956 trat Hanna Rautenbach, seit 1965 Witwe, im Jahr 1968 der DKP bei. An deren Arbeit nahm sie bis kurz vor ihrem Tod am 27. August 1981 aktiv teil.

MARIA GROSSER (1891–1978)
geborene Maas

Eine der großen und wegweisenden Persönlichkeiten in den Aufbaujahren der Heimstattarbeit im Land Nordrhein-Westfalen war Maria Grosser. Für sie waren christlicher Glaube, soziales Engagement und politischer Einsatz eine Einheit.

Maria Elisabeth Maas kam am 7. Juli 1891 in Meschede/Sauerland als Tochter von Anton und Pauline Maas, geborene Göddecke, zur Welt. Einige Jahre später zog sie mit ihren Eltern und elf Geschwistern nach Köln, weil der Arbeitgeber ihres Vaters den Werkmeister Anton Maas versetzt hatte. Maria, die im Sauerland die Volksschule besucht hatte, heiratete am 29. Mai 1922 in Köln-Mülheim Benno Artur Grosser, gebürtig aus Samda bei Posen, den sie an einem Rosenmontag in Mülheim kennen lernte.

Noch im gleichen Jahr kam das junge Ehepaar nach Solingen. Der Polizist Benno Grosser war nach Ohligs versetzt worden und bezog mit seiner Frau eine Dienstwohnung an der Straße Im kühlen Grund. Seine Arbeitsstelle befand sich im Rathaus Ohligs. Später wurde er von der dortigen Polizeistation zur Kriminalpolizei versetzt.

Maria und Benno Grosser, 1922 Dorothee Knecht

Seit 1922, zu einer Zeit, da die Inflation viele Menschen zu entwurzeln drohte, war Maria Grosser in der Sozialarbeit tätig. 1930 entstand auf ihre Initiative der „Katholische Fürsorgeverein für Mädchen, Frauen und Kinder e. V.", der später in Sozialdienst katholischer Frauen (SKF) umbenannt wurde. Auch in den Jahren 1933 bis 1945, in denen der Verein verboten war, setzte sie hier ihr Wirken fort. 1947 übernahm sie den Vorsitz des Vereins bis 1968 und wurde dann zur Ehrenvorsitzenden ernannt.

Das Jahr 1945 war für Maria Grosser besonders schwer. Ihr Mann starb, als er nachts für eine Nachbarin eine Ärztin holen wollte. Vor deren Tür brach er tot zusammen. In den Wochen zuvor hatte er viel mitgemacht: Als Erkennungsdienst für Solingen musste er u. a. die vielen Toten identifizieren und diverse Dinge regeln. Mit seiner Gesundheit stand es nicht zum Besten, die seelische Belastung kam hinzu.

Zum Glück stand Maria Grosser eines ihrer Pflegekinder, Dorothee Knecht, zur Seite. Sie und ihre ältere Schwester Gabi waren Waisen, als die Eheleute

Grosser sie im Jahr 1937 aufgenommen hatten, um sie vor der Vereinnahmung des Staates in einem Erziehungsheim zu bewahren. Maria kannte die gerade verstorbene Mutter von der Kirche her, sprach mit ihrem Mann, und dann nahmen sie sich der Kinder an und ermöglichten ihnen eine gute Ausbildung. Vor allem Dorothee dankte ihr dafür, indem sie 1945 bei ihr blieb.

Als schönste Zeit ihrer Tätigkeit sah Maria Grosser die der Gründung und des Aufbaus eines Mädchenwohnheimes in Wald an. Mit einem überwältigenden und unerschütterlichen Gottvertrauen hatte sie unter schwierigen Gegebenheiten das am 15. April 1950 eröffnete Wohnheim geplant, durchgesetzt, gefördert und mit aufgebaut. Mehr noch als der äußere Aufbau lag ihr dabei der innere Aufbau am Herzen. Hier fanden elternlose, heimatlose und berufslose Jugendliche Schutz und Geborgenheit. Viel Eigeninitiative, viel mitmenschliches Engagement, das die bisweilen auftretenden Schwierigkeiten meistern half, und viel Fleiß investierten die Frauen des Vereins in das Haus an der Locher Straße. Dieses wurde aus Privatbesitz erworben, 1960 erweitert und Mitte der 1970er Jahre nochmals renoviert. Zum 75. Geburtstag von Maria Grosser erhielt das Haus ihren Namen. Leiterin des „Maria-Grosser-Hauses" war seit 1950 stets eine ausgebildete Fürsorgerin bzw. Erzieherin. Viele Heimträger und -leiterinnen später gebauter Mädchenwohnheime durften sich bei Maria Grosser Anregung und Rat holen. Ihre Wohnung Am Stadtgarten war eine „Offene Tür" für alle Rat- und Hilfesuchenden in Solingen und weit darüber hinaus.

Maria und Benno Grosser mit ihren Pflegetöchtern *Dorothee Knecht*

Ungezählten Menschen jeglicher Herkunft und jeglichen Alters gab sie durch Rat, Hilfe und Förderung den nötigen Rückhalt und erschloss ihnen neue Wege der Lebensbewältigung. Auch gefährdete, oft auch straffällig gewordene Jugendliche betreute sie und übernahm die schwierigsten Vormundschaften selbst. Viele Jahre war sie als Schöffin tätig, noch mit 80 Jahren wirkte sie im Bewährungsausschuss. Entspannung fand sie beim Gesang im Kirchenchor Cäcilia Ohligs 1876, der sie am 14. Oktober 1951 zum Ehrenmitglied ernannte.

Als Mitbegründerin der Solinger CDU war Maria Grosser 1946 Mitglied des ersten gewählten Stadtrates in Solingen und Ratsmitglied bis 1964. Zudem war sie 14 Jahre lang Vorsitzende des Jugendwohlfahrtsausschusses und sechs Jahre Vorsitzende des Wohlfahrtsausschusses. Noch bis Ende 1969 war sie als Bürgerschaftsvertreterin im Jugendwohlfahrtsausschuss tätig. In verschiedenen sozialpolitischen und kommunalen Gremien erwies sich Maria Grosser als eine Persönlichkeit, die sachlich argumentierte, für ihre Erkenntnisse aber auch einzutreten und notfalls zu kämpfen wusste.

Maria Grosser

Dorothee Knecht

Über alle Enttäuschungen hinweg, die einen Menschen bei so exponiertem Wirken nicht verschonen, vertrat Maria Grosser auch zu ihrem 25jährigen Jubiläum als Mitglied des Katholischen Fürsorgevereins die Ansicht: „Es lohnt immer! Und es gibt nichts Schöneres, als Menschen zu helfen!"

Papst Johannes XXIII. würdigte ihre Verdienste 1962 durch die Verleihung des Ordens „Pro Ecclesia et pontifice". Am 20. März 1970 verlieh ihr der Bundespräsident das Bundesverdienstkreuz am Bande, das ihr in einer Feier am 3. Juli 1970 überreicht wurde. Von der Stadt Solingen erhielt sie am 22. Juni 1971 den Ehrenring. Sie habe, so der Oberbürgermeister bei der Verleihung, dem ganzen Rat einen Maßstab für soziale Arbeit gesetzt, zugleich aber auch maßgeblich in anderen Ratsgremien mitgewirkt. Immer setzte sie sich leidenschaftlich für Hilfe durch die Tat ein und legte sich ihr Leben lang ein großes Arbeitsmaß auf. Hinter ihrem Tun stand die Überzeugung einer starken Persönlichkeit, so dass sie in hohem Maß die Achtung vieler Bürger, auch ihrer politischen Kontrahenten, genossen habe.

Maria Grosser, deren Leben im Dienst am Nächsten stand, wurde auch im hohen Alter noch um Rat gebeten. Sie setzte Ecksteine in der katholischen Fürsorgearbeit, denn sie lebte für ihre Mitmenschen. Gelebtes Christentum war die Wurzel für ihren sozialen Einsatz. Sie sah darin einen Auftrag, den uns Gott gab im größten Gebot, dem Gebot der Nächstenliebe. Solingen verdankt ihr in diesem Bereich sehr viel.

Die Witwe Maria Grosser, eine nicht ehrgeizige, sondern eher eine bescheidene, zurückhaltende Frau, verstarb am 19. Juli 1978.

TILDE KLOSE (1892–1942)

Ein Sprachgenie war die in Solingen geborene Mathilde Klose, die wegen ihrer politischen Betätigung verfolgt und schließlich ermordet wurde. In ihrer Geburtsstadt erinnert an sie ein Stolperstein.

Am 12. Dezember 1892 wurde Mathilde Klose, die Tochter des damaligen Direktors der Gas- und Wasserwerke Otto Klose und seiner Ehefrau Anna Catharina, geborene van den Boogaart, in Solingen geboren.

Schon auf der höheren Mädchenschule zeigte sich Tildes, wie ihre Familie sie nannte, Begabung für Fremdsprachen. Nach dem Besuch des Lyzeums an der Friedrichstraße in Solingen ging sie Ende 1909 mit 17 Jahren allein nach Paris. Von den Eltern materiell unterstützt, wollte sie hier ihre Sprachkenntnisse vervollkommnen. Ein halbes Jahr später erreichte sie die Nachricht vom überraschenden Tod des Vaters. Da nun die Dienstwohnung in der Gasstraße 22 geräumt werden musste, zogen Tilde, ihre Mutter und der jüngere Bruder Otto zunächst an die Schwesternstraße. Im August 1914 zog die Familie Klose dann nach Düsseldorf.

Anfang der 1920er Jahre fand Tilde Klose eine Anstellung als Auslandskorrespondentin bei den Mannesmann-Röhrenwerken, kurz Röhrenverband genannt, in Düsseldorf. Die junge Frau engagierte sich zunächst in der SPD und der Gewerkschaft. 1931 änderte sich jedoch ihre politische Überzeugung und sie wurde Mitglied der KPD. Ihre Tätigkeit in den Röhrenwerken übte sie weiter aus.

Tilde Klose *3 x Stadtarchiv Solingen*

Als die Nationalsozialisten die verfassungsmäßigen Grundrechte beseitigten, wurden Tilde Kloses Genossen und Freunde verhaftet, verprügelt und ins KZ gesperrt. Sie sammelte Geld für die Inhaftierten und verteilte weiter Kampfschriften gegen das NS-Regime. Wegen dieser politischen Betätigung wurde auch sie 1934 verhaftet und am 28. Februar 1935 zu vier Jahren Zuchthaus verurteilt. „Im Gerichtssaal trat Tilde Klose mutig den Richtern entgegen, die verblüfft eine ‚neue Rosa Luxemburg' zu sehen meinten."

Nach Verbüßung dieser Strafe verfügte die Gestapo Schutzhaft und ihre Einlieferung in das Frauen-Konzentrationslager Papenburg. Von dort kam sie ins KZ Ravensbrück, dessen Häftlinge Zwangsarbeiten verrichten mussten. Dort flößte Tilde Klose den verängstigten Frauen aller Nationen in ihrer jeweiligen Landessprache den ersten Trost und das Gefühl internationaler Kameradschaft ein. Diese schwere Aufgabe ermöglichte es ihr, die illegale Lagerleitung abends über jeden Zugang zu informieren.

Im Februar 1942 wurden von Ravensbrück mehrere hundert nicht arbeitsfähige Insassen, darunter auch die an Tuberkulose erkrankte Tilde Klose, mit Speziallastwagen nach Bernburg/Saale gebracht und durch Abgase ermordet. Die Leichenfracht wurde in der Heil- und Pflegeanstalt in Bernburg verbrannt. So endete auch das kämpferische Leben der Antifaschistin Tilde Klose aus Solingen.

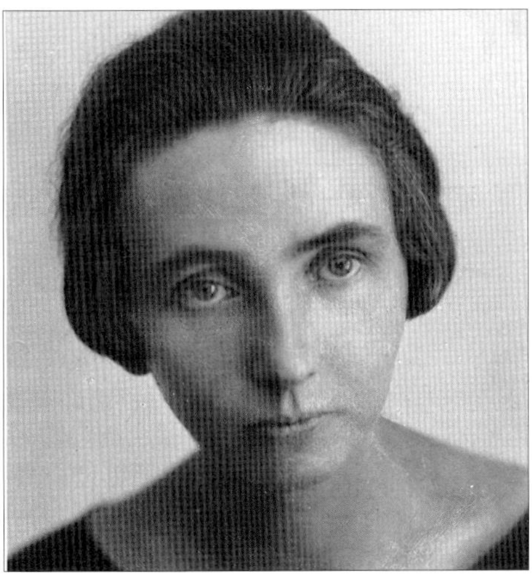

Die DDR ehrte sie 1970 in einem 533 Lebensläufe umfassenden Gedenkwerk für antifaschistische „Deutsche Widerstandskämpfer 1933-1945“. Zudem widmete man ihr dort 1959 im Rahmen einer Serie mit Insassinnen des KZ Ravensbrück eine Briefmarke. Die Stadt Düsseldorf ehrte die Solingerin 1988 durch einen nach ihr benannten Tilde-Klose-Weg in Unterrath. In Solingen erinnert seit dem 7. Februar 2006 ein Stolperstein vor dem städtischen Gebäude an der Gasstraße 22 an Tilde Klose. Hier stand das Haus, in dem sie mit ihrer Familie in der Dienstwohnung des Vaters lebte.

ALMA KOBBENRODT (1893–1977)
geborene Maus

Auch eine in Brasilien geborene Solingerin wurde Trägerin des Ehrenrings der Stadt Solingen, weil sie sich als Kommunalpolitikerin Verdienste erworben hatte. Und im Fußball spielte sie eine wichtige Rolle.

Am 24. September 1893 wurde Auguste Alma Maria Maus in Linka Trombudo im Munizig Santa Cruz/Brasilien geboren. Ihre Eltern waren der in Höhscheid geborene Daniel Maus und seine Ehefrau Franzelina Nass. Als Fünfjährige kam Alma Maus in die Heimat ihres Vaters, nach Höhscheid.

Nach der Schulzeit erlernte sie die Hauswirtschaft und war bis Ende 1915 in diesem Beruf tätig. Kurz darauf, am 8. Januar 1916, heiratete Alma Maus den Rasiermesserhärter und Werkmeister Karl Wilhelm Kobbenrodt und brachte Ende 1916 Tochter Gertrud zur Welt. Zwei Jahre später trat Alma Kobbenrodt der SPD bei und war bis 1933 in der Parteiarbeit und bei der Arbeiterwohlfahrt tätig.

In den schweren Jahren des Wiederaufbaus nach dem Zweiten Weltkrieg war Alma Kobbenrodt wieder aktiv, wirkte uneigennützig und tatkräftig 18 Jahre lang in verschiedenen Ratsausschüssen und half manche Not zu lindern. Bereits 1946 war sie als Bürgerschaftsmitglied tätig und kam 1948 in das erste nach dem Krieg frei gewählte Stadtparlament. Von 1952 bis 1969 gehörte sie als Fraktionsmitglied der SPD dem Rat der Stadt Solingen an. In all den Jahren eroberte sie ihren Wahlkreis in direkter Wahl.

Alma Kobbenrodt, 1961
Stadtarchiv Solingen

Viele Jahre war Alma Kobbenrodt in diversen Ausschüssen tätig. Als die schwerste Arbeit bezeichnete sie bei ihrem Ausscheiden die Tätigkeit im Ausschuss für Wohnungswesen. Hier verhalf sie durch ihren unermüdlichen Einsatz und ihre große Fürsorge unzähligen Menschen wieder zu einer Wohnung.

Sie dachte 1969 mit Wehmut daran, dass sie sich nun von der politschen Arbeit zurückziehe, aber, so sagte sie: „Es wird Zeit, daß ich der Jugend Platz mache“. Seit 1948 war sie auch Mitglied im Spar- und Bauverein Solingen und saß seit Mitte der 1950er Jahre dort im Aufsichtsrat. Ebenfalls seit 1948 war sie Mitglied der Konsumgenossenschaft, deren Vertreterversammlung sie angehörte. In der Arbeiterwohlfahrt half sie seit vielen Jahren tatkräftig mit.

Ihr Herz gehörte neben dem politischen und sozialen Wirken dem Sport, genauer gesagt: dem Fußball. Durch ihren Mann, der mit viel Erfolg in der Zeit um 1915 in der ersten Mannschaft des Solinger FC 95 spielte, trat sie dem Fußballclub 1895 Schaberg bei, dem zweitältesten (Fußball-)Sportverein Westdeutschlands. Wie sie und ihr Mann, der später die Jugend betreute, oft mithalfen, damit unbemittelte Jugendliche ebenfalls Sport treiben konnten, ist bezeichnend für ihre soziale Einstellung.

Alma Kobbenrodt im Solinger Stadtrat, 1969 *Solinger Tageblatt, Archiv*

Sie selbst spielte anfangs Handball, dann ab 1925 auch Fußball, als der Verein eine Damen-Fußballmannschaft, die wohl erste Damen-Fußballmannschaft Deutschlands, besaß. Alma Kobbenrodt versäumte später nur wenige Spiele „ihrer 95er", die sie im Januar 1968 zum Ehrenmitglied ernannten. Jeden Sonntag, bei Wind und Wetter war sie auf dem Sportplatz zu finden.

Aber nicht nur die Fußballer besaßen ihre Neigung. Alma Kobbenrodt war auch eine tüchtige Schwimmerin bei der Freien Schwimmschaft, später SV Solingen Süd, die 1933 verboten wurde. Eine große Anzahl der Schwimmer traf sich dann in der Chorgemeinschaft unter Werner Saam wieder. Hier blieb Alma Kobbenrodt als aktive Sängerin und machte die Umwandlung des Vereins in den Städtischen Chor mit. Nach dem Krieg, als sie an der demokratischen Neuordnung mitarbeitete, hatte sie keine Zeit mehr für Proben. Sie fehlte aber bei keinem Konzert, an dem der Städtische Chor mitwirkte.

Für ihre großen Verdienste um die städtische Entwicklung nach 1945 erhielt sie am 22. Juni 1971 Ehrenring der Stadt Solingen.

Alma Kobbenrodt, deren Mann im Jahr 1963 verstarb, erfreute sich nach 1969 daran, mehr Zeit für Theater- und Konzertbesuche zu haben sowie sich um ihren Anfang 1968 geborenen Urenkel zu kümmern. Einige Jahre waren ihr hierzu vergönnt; sie starb nach längerem Leiden im Alter von fast 84 Jahren am 23. Juli 1977.

MARIA SCHWIERES (1896–1982)
geborene Kallen

Obwohl keine gebürtige Solingerin, erwarb sich Maria Schwieres das Vertrauen vieler Solingerinnen und baute mit ihnen die CDU-Frauenvereinigung auf. Als Ratsmitglied stand sie allen Bürgern mit Rat zur Seite.

Am 23. September 1896 wurde Maria Kallen in Mönchen-Gladbach als Tochter des Postbeamten Franz Kallen und seiner Frau Friederike, geborene Heinrichs, geboren. Die Familie war gut situiert und sehr streng katholisch. Maria Kallen besuchte die Volksschule und anschließend für ein Jahr ein von Augustinerinnen geführtes Pensionat. Nach einer kaufmännischen Lehre in einem Einzelhandelsgeschäft in Mönchen-Gladbach war sie von 1915 bis 1927 dort als Verkäuferin tätig. In den Jahren 1927 bis 1931 war Maria Kallen Geschäftsführerin.

Eine früh geschlossene Ehe wurde bald geschieden. In zweiter Ehe heiratete Maria Kallen den jüdischen Textilfabrikanten Hugo Lessmann. Er war einige Jahre älter als sie und hatte zwei erwachsene Söhne. Er ermöglichte ihr die Einrichtung eines Miederwarengeschäftes an der Husenallee in Essen, das sie bis 1943 als selbständiger Kaufmann führte. Durch ihren Mann verkehrte sie in den höchsten gesellschaftlichen Kreisen von Essen. Auch nachdem sein Unternehmen konfisziert worden war, fanden viele Treffen in ihrem Haus statt. Doch auch er wurde wie viele Juden nach Polen deportiert und dort ermordet.

Maria Schwieres, 1969

Solinger Tageblatt, Archiv

Nach Angaben ihrer Nichte hatte sie bei einer Papstaudienz die Genehmigung erhalten, die Kommunion zu empfangen, obwohl sie mit einem Juden verheiratet war. Wohl auch deshalb bekam sie als Ehefrau von Hugo Lessmann Probleme mit den Behörden. Dies änderte sich nach ihrer Hochzeit am 29. Januar 1941 mit dem in Essen tätigen Postamtsmann Wilhelm Gustav Schwieres, geboren 1885 in Merscheid. Ihr Geschäftshaus und auch das Wohnhaus in Essen wurde 1943 durch Bomben zerstört.

Das Ehepaar Schwieres zog im November 1945 nach Solingen an die Weyerstraße 240. Ihr Mann war inzwischen pensioniert und hatte in Solingen Grundbesitz aus seiner Familie. Hier begann für sie ein anderes Leben als zuvor.

In ihrer neuen Heimat wurde Maria Schwieres 1946 Mitglied der CDU. 1952 gründete sie mit 16 Mitgliedern den Frauenausschuss in ihrer Partei und wurde dessen erste Vorsitzende. Als sie nach 17 Jahren den Vorsitz niederlegte, hatte die CDU-Frauenvereinigung rund 400 Mitglieder. „Das ist dem persönlichen Einsatz von Maria Schwieres zu verdanken, die sich um jede Frau selbst bemühte“, führte Joseph Pütz 1969 aus. Der CDU-Kreisvorsitzende verwies darauf, dass die Solinger Frauenvereinigung ihresgleichen im ganzen Rheinland suche. Um Jüngeren Platz zu machen, kandidierte Maria Schwieres bei den Kommunalwahlen 1969 nicht mehr und legte deshalb ihr Amt nieder.

Ebenfalls von ihr gegründet wurde die CDU-Bezirksgruppe Weyer, die in kürzester Zeit die stärkste Gruppe im Kreisverband wurde. Auch hier war sie bis zur Zusammenlegung mit der Bezirksgruppe Wald Vorsitzende.

Maria Schwieres war stellvertretende Parteivorsitzende und Ratsmitglied von November 1952 bis zum 31. August 1969 sowie Mitglied in diversen Ausschüssen, auch nach 1969 noch bis 1975, und im Vertriebenenbeirat. Seit 1924 war Maria Kallen in der sozialen Arbeit tätig. Ihre ganze Sorge galt immer den kinderreichen Familien, den alten Menschen und den sozial schwachen Familien. Als Mitglied des Wohnungsausschusses erwarb sie sich große Verdienste. Eine Besonderheit war in jenen Jahren auch der sonntägliche Sprechtag, den das Ratsmitglied Maria Schwieres abhielt.

Aufgrund ihrer Verdienste erhielt sie vom Landesverband für kinderreiche Familien die silberne Ehrennadel und am 22. Juni 1971 den Ehrenring der Stadt Solingen. Sie gehörte auch zu den wenigen Frauen des Rheinlandes, die die Bronze-Medaille von Altbundeskanzler Konrad Adenauer aus Anlass seines 80. Geburtstages wegen besonderer Verdienste erhielt.

Seit der Gründung der CDU-Landesfrauenvereinigung war Maria Schwieres Mitglied des Vorstandes. Nach 20jähriger ehrenamtlicher Tätigkeit als Schöffin trat sie Ende 1968 ebenfalls zurück. Maria Schwieres, deren Mann 1967 verstorben war, wollte sich nach der Aufgabe aller Ämter der Literatur widmen und Reisen unternehmen. Sie war zudem im Pfarrgemeinderat und sah weiterhin die Sozialarbeit als ihre Aufgabe. Am 5. März 1982 erlag Maria Schwieres einer schweren Krankheit. Mit ihr verstarb eine der profiliertesten Persönlichkeiten der Solinger CDU.

Maria Schwieres

Stadtarchiv Solingen

HANNA GNOSS (1898–1974)

Das Jugendfreizeitheim der Arbeiterwohlfahrt im Weegerhof erhielt 1976 den Namen „Hanna-Gnoss-Haus“. Damit sollte das Andenken an die im Jahr 1974 verstorbene langjährige 1. Vorsitzende der Organisation bewahrt werden.

Johanne Karoline Gnoß wurde am 5. Mai 1898 als Tochter der Eheleute Friedrich Eduard und Johanne Gnoß, geborene Oderski, in Oberhausen geboren. Sie kam aus einer traditionsgemäß sozialdemokratisch überzeugten Familie, wurde 1914 Mitglied der sozialistischen Arbeiterjugend und trat 1918 der SPD bei. 1924 übernahm sie die Wirtschaftsleitung eines Kindererholungsheim der Arbeiterwohlfahrt (AWO). Dann drückte sie noch einmal die Schulbank und legte 1932 das Examen als Fürsorgerin ab.

Im gleichen Jahr kam sie als Gesundheitsfürsorgerin mit ihrer verwitweten Mutter von Düsseldorf nach Solingen und war nebenbei bei der AWO tätig. Wegen politischer Unzuverlässigkeit wurde Hanna Gnoß 1933 aus dem städtischen Dienst entlassen. Ein Jahr später zog sie zur Betreuung schwer erziehbarer Kinder in einen jüdischen Haushalt in Frankfurt. 1938 erhielt sie eine Stelle als Gesundheitsfürsorgerin in Verden a. d. Aller.

Hanna Gnoß, 1970

Solinger Tageblatt, Archiv

Hanna Gnoß ,1973

Solinger Tageblatt, Archiv

Hanna Gnoß ,1973

Solinger Morgenpost, Archiv

In der NS-Zeit setzte die überzeugte Sozialdemokratin und Gewerkschafterin mit ihrer Arbeit in einem jüdischen Kinderheim, die sie so lange wie möglich aufrecht erhielt, ein Beispiel. 1945 wurde sie nach Solingen zurückgeholt, wo sie am 1. September von Achim/Kreis Werden eintraf, und half neben ihrer beruflichen Tätigkeit beim Wiederaufbau der 1933 verbotenen AWO. Ging es in den ersten Jahren vor allem um materielle Hilfe, so verlagerte sich später das Schwergewicht auf Jugendhilfe und -fürsorge und auf die Altenhilfe.

Den Solingern war Hanna Gnoß wohl auch schon von äußeren Umständen her ein Begriff, denn dort, wo ihr in der ganzen Stadt bekanntes Fahrrad vor der Tür stand, wusste man, hier wird geholfen. Sieben Jahre bewältigte sie die Wege in ihrem Bezirk Aufderhöhe mit dem Fahrrad, das die Oberfürsorgerin Charlotte Linke am ersten Arbeitstag für sie bereit gestellt hatte.

1949, das Jahr, in dem ihre Mutter und ihr Bruder Ernst in Solingen verstarben, wurde Hanna Gnoß Vorsitzende der Solinger AWO und 1964 in den Bezirksvorstand berufen, wo sie Meilensteine in der aktiven Sozialarbeit setzte. Nachdem sie eine der höchsten Auszeichungen der AWO, die Marie-Juchacz-Plakette, erhalten hatte, folgte im Mai 1970 das Verdienstkreuz am Bande für ihren unentwegten Einsatz.

Nach der Pensionierung wurde ihr die ehrenamtliche soziale Tätigkeit zum Lebensinhalt. Unter anderem gehörte Hanna Gnoß bis zuletzt dem Ge- sundheits- und Sozialausschuss als Bürgerschaftsvertreterin an. Mit ihrer Unterstützung entstand in Ohligs das Karl-Schröder-Haus, eine Begegnungsstätte für alte Menschen, die ihr sehr am Herzen lagen.

Als sie im Frühjahr 1973 bei der AWO als Vorsitzende abtrat, wurde sie dort Ehrenvorsitzende. Nur etwa ein Jahr später starb Hanna Gnoß am 16. Juni 1974 an ihrem Urlaubsort Neustadt am Titisee.

GERTRUD WOLFF (1899–1974)
geborene Ludwig

Eine politisch engagierte und emanzipierte Frau kam im Jahr 1933 aus Berlin nach Solingen. Damals ahnte noch niemand, dass sie die profilierteste Kommunalpoltikerin der SPD in der Nachkriegszeit würde.

Gertrud Anna Sofie Ludwig wurde am 13. Juni 1899 als Tochter des Buchdruckers Friedrich Wilhelm Adolph Ludwig und seiner Ehefrau Gertrud Anne, geborene Böker, in Berlin geboren. Sie war später eine sehr begabe Schülerin mit hervorragenden Schulzeugnissen, und ihre Lehrer bedauerten es sehr, dass die Eltern ihr keine höhere Schulausbildung ermöglichen konnten. In einem Aufsatz schrieb sie 1913, dass sie eine glückliche Jugendzeit im Kreis ihrer Eltern und ihrer zwei Geschwister verlebe.

Gertrud Ludwig — *Erich Wolff*

Schon als Fünfzehnjährige entschied sich Gertrud für ein politisches Engagement. Sie trat 1914 in Berlin der Sozialistischen Arbeiterjugend bei und wurde vier Jahre später Mitglied der SPD. Nach einer Ausbildung als Stenotypistin bei der Deutschen Transport-Versicherung AG arbeitete sie von 1918 bis 1920 bei der Nationalen Automobil-Gesellschaft AG. Schließlich wurde die kaufmännische Angestellte am 9. Februar 1920 Sekretärin von Ernst Heilmann, dem Vorsitzenden der sozialdemokratischen Landtagsfraktion im Preußischen Landtag. Fünf Jahre später heiratete sie den Bankangestellten Bernhard Baray; im Jahr 1929 ließen sie sich einvernehmlich scheiden.

Ernst Heilmann war Jude und wurde kurz nach der Machtergreifung durch die Nationalsozialisten verhaftet und 1940 im Konzentrationslager Buchenwald ermordet. Am 22. Juni 1933, dem Tag des Verbotes der Sozialdemokratischen Partei, gelangte Gertrud Baray nach der Bekanntgabe im Radio noch durch einen Nebeneingang in das von der SA umstellte Landtagsgebäude und dort in das Fraktionsbüro der SPD. Mit Hilfe eines vertrauten alten

Hausmeisters, der ebenfalls SPD-Mitglied war, geland es ihr, in der Nacht sämtliche Listen der Parteimitglieder und wichtige vertrauliche Unterlagen in der Heizungsanlage zu vernichten.

Aus Furcht vor Angriffen der SA auf ihre Person verstärkte sie die Eingangstür ihrer Wohnung mit Eisenbeschlägen, um Zeit zu haben, die Polizei oder Freunde zu informieren. Zu dieser Zeit kannte sie bereits Reinold Wilhelm Wolff, der nach seiner Junglehrer-Ausbildung in Essen 1928 an die Hochschule für politische Bildung nach Berlin gekommen war. Gemeinsam beschloss das junge Paar, in Westdeutschland unterzutauchen, und floh nach Essen. Damit eine eventuelle Suche nach ihr erschwert wurde, heirateten die beiden dort am 7. August 1933.

Gertrud Ludwig in ihrem Berliner Büro *Erich Wolff*

Gertrud Ludwig in ihrer Freizeit in Berlin

Erich Wolff

Reinold Wilhelm Wolffs Bemühungen um eine Junglehrerstelle hatten schnell Erfolg: Sein erster Einsatz erfolgte in Solingen an der Volksschule Katternberger Straße. Kurz darauf zog das Ehepaar Wolff nach Solingen an die Eichenstraße. Wilhelm Wolff war später Rektor der Volksschule Stübchen und Ratsmitglied. Aus der Ehe gingen drei Kinder hervor, 1935 Helmut, 1937 Erich und 1939 Irene.

Gleich nach Kriegsende stellte sich Gertrud Wolff, die von allen Trude genannt wurde, der Solinger SPD zur Verfügung. Zunächst von der Militärregierung ernannt, 1950 erstmals von der Bürgerschaft gewählt, half sie als Ratsmitglied bis 1969 mit kurzen Unterbrechungen insgesamt 24

Jahre lang, die Geschicke der Stadt zu lenken. Seit 1956 war sie zudem Mitglied im Ältestenrat. 1947 nahm sie als Delegierte am SPD-Parteitag in Nürnberg teil.

Gertrud Wolff bei einer Rede am Benrather Schloss

Erich Wolff

Das Schwergewicht ihrer Arbeit lag auf kulturellem und sozialem Gebiet. Seit der Wiederbegründung der Arbeiterwohlfahrt in Solingen im Jahr 1946 war Trude Wolff aktiv dort tätig und lange Jahre Mitglied des Kreisverbands-Vorstandes. Die Organisation der Verteilung von Care-Paketen lag ehrenamtlich in ihrer Hand.

Ihren vielseitigen Interessen gemäß gehörte sie diversen Rats-Ausschüssen an und hatte damit erheblichen Anteil an Dingen, die während der 1950er und 60er Jahre in Solingen geschahen. Ihre ruhige Sachlichkeit, aber auch ihre Beharrlichkeit vermochten selbst schwierige Probleme zu lösen. Nicht zuletzt gebührt Trude Wolff auch Dank für die Mitarbeit an der Schaffung der Bergischen Kunstausstellung und der Errichtung des Theater- und Konzerthauses. Auf regionaler Ebene war sie als Mitglied bzw. einige Jahre als Vorsitzende des Kulturausschusses im Landschaftsverband tätig.

Trude Wolff war eine kenntnisreiche und verantwortungsbewusste Kommunalpolitikerin. Ihr kritisches Urteilsvermögen sowie ihre reiche politische Erfahrung trugen ihr über Parteigrenzen hinweg ungeteilten Respekt ein. Höhepunkt ihrer kommunalpolitischen Tätigkeit war die Wahl zur Vorsitzenden der SPD-Fraktion im Januar 1959. Als erste Frau in der Geschichte des Solinger Kommunalparlaments versah Gertrud Wolff das schwierige Amt des Fraktionsvorsitzenden und leitete die SPD-Ratsfraktion bis 1964. Ihre Stimme hatte im Rat der Stadt Solingen und in vielen anderen Gremien, denen sie angehörte, Gewicht.

Gertrud Wolff auf dem SPD-Parteitag, 1947

Erich Wolff

„Dabei war Trude Wolff eine kluge, kultivierte, verhaltencharmante Frau von einer mütterlichen und liebenswürdigen Art, die den politischen

Gegnern den Wind aus den Segeln nahm und innerhalb der SPD-Fraktion Gegensätze überbrückte. Bei aller Kompromißbereitschaft ließ sie Unnachgiebigkeit da erkennen, wo es ihre politische Grundhaltung erforderte, sie ging da pragmatisch vor, wo der Zweck es gebot", stand 1974 in der Presse.

Im Alter von 70 Jahren legte Gertrud Wolff 1969 ihr Ratsmandat nieder, um jüngeren engagierten Mitbürgern Platz zu machen. Am politischen Geschehen in Solingen wirkte sie als Bürgerschaftsvertreterin im Kulturausschuss weiter mit. Doch nun hatte sie mehr Zeit als zuvor für den Genuss der klassischen Musik, die ihr über viele Jahre Kraft für die vielen Aufgaben gegeben hatte.

Für ihr langjähriges kommunalpolitisches Engagement erhielt Gertrud Wolff am 22. Juni 1971 den Ehrenring der Stadt Solingen. Sie hatte den kommunalpolitischen Gedanken nach dem Kriege an entscheidender Stelle beeinflusst und sich im Lauf der Jahre die große Wertschätzung ihrer politischen Freunde und Gegner erworben.

Trude Wolff verstarb am 2. März 1974 in Solingen. Die Liebe zu ihrer Familie und die Sorge für ihre Mitmenschen hatten ihr Leben bestimmt. Das politische Leben in Solingen war um eine Persönlichkeit von hohen moralischen Werten ärmer geworden.

Gertrud Wolff, 1947

Stadtarchiv Solingen

Gertrud Wolff im Stadtrat

Stadtarchiv Solingen

KLÄRE GROSSMANN (1916–1989)
geborene Reiners

Liebe, Fürsorge und stetiger Einsatz für andere Menschen waren der Lebensinhalt von Kläre Großmann. Vor allem engagierte sie sich für die Behinderten und Senioren in ihrer Heimatstadt Solingen.

Als Tochter des Friseurs Robert Reiners und seiner Ehefrau Klara, geborene Kretzer, kam am 31. Juli 1916 in Wald Klara Maria Reiners auf die Welt. Im Dezember 1942 heiratete sie den Schlosser Franz Irsen und verzog mit ihm nach Düsseldorf. In zweiter Ehe heiratete sie dort am 12. August 1948 den aus Wald gebürtigen kaufmännischen Angestellten Max Großmann und brachte Anfang 1949 Tochter Jutta zur Welt.

Die Eheleute Großmann zogen später nach Solingen. 1960 wurde Kläre Großmann, wie sie alle nannten, Mitglied der CDU in Solingen und saß seit November 1964 als Bürgerschaftsvertreterin in verschiedenen Ausschüssen. Ende der 1960er Jahre war die verwitwete Mutter als freie Journalistin für die Solinger Morgenpost tätig.

Neben ihrer Arbeit war die CDU-Politikerin vielfältig ehrenamtlich tätig. Sie nahm jede Gelegenheit wahr, mitzugestalten und zu helfen. Sei es ihre Tätigkeit als Leiterin der Kinder- und Frauenabteilung im Wald-Merscheider-Turnverein oder die Gründung der ersten nicht-städtischen Altenstube. Zudem kämpfte Kläre Großmann stets für die „Stellung der Frau in der Gesellschaft".

Ein besonderes Ereignis in Solingen war ihre Initiative zu einem „Nachmittag froher Erinnerungen" im Sommer 1967. Durch das Entgegenkommen der Stadt und vieler Künstler sowie den Einsatz privater Kraftfahrer und Spenden für die Bewirtung ermöglichte Kläre Großmann rund 800 alten und zum Teil gehbehinderten Menschen einen schönen Nachmittag im Konzertsaal.

1969 wurde Kläre Großmann Vorsitzende der CDU-Frauenvereinigung, Kreisverband Solingen. Als sie 1977 nicht mehr kandidierte, ernannten die Mitglieder sie zur Ehrenvorsitzenden. Für ihren großen persönlichen Einsatz für die Vereinigung und den gesamten sozialen Bereich überreichte ihr der damalige Kreisparteivorsitzende die Konrad-Adenauer-Plakette.

Von 1974 bis 1979 gehörte Kläre Großmann dem Rat der Stadt Solingen an. Sie war von 1975 bis 1979 und seit 1984 bis zu ihrem Tod Mitglied der Bezirksvertretung Ohligs/Aufderhöhe. Sie engagierte sich sowohl im Alten- als auch im Behindertenbeirat, dessen Vorsitz sie innehatte. Zudem war sie Mitglied im Beschwerdeausschuss für den Lastenausgleich und Schöffin beim Landgericht Wuppertal. Auch auf Landesebene war die Solingerin als Fachfrau in Behindertenfragen tätig.

Am 11. Oktober 1978 erhielt Kläre Großmann das ihr vom Bundespräsidenten verliehene Bundesverdienstkreuz am Bande. Die Auszeichnung galt ihrem „jahrelangen selbstlosen Einsatz insbesondere für die Behinderten und Betagten in unserer Stadt", so Oberbürgermeister Schlösser bei der Laudatio. Sie habe verstanden, dass Fürsorge und Sozialarbeit weder ein Monopol des Staates noch ein Reservat der freien Verbände sein könne. Dass Solingen in NRW als eine „behinderten-freundliche" Stadt gelte, sei zuallerst ein Verdienst von Kläre Großmann. Dies alles wog um so schwerer, als sie selbst wegen einer schweren Krankheit zu dem Personenkreis gehörte, dem sie sich so besonders angenommen hatte.

Kläre Großmann, 1977

Solinger Tageblatt, Archiv

Kläre Großmann als Jeck im Karneval

Kläre Großmann, 1989

2 x Solinger Morgenpost, Archiv

Ob im politischen oder sozialen Bereich, im kirchlichen Raum, bei den Behinderten und in Solingens Partner- und Patenstädten, das Engagement von Kläre Großmann war vielfältig, ihr Rat stets gefragt. Bis zuletzt stand sie dem Behindertenbeirat vor, der nicht zuletzt auf ihr Betreiben hin ins Leben gerufen worden war, und engagierte sich im Seniorenbeirat. Durch ihre Offenheit und Sachkenntnis hatte sie sich hohes Ansehen und Achtung erworben.

Auch als Gründerin des Tanzkreises Löhdorf und durch ihre Mitarbeit bei Solinger Karnevalsgesellschaften sowie Schützen- und Heimatvereinen und als Mitglied im Pfarrgemeinderat der katholischen Kirchengemeinde Liebfrauen Löhdorf war Kläre Großmann über die Stadtgrenzen hinaus bekannt. Mitten aus ihrem erfüllten Leben gerissen, verstarb die beliebte Politikerin am 5. August 1989.

ELFRIEDE SAATKAMP (1916–2000)
geborene Tesche

Ihr Leben war das Ehrenamt in der Arbeitwohlfahrt. So kann man das jahrelange Engagement von Elfriede Saatkamp zusammenfassen. Für sie war ihre Tätigkeit nicht nur Arbeit, sondern es hat ihr auch immer viel Freude gebracht.

Elfriede Tesche wurde am 8. November 1916 in Wald geboren. Ihre Eltern waren Karl, genannt Kai, und Auguste Tesche, geborene Kremer, aus Sudberg/Cronenberg. Nach dem Besuch der Volksschule, die sie mit guten Noten abschloss, ging Elfriede in den Haushalt der Familie Breidenbach, die in der Nachbarschaft eine Kohlenhandlung hatte. Dort arbeitete sie nicht nur im Haushalt, sondern zog auch die beiden Kinder mit groß.

Am 21. Juli 1934 heiratete Elfriede Tesche in Solingen Paul Saatkamp, gebürtig aus Wanne-Eickel. Er hatte als Bergmann gearbeitet, war durch einen Onkel 1932 nach Solingen gekommen, und arbeitete nun als Kernmacher in einer Gießerei. Sein Bruder Albert folgte ihm 1934 und heiratete 1937 Else Tesche, die Zwillingsschwester von Elfriede.

Elfriede (l.) und Else Tesche *Paul Saatkamp*

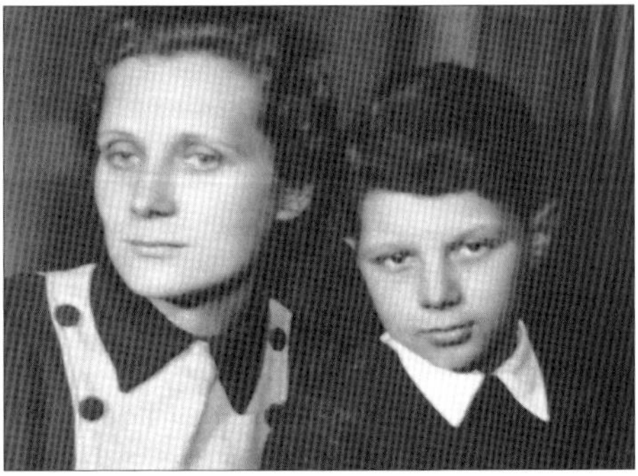

Elfriede Saatkamp mit Sohn Paul, 1946
Paul Saatkamp

Während Elfriede Saatkamp aus einer Kommunistenfamilie kam, war die Familie ihres Mannes sozialdemokratisch geprägt. Dies führte zu klassischen Auseinandersetzungen vor allem bei Familienfesten, jedoch nicht unter den Eheleuten. 1935 wurde Sohn Paul geboren, der mit diesen „Fronten" aufwuchs.

Paul Saatkamp war ein sehr genügsamer Mann, der allerdings den großen Wunsch hatte, ein Motorrad zu besitzen. Die Eheleute sparten eisern, um sich diesen Traum zu erfüllen, an dem sie beide Gefallen hatten. So machten sie auch 1938 beide den Führerschein – Elfriede Saatkamp war damit eine der ersten Frauen in Solingen, die einen Motorradführerschein hatte.

Da sie nach der Eheschließung Hausfrau geworden war, hatte Elfriede Saatkamp, von allen Friedchen genannt, Freizeit, die sie zur Hilfe für andere Menschen nutzte. Unmittelbar nach Kriegsende 1945 war sie ehrenamtliche AWO-Helferin und eine Frau der ersten Stunde bei der Neugründung des 1933 verbotenen Verbandes. Die sechs Personen der Gründungsversammlung eines Ortsvereins der Arbeiterwohlfahrt (AWO) am Mangenberg wählten 1946 Elfriede Saatkamp zur Vorsitzenden.

Friedchen Saatkamp organisierte die Kinderspeisung, die Verteilung von Lebensmitteln und den Kleiderdienst in der Nachkriegszeit. Mit dem Motorrad machte sie hierzu wichtige Transporte. Sie war Mitinitiatorin der ersten Kinderferienlager der AWO, an denen sie 16 Jahre teilnahm. Auch die AWO-Kindergärten gingen auf ihre Initiative zurück. Später half sie beim Aufbau des AWO-Seniorenclubs, in dessen vielfältige Arbeit sie sich mit voller Hingabe einbrachte. Seit 1973 war sie stellvertretende Vorsitzende des Kreisverbandes der Arbeiterwohlfahrt.

Elfriede Saatkamp, 1973
Solinger Tageblatt, Archiv

Elfriede Saatkamp fühlte sich dem Aufbau sozialer Aktivitäten in der Nachkriegszeit besonders verpflichtet und nahm regen Anteil am kommunalen Ge- schehen. So wurde sie u. a. Jugendschöffin, ehrenamtliche Mitarbeiterin im Jugendschutz und sachkundige Bürgerin im Flüchtlingsausschuss.

Für ihre ehrenamtliche Arbeit erhielt Elfriede Saatkamp hohe Auszeichnungen. 1973 verlieh ihr der Bundespräsident die Verdienstmedaille des Verdienstordens der Bundesrepublik Deutschland und 1981 bedachte die AWO sie mit der nur wenigen verliehenen Marie-Juchacz-Plakette. Die Stadt Solingen würdigte sie am 9. Dezember 1989 mit dem Ehrenring.

Elfriede Saatkamp, 1996
Paul Saatkamp

In vielen Jahren ihres aktiven Lebens stritt Elfriede Saatkamp erfolgreich für soziale Gerechtigkeit benachteiligter Menschen und tat viel Gutes. Ihre direkte und klare Art brachte ihr hohe Anerkennung ein. Die Ehrenvorsitzende der AWO, seit 1977 Witwe, verstarb am 19. Juni 2000.

ELISABETH ROOCK (1919–1995)
geborene Kaiser

Von persönlichen Schicksalsschlägen geprägt, engagierte sich Elisabeth Roock mit großem sozialem Engagement und sachlicher Kompetenz, wenn es darum ging, anderen Menschen zu helfen. Das „in" war nicht ihre Sache und so ließ sie sich „Frau Oberbürgermeister" nennen.

Elisabeth Kaiser, geboren am 2. April 1919 in Mayen/Eifel, besuchte nach der Volksschule eine Frauenschule und absolvierte anschließend eine Ausbildung zur Fürsorgerin. Bis zu ihrer Eheschließung war sie als Werksfürsorgerin tätig. Am 18. Januar 1944 heiratete Elisabeth Kaiser in Straßburg den acht Jahre älteren Germanisten und Ägyptologen Dr. Fritz Roock.

Während ihr Mann im Osten an der Front war, zog Elisabeth Roock mit ihrem Sohn Freimut im Rahmen der allgemeinen Evakuierung nach Schwedt. Von dort musste sie fliehen und erreichte mit ihrem fast zwei Jahre alten Sohn Ende 1945 Solingen, wo ihre Eltern wohnten. Dr. Roock galt als vermißt, ihr jüngstes Kind starb im Alter von sieben Monaten auf der Flucht. Sie tat das, was ungezählte Frauen in ihrer Lage damals taten: Sie erzog ihren Sohn allein, sie verdiente für ihn und sich den Lebensunterhalt.

Elisabeth Roock fand eine Arbeitsstelle als Bohrerin und Fräserin bei den Vereinigten Schlüsselfabriken Solingen in Wald. Dort wurde sie die erste weibliche Betriebsratsvorsitzende in ganz Solingen. Als DGB-Vertretin saß sie im Verwaltungsrat des Arbeitsamtes – das war ihr Sprungbrett. 1950 wechselte sie als Vermittlerin zum Arbeitsamt, zuerst nur für Frauen zuständig, ab 1962 auch für Männer. Fast ein Jahrzehnt gehörte sie dem Personalrat des Solinger Arbeitsamtes an, dann wurde sie Leiterin der Job-Vermittlung.

Nach der Heirat ihres Sohnes wandte sie sich stärker der Kommunalpolitik zu. Seit 1954 Mitglied der SPD, wurde sie 1973 erstmals in den Unterbezirksvorstand gewählt, dem sie ohne Unterbrechung bis 1983 angehörte. Ab 1977 prägte sie als Unterbezirksvorsitzende die Geschicke der Solinger SPD.

Von Januar 1970 bis September 1984 gehörte Elisabeth Roock der SPD-Ratsfraktion an. Als Anwältin der Bürgerinteressen engagierte sie sich in dieser Zeit in vielen Ausschüssen des Rates. Sie half, bürokratische Hindernisse aus dem Weg zu räumen und den Anliegen der Menschen in Politik und Verwaltung Gehör zu verschaffen. Ihr besonderes Augenmerk galt der tätigen Hilfe für gesellschaftliche Randgruppen. Ihr sind die Gründungen des Altenbeirats, des Behindertenbeirats und des (ersten) Ausländerbeirats zu verdanken. Gleichzeitig setzte sie Zeichen im Kulturleben der Stadt, indem sie den Anstoß zur Bildung des Vereins Solinger Künstler gab, sich für die Städtische Musikschule einsetzte und den Bergischen Tag als Treffen der bergischen Nachbarn ins Leben rief. Auch nach ihrem Ausscheiden aus dem Rat der Stadt wirkte Elisabeth Roock engagiert in verschiedenen Gremien mit, unter anderem bei der Musikschule und in der Altenstiftung der Stadt-Sparkasse Solingen.

Oberbürgermeisterin Elisabeth Roock mit der Amtskette *Stadtarchiv Solingen*

Sie war über die SPD-Reserveliste in den Solinger Stadtrat eingezogen. „Daß sie mehr werden könne als Stadträtin, hat sie, weil sie kein direktes Mandat besaß, nie vermutet“, schrieb Lore Breuer nach einem Interview. Im Urlaub las sie in der Zeitung, dass ihre Fraktion sie zur Wahl des Oberbürgermeisters vorschlagen wollte, einstimmig – nachdem zuvor in der Solinger SPD mit nur einer Stimme Mehrheit ihre Kandidatur beschlossen worden war. Die Parteijugend war nicht einverstanden, doch in der Fraktion gab es keinen Widerspruch, keine Gegenstimme.

Am 11. Januar 1973 wurde Elisabeth Roock ehrenamtliche Oberbürgermeisterin von Solingen und damit der erste weibliche Oberbürgermeister im Bergischen Land. Bis Februar 1975 war sie das zweite weibliche Stadtoberhaupt neben Luise Albertz in Oberhausen.

Lore Breuer schrieb 1973 über sie: „Solingens Oberbürgermeisterin hat Menschenkenntnis und die Fähigkeit, so präzise zu formulieren, wie sie beobachtet; sie hat Humor, sie ist schlagfertig, sie hat Verständnis für menschliche Schwächen und sie läßt sich nicht verblüffen – auch in prekären Situationen nicht. ... Sie hat also auch, was ihr im Amt besonders zugutekommen wird, Selbstbeherrschung und Selbstdiziplin.“

Elisabeth Roock übte weiterhin ihren Beruf aus, denn Oberbürgermeister war ein politisches Ehrenamt mit einer nicht gerade üppigen Aufwandsentschädigung. In ihrer Amtszeit setzte sie Maßstäbe für bürgernahe Politik. Mit bewunderswerter Energie und Zähigkeit setzte sie sich für die Menschen in „ihrer Stadt" ein. Ihr ausgeprägtes soziales Engagement ließ sie zur Fürsprecherin der Hilfesuchenden und Benachteiligten werden. Zahlreiche Ehrungen wurden ihr dafür zuteil.

Auch in der ehrenamtlichen Sozialarbeit war Elisabeth Roock tätig: Sie war 1973 der am längsten amtierende Arbeitsrichter (1953–1980), zudem Mitglied in verschiedenen Ausschüssen und Vorstandsmitglied im Deutschen Paritätischen Wohlwahrtsverband von 1969 bis 1981.

Elisabeth Roock

Stadtarchiv Solingen

Elisabeth Roock, 1968

Stadtarchiv Solingen

Am 17. Januar 1977 erhielt Elisabeth Roock das Landesverdienstkreuz am Bande des Bundes deutscher Kriegsopfer und Behinderter. An diesem Tag erhielten erstmals zwei Solinger diese hohe Auszeichnung, die für jahrelangen Einsatz für die Belange der Alten und Behinderten verliehen wird. Für ihre besonderen Verdienste vor allem in Gewerkschaft, Partei, Wohlfahrtsverbänden, im Rat und als Oberbürgermeisterin erhielt sie am 17. Dezember 1983 den Ehrenring der Stadt Solingen. 1991 bekam sie von Johannes Rau den Verdienstorden des Landes Nordrhein-Westfalen für ihre Verdienste in der Kommunalpolitik.

Die erste und bislang einzige Oberbürgermeisterin der Stadt Solingen nahm bis zuletzt am Zeitgeschehen regen Anteil und informierte sich über die aktuellen Vorgänge der Solinger Kommunalpolititk. Sie starb nach längerer Krankheit im Alter von 76 Jahren am 18. August 1995. Das städtische Altenheim an der Virchowstraße, das inzwischen einen Neubau an der Neuenkamper Straße bezog, trägt seit Ende 1995 ihren Namen. Mit der Namensgebung setzte der Rat der Stadt Solingen einer Frau ein symbolisches Denkmal, die sich während ihrer Amtszeit und auch danach vor allem um die Schwachen in der Stadt gekümmert hatte.

ELSE FLEISCHER (geb. 1922)
geborene Gämlich

Zum Wohl der Flüchtlinge und Vertriebenen sowie der Pommerschen Landsmannschaft setzte sich viele Jahre Else Fleischer sowohl in Solingen als auch auf Landesebene ein. Seit 1946 ist die Klingenstadt ihre zweite Heimat.

Am 4. Oktober 1922 wurde Else Gämlich als Tochter von Paul und Ida Gämlich, geborene Fratzke, in Zehrten, Kreis Saatzig in Pommern, geboren. Ihr Vater kam gebürtig aus Solingen und war seiner Frau zuliebe mit ihr nach Pommern gezogen. Nach der Volksschule absolvierte die Tochter Else eine kaufmännische Lehre in einer Färberei in Stargard, die sie 1941 mit der Kaufmannsgehilfenprüfung abschloss. Im Anschluss bekam sie eine Arbeitsstelle beim Preußischen Staatshochbauamt in Stargard.

Else Gämlich (r.) mit ihren Eltern und ihrer Schwester Dora Decker

Else Gämlich (r.) mit einer Freundin in Stargard Dora Decker

1943 bekam Else Gämlich einen Sohn, der bei der Familie seines Vaters aufwuchs, der ihn später adoptierte. Sie selbst musste ihren Arbeitsdienst als Flakhelferin in Westfalen verbringen. Von dort kam sie im April 1945 nach Stralsund. Gemeinsam mit ihrer Mutter und ihrer Schwester Dora wurde sie aus ihrem Heimatort vertrieben. Mit dem Vater, der zu dieser Zeit bereits in russischer Kriegsgefangenschaft war, hatten sie für den Fall, dass die Familie sich verlieren sollte, Solingen als Treffpunkt ausgemacht.

Aus Pommern vertrieben, kam Else Fleischer nach Solingen zu ihrem Onkel Ernst, der Meister der Graveur-Innung war. In ihrer neuen Heimat arbeitete sie seit 1946 bei verschiedenen Behörden sowie später als Sekretärin in der Düsseldorfer Stahltreuhänder-Vereinigung. Am 28. August 1962 heiratete sie den Solinger Polizeibeamten Johannes Fleischer. Bei den Klopp-Werken erhielt sie im Jahr 1966 einen Vertrag als kaufmännische Angestellte und wurde dort 1972 in den Betriebsrat gewählt.

Seit 1970 ist Else Fleischer Mitglied der CDU. Sie gehörte viele Jahre zum Kreisparteivorstand und zum geschäftsführenden Vorstand der Christlich Demokratischen Arbeitnehmerschaft in der CDU Solingen (CDA). Von Mai 1975 bis September 1984 saß sie für die CDU im Rat der Stadt Solingen.

Else Fleischer erhielt 1992 die „Ernst-Moritz-Arndt-Medaille"

Christa Kastner

Schon zuvor galten ihre Aktivitäten der Hilfe für Vertriebene und der Erinnerung an ihre Heimat. Else Fleischer gehörte seit 1969 dem Vorstand der Kreisgruppe Solingen, seit 1986 als Vorsitzende, und dem Vorstand der Landesgruppe Nordrhein-Westfalen der Pommerschen Landsmannschaft an. Erfolgreich bemühte sie sich dort um die Eingliederung der Aussiedler, um die Kulturarbeit und die Öffentlichkeitsarbeit. Mit großem persönlichen Einsatz hat sie Veranstaltungen vorbereitet und daran maßgeblich mitgearbeitet. Später war sie stellvertretende Landesvorsitzende, Mitglied im Landesbeirat für Vertriebene und Flüchtlinge und im Landesvorstand der Ost- und Mitteldeutschen Vereinigung der CDU. Auf Bundesebene war Else Fleischer seit 1974 Mitglied der Pommerschen Abgeordnetenversammlung. Im Bezirksbeirat für Vertriebenen- und Flüchtlingsfragen und dessen Kulturausschuss beim Regierungspräsidenten Düsseldorf trat Else Fleischer seit 1979 für diese Belange ein.

1977 übernahm Else Fleischer ehrenamtlich die Leitung der in Solingen vom Bund der Vertriebenen finanziell unterstützten Beratungsstelle für Aus- und Umsiedler. Hier half sie beim Ausfüllen der Formulare und Finden einer Arbeitsstelle. Rund 800 Gespräche im Jahr verdeutlichten in den 1980er Jahren ihren vorbildlichen Einsatz.

In Solingen wurde Else Fleischer 1978 zur Vorsitzenden des Vertriebenenbeirates der Stadt gewählt, dem sie seit 1975 angehörte. In dieser Funktion nahm sie gleichzeitig das Amt der Vorsitzenden des Geschäftsführenden Ausschusses und des Kulturausschusses wahr. Ein Hauptaugenmerk richtete sie auf die Bewältigung der schwierigen Probleme bei der Integration der Menschen, die im Zuge der Aussiedlung aus den ehemals deutschen Ostgebieten sowie als Flüchtlinge und Übersiedler aus der DDR in die Bundesrepublik und speziell nach Solingen kamen, um hier eine neue Heimat zu finden. Ihre unermüdliche Hartnäckigkeit hat in zahllosen Fällen Erfolg und Hilfe gebracht.

Else Fleischer, 2010 *Beate Battenfeld*

1983 übernahm sie in Solingen den Vorsitz des Ausschusses für Sozialpolitik. In dieser Funktion hat sie der Pommerschen Landsmannschaft entscheidende Vorschläge und Anregungen für die Arbeit auf diesem Sektor gegeben. Zudem schrieb Else Fleischer für die Pommersche Zeitung Berichte über Veranstaltungen auf Orts-, Landes- und Bundesebene.

Für ihre jahrzehntelanges persönliches Engagement bekam die Solingerin viele Ehrungen. 1979 erhielt sie für ihre Verdienste um die Anliegen der Vertriebenen von der Pommerschen Landsmannschaft die Ehrennadel in Silber, 1982 in Gold. Der Bundespräsident verlieh ihr 1987 das Bundesverdienstkreuz am Bande. 1992 erhielt Else Fleischer die „Ernst-Moritz-Arndt-Medaille", die höchste Auszeichnung der Pommerschen Landsmannschaft. Staatssekretär Bernd Wilz überreichte zudem eine Ehrenplakette des Bundesverteidigungsministeriums.

Ihre Vitalität und Lebensfreude machten Else Fleischer über die Grenzen Solingens hinaus bekannt. Einige Jahre nach dem Tod ihres Mannes 1999 zog sie ins Haus der Evangelischen Altenhilfe an der Corinthstraße in Wald. Solange es ihr gesundheitlich möglich war, nahm sie an verschiedenen Veranstaltungen der CDU teil und verbrachte Zeit mit ihrer Schwester. Ihr Sohn wohnt mit seiner Familie in der Lüneburger Heide und kommt gerne nach Solingen zu Besuch.

MARIA SCHULZ (geb. 1931)
geborene Schmidt

Lange bevor von Naturschutz die Rede war, setzte sich eine Solingerin nicht nur für unsere schützenswerte Umwelt ein, sondern zeigte in ihrem persönlichen Umfeld vielfach, wie jeder etwas zu tun kann.

Am 27. Februar 1931 kam Maria Schmidt als Tochter von Franz Schmidt und seiner Ehefrau Maria, geborene Brauckmann, in Niederschleidern/ Waldeck zur Welt. Der Vater war dort Lehrer an der einklassigen Schule. Weil seine Frau Heimweh bekam, bewarb er sich auf eine Lehrerstelle in ihrer Heimat. Ab 1937 war er Lehrer in Oberrödinghausen, wo er mit seiner Familie hinzog.

Maria besuchte hier die Volksschule und wechselte dann für sechs Jahre auf das Lyzeum nach Menden. Anschließend kam sie zum Lyzeum in Iserlohn, wo sie 1942 Abitur machte. Es folgte ein Studium in Marburg und Mannheim, das sie als Diplom-Handelslehrerin abschloss.

An der Universität hatte Maria Schmidt ihren späteren Ehemann kennen gelernt, der bis 1951 in russischer Gefangenschaft gewesen war. Sie beenden gleichzeitig das Studium und bekamen 1955 beide eine Stelle als Handelslehrer an den Kaufmännischen Schulen Solingen.

Nach dem erfolgten Umzug heiraten Maria Schmidt und Lothar Schulz am 7. September 1956 in ihrer neuen Heimatstadt. Aus der Ehe gingen drei Kinder hervor, geboren 1959, 1961 und 1962. Maria Schulz gab 1963 ihre berufliche Tätigkeit auf, um selbst ganz für die Familie da zu sein. Seit Ende der 1970er Jahre versorgte sie zu Hause ihren schwer erkrankten Mann bis zu seinem Tod 1981.

Bereits als ihre Kinder zur Schule gingen, begann ihr Engagement für die Umwelt. Als für viele Menschen „Umweltschutz" noch ein Fremdwort war, las sie die Bücher von Hoimar von Ditfurth und Konrad Lorenz. Sie empfand diese Wissenschaftler als Rufer in der Wüste, die jedoch keine Wende im Verhalten der Bevölkerung hervorriefen. Ihre Konsequenz daraus: Mit Umweltschutz in Solingen zu beginnen. So schrieb Maria Schulz Leserbriefe zu Themen wie Gift am Straßenrand, Müll, Lärm, Abwässer, einheimische Pflanzen und Bauen im Außenbereich. Sie wandte sich auch an die Solinger Stadtverwaltung, die sie – wie sie selbst es formulierte – als lästige Querulantin ansah. Das Erstaunen über ihre prä-grünen Ansichten war groß.

Still, aber konsequent kämpfte Maria Schulz in den folgenden Jahren für den Umweltschutz. 1982 trat sie dem BUND für Umwelt und Naturschutz Deutschland bei und leitet seit 1994 die Kreisgruppe Solingen. Sie besuchte Seminare, um mehr Hintergrundwissen zu verschiedenen Themen zu bekommen. Sie fährt selbstverständlich die meisten Wege mit dem Fahrrad und produziert ihren Strom in Mittelfürkelt seit 1991 mit einer eigenen Photovoltaik-Anlage – der ersten in Solingen.

Zehn Jahre war sie als Imkerin tätig. Sie organisierte Ausstellungen, um die Bedeutung der Bienen öffentlich zu machen. 1997 war sie am Entstehen der Biologischen Station Mittlere Wupper maßgeblich beteiligt und mitverantwortlich im Vorstand tätig.

Um ihrer Stimme Gewicht zu geben, ist Maria Schulz seit 1985 Mitglied im Landschaftsbeirat in der Hoffnung, die Landschaft schützen zu können. Doch auch hier stellte sie fest, dass „wir höchstens Sand im Getriebe sind". Von 1986 bis 2006 war sie zudem für die Grünen Mitglied der Gewässerschaukommission.

Für ihren langen und oft mühsamen Kampf für die Natur erhielt Maria Schulz am Tag der Umwelt 1996 den Umweltschutzpreis der Stadt Solingen verliehen. Die Auszeichnung war mit 3.000 Mark dotiert, mit denen Schilder am Wegesrand aufgestellt werden sollten, die heimliche Müllentsorger warnen. Die Standorte wollte Maria Schulz selbst auswählen, da sie viele kritische Stellen in Solingen kannte.

Im Jahr 2004 wurde das jahrelange Engagement der Solingerin um den Naturschutz mit dem Rheinlandtaler des Landschaftsverbandes Rheinland gewürdigt.

Maria Schulz, 1953 und 2000

Maria Schulz

ERIKA ROTHSTEIN (geb. 1935)

Wenn beide Großväter politisch aktiv waren und im Jahr 1929, als Groß-Solingen entstand, für die Sozialdemokraten im Stadtrat saßen, dann ist der Enkelin die Politik in die Wiege gelegt.

Am 20. Oktober 1935 wurde Erika Rothstein in Haan geboren. Ihre Eltern, der Schleifer Robert Rothstein und Adele, geborene Thiel, wohnten damals an der Aufderhöher Straße in Solingen. Nach dem Besuch der Volksschule Löhdorf von 1942 bis 1951 absolvierte die Tochter von 1951 bis 1954 bei der Firma KAWE Feuerzeuge eine Lehre als Industriekauffrau. Später war sie bis Ende 1989 als kaufmännische Angestellte bei der Firma Mannesmann-Edelstahl tätig und von 1973 bis 1988 Betriebsratsvorsitzende. Seit 1952 Mitglied der Deutschen Angestellten Gewerkschaft (DAG) Solingen, wählten die Mitglieder sie auch dort in den Vorstand.

Ihre berufliche Tätigkeit und das Engagement in der Gewerkschaft wusste die alleinerziehende Mutter gut zu vereinbaren. Als ihr Sohn Mathias, geboren 1961, auf der weiterführenden Schule war, fand sie zusätzlich ein weiteres Betätigungsfeld. Ihren Vater hatte sie nach dem Zweiten Weltkrieg als SPD-Wahlkämpfer erlebt. Und so war die „Unterstützung für Helmut Schmidt" im Jahr 1976 ihr Motiv, in die SPD einzutreten. Obwohl sie „nie was werden wollte", machte Erika Rothstein in der Politik Karriere. Parteifreunde überredeten sie 1979, für den Rat der Stadt Solingen zu kandidieren, und die Aufderhöher Bürgerinnen und Bürger wählten sie auf Anhieb. Nach 1979 erhielt sie noch zweimal dieses Vertrauen.

Erika Rothstein o. J. und 1984 E. Rothstein

Nach der Wahl von Gerd Kaimer zum Oberbürgermeister am 18. Oktober 1984 wurde Erika Rothstein Bürgermeisterin der Stadt Solingen. Seit Elisabeth Roock, der ersten Oberbürgermeisterin Solingens, war mit ihr bis 1994 erstmals wieder eine Frau in der politischen Spitzengruppe der Stadt vertreten.

Ihr besonderes kommunalpolitisches Engagement galt dem Sport und dem sozialen Bereich. Seit 1984 ist sie mit Unterbrechungen bis heute Vorsitzende des TSV Aufderhöhe und war von 1975 bis 1989 Mitglied im Präsidium des Stadt-Sportbundes. Seit 1984 gehörte sie zum Ausländerbeirat von Solingen. Für ihre häufig überfüllten Sprechstunden, vor allem mit hilfesuchenden ausländischen Mitbürgern, nahm sie sich als Bürgermeisterin viel Zeit.

Auch als „Privatfrau“ stand Erika Rothstein vielen Menschen und Vereinen mit Rat und Tat zur Seite. Zu ihren Freunden zählten Angehörige vieler Nationalitäten. Gemeinsam mit ihnen engagierte sie sich in den 1980er Jahren in der Friedensbewegung.

Ende 1989 gab Erika Rothstein ihre berufliche Tätigkeit auf. Ratsfreunde schlugen ihr vor, nun für den Landtag zu kandidieren. Die Wählerinnen und Wähler schenkten der Bürgermeisterin auch hier ihr Vertrauen. Nach vielen Jahren zog mit Erika Rothstein im Mai 1990 wieder eine Solingerin in den Landtag Nordrhein-Westfalens ein. Ihr besonderes Augenmerk galt auch hier den Belangen der ausländischen Mitbürger. Nach ihrer Wiederwahl in den Landtag im Mai 1995 wurde sie Mitglied im Ausschuss für Migrationsfragen.

Erika Rothstein im Landtag, 1995 und zuhause, 2004

Erika Rothstein, Uli Preuss

Mit dem Doppelmandat in Stadtrat und Landtag hatte Erika Rothstein keine Probleme. Im Gegenteil hielt sie die Verzahnung von Landes- und Kommunalpolitik für sehr wichtig, damit Landespolitik nicht ihre Bodenhaftung verliert. Wichtig war Erika Rothstein daher auch die Arbeit im kommunalpolitischen Ausschuss des NRW-Parlaments. Doch egal, wo sie eingebunden war, in Gewissensfragen ließ sich die Abgeordnete nicht in die Mehrheitsvorgaben zwingen. Im August 1995 wurde die Solingerin in das Präsidium des NRW-Landtags berufen und fungierte dort zeitweise auch als Schriftführerin. Ferner gehörte sie einem für den Haushalt der Landtagsverwaltung zuständigen Arbeitsausschuss an und war Kontaktperson für die Mitarbeiterinnen und Mitarbeiter der SPD-Abgeordneten.

Vom Stress mancher Sitzungen und den vielen Terminen ließ sich Erika Rothstein nie abschrecken. Sie fand Erholung auf exotischen Urlaubsreisen und Entspannung beim Lesen. Sie hat es nie bereut, in die Politik gegangen zu sein. Dabei räumte sie gern ein, dass Politik nicht nur Stress macht, sondern auch Reize bietet: „Gekannt und anerkannt zu werden, zu sehen, dass man etwas bewegen kann, bedeutet Selbstbestätigung.“

DIENST AM NÄCHSTEN

Ein ehrenamtlicher Bereich fällt seit vielen Jahrzehnten besonders den Frauen zu: Sie engagieren sich in der Armen- und Krankenpflege, in der Betreuung junger und alter Menschen. Worte des Lobes, der Anerkennung und des Dankes erhielten viele Solingerinnen für ihr soziales Engagement. Die meisten Frauen sind jedoch bescheiden in ihrem Wirken und werden namentlich selten genannt, während andere für ihr Engagement eine Auszeichnung wie das Bundesverdienstkreuz der Bundesrepublik Deutschland. erhielten.

Vor allem am Wiederaufbau nach 1945 beteiltigten sich die Mitglieder der sozialen Verbände und Einrichtungen. In der Arbeiterwohlfahrt waren viele Frauen engagiert, die auch in der Politik eine Rolle spielten. Viele Solingerinnen haben sich ehrenamtlich engagiert bzw. füllen noch heute ihre Freizeit mit dem Dienst für ihre Mitmenschen. Sei es im Sport, in der Gemeinde, in der Alten- und Krankenpflege. Auch im hohen Alter waren und sind viele Solingerinnen im sozialen Bereich immer für andere da.

Auch päpstliche Auszeichnungen gelangten nach Solingen. Für 25 Jahre höchsten Einsatz in allen seelsorgerischen, kathechetischen und sozialen Bereichen der Pfarrgemeinde erhielt Johanna von Beesten 1980 den neu geschaffenen Papstorden „Bene merenti“. Weitere Solingerinnen erhielten die päpstliche Auszeichnung „Pro ecclesia et pontifice“ für ihre vielfältige ehrenamtliche Hilfe für andere Menschen. So Cilli Henke, die gemeinsam mit ihrem Mann 1991 mit dem Bundesverdienstkreuz und dem Papstorden für ihre Afrika-Hilfsaktion ausgezeichnet wurde.

Seit den 1920er Jahren gab es auch Ärztinnen, die sich in einer eigenen Praxis in Solingen niederließen. Sie waren es, die sich ebenso wie die Fürsorgerinnen, heute Sozialarbeiterinnen, nicht nur um die Gesundheit ihrer Mitmenschen, sondern auch um weitere Belange kümmerten.

Charlotte Linke kam im Oktober 1944 als Leiterin des Amtes für Familienfürsorge nach Solingen. Während ihrer Ausbildungszeit hatte sie Wissen in den verschiedensten Gebieten im sozialen Bereich erworben. Zu ihren weiteren Aufgaben gehörte die Leitung des Sozialdienstes im Krankenhaus, die Altersbetreuung und die Hauspflege.

Ende August 1969 trat Charlotte Linke in den Ruhestand. Wenn sie sich auch vom öffentlichen Dienst zurückzog, zur Ruhe setzte sie sich nicht. Sie war Vorsitzende der Landesgruppe Nordrhein des Deutschen Berufsverbandes der Sozialarbeiter und Sozialpädagogen, Mitglied des Bundesgesundheitsrates und Mitarbeiterin der Viktor-Gollanz-Stiftung. Als in Solingen die Idee aufgekommen war, einen Soroptimist-Club zu gründen, war Charlotte Linke dabei. Sie war seit 1968 Gründungspräsidentin und bewältigte meisterhaft anfängliche Probleme. Wissend um unverschuldete Armut und schicksalhafte Not, die es in ihren Anfängen zu ersticken gilt, gründete sie das soziale Projekt der Schulnachhilfe für Kinder in randständigen Gebieten Solingens. Durch die Förderung der Grundschulausbildung sollte eine erneute Verstrickung in sozialem Elend verhindert werden. Charlotte Linke hat dieses Projekt über Jahre selbst getragen und geleitet. Der Club führte das Projekt viele Jahre fort. Das von ihr ins Leben gerufene Projekt war Vorbild für viele weitere Initiativen, die von engagierten Bürgerinnen und Bürgern ins Leben gerufen wurden und noch heute bestehen.

Die Arbeiterwohlfahrt (AWO) zählt zu den sechs gesetzlich anerkannten Spitzenverbänden der Freien Wohlfahrtspflege in Deutschland. Im Jahr 1919, in Zeiten größter Not, von Marie Juchacz als Selbsthilfeorganisation der Arbeiterschaft gegründet, ist die AWO fest in der Tradition der Arbeiterbewegung verankert.

Charlotte Linke (stehend), 1968 *SI Club Solingen, Archiv*

OLGA VOM STEIN (1894–1985)

Weil sie selbst früh die Mutter verloren hatte, machte eine junge Frau aus ihrem Elternhaus in Solingen ein Waisenhaus. Sie hatte den Wunsch, ihnen ein Zuhause zu geben und sie auf einen guten Lebensweg zu bringen.

Olga vom Stein, 1896

Stadtarchiv Solingen

Am 1. Februar 1894 wurde Olga vom Stein in der Wohnung ihrer Eltern in Solingen am Clauberg geboren. Ihre Mutter Auguste, geborene vom Stein, starb bereits 1905, und der Vater, Friedrich vom Stein, ließ seine Tochter in der Kindheit gewähren. Er war nach späteren Angaben seiner Tochter 20 Jahre Stadtverordneter und Sozialbetreuer. Schon früh kümmerte sich Olga, die von Mai 1900 bis Oktober 1907 zur Volksschule Klauberg ging, sorgevoll um kranke und verletzte Tiere und träumte davon, einmal viele Kinder aufzunehmen. Dann starb 1914 auch ihr Vater.

Olga vom Stein machte 1916 tatsächlich aus ihrem Haus an der Klauberger Straße 13 ein Waisenhaus. Sie hatte sich keine leichte Aufgabe gestellt, als sie beschloss: „Mal sehen, ob man aus kleinen Kindern gute Menschen machen kann.“ Die Kinder, die sie aufnahm, kamen oft aus den schlimmsten Verhältnissen. Als es sich herumgesprochen hatte, dass die junge Frau Kinder aufzog, wurden gerade in den Kriegsjahren immer wieder kleine Kinder aus ärmlichen Verhältnissen zu ihr gebracht, vor allem Neugeborene der Mädchen aus dem Quellenhof.

Olga vom Stein, deren Brüder 1917 bzw. 1919 als Soldaten ihr Leben ließen, zog nacheinander insgesamt 54 Kinder auf. Dabei legte sie großen Wert auf eine gute, geregelte Erziehung. Eine große Hilfe war ihr hierbei Frau Backeshoff, die Lebensgefährtin ihres Vaters bis zu dessen Tod.

Von Januar 1919 bis Ende September 1926 war Olga vom Stein Helferin im Säuglingsheim der Stadt Solingen im Coppelstift. Direkt anschließend war sie für ein Jahr Säuglingspflegeschülerin in der entsprechenden Schule in Düsseldorf. Zum 1. März 1928 bekam Schwester Olga eine Anstellung als Säuglingsschwester in den städtischen Krankenanstalten Solingen.

Schwester Olga verstand es vortrefflich, aus nichts etwas zu machen. Die Kleinen schliefen sogar in Eier- oder Zuckerkisten. Weil das Geld nie reichte, um die vielen Kinder einzukleiden, strickte und nähte sie während der Nachtwache Kleidung für sie. Die Mittel aus dem Stadtsäckel flossen nicht gerade reichlich für die Waisenkinder. Einmal ging sie mit einigen Kindern

Olga vom Stein mit den ersten drei von ihr erzogenen Kindern, 1917 Stadtarchiv Solingen

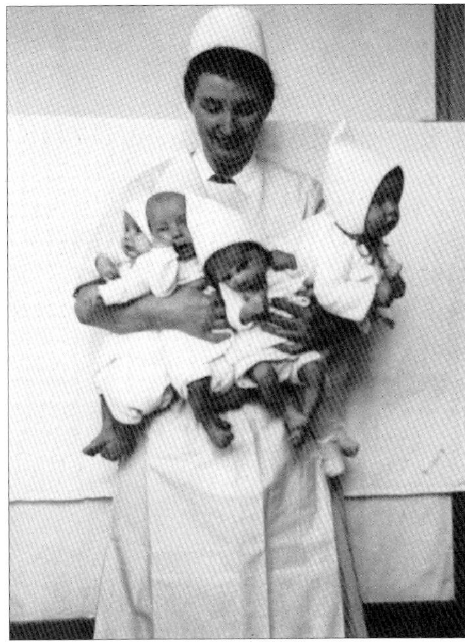

Olga vom Stein im Krankenhaus
Stadtarchiv Solingen

Olga vom Stein mit einigen „ihrer" Kinder, 1929
Stadtarchiv Solingen

daher zu Oberbürgermeister Dicke, um ihn auf den Missstand aufmerksam zu machen. Manchmal waren neun Kinder auf einmal in ihrem Haus an der Klauberger Straße. Olga vom Stein ersetzte den Kindern die Mutter und pflegte sie in den schweren Zeiten der beiden Weltkriege liebevoll, bis sie jeweils 14 Jahre alt waren.

Infolge der Kriegsereignisse wurde die medizinische Kinderabteilung der Städtischen Krankenanstalten in das Walderholungsheim Engelsberger Hof ausgegliedert. Im Februar 1946 wurde die Abteilung zurückverlegt, aber Olga vom Stein blieb vor Ort. Sie war von nun an Stationsschwester in dem neu errichteten Kinderheim, dass zum Jugendamt gehörte. Ab Dezember 1947 war sie stellvertretende Heimleiterin im Engelsberger Hof.

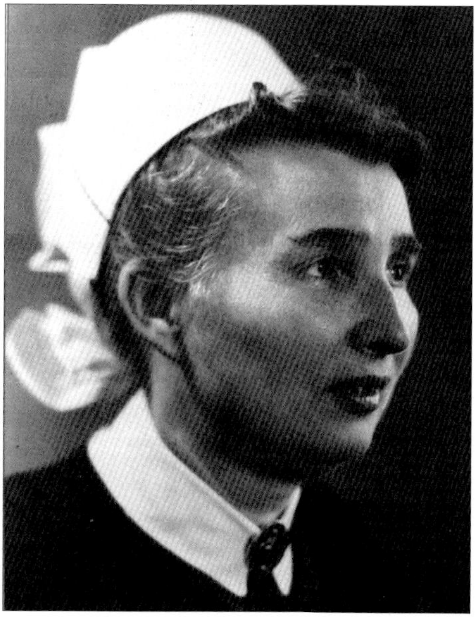

Olga vom Stein kurz vor ihrer Pensionierung, 1951 Stadtarchiv Solingen

Ende 1952 schied Schwester Olga aus den Diensten der Stadt Solingen aus. Auch nach ihrer Pensionierung trug Olga vom Stein stets ihre Schwesterntracht, worauf sie sehr großen Wert legte. Ihr Hobby nach der Pensionierung war es, Gedichte zu schreiben. Ihre Briefe an die Verwandten waren immer gereimte Texte mit dem Inhalt dessen, was sie zu erzählen hatte. Darunter kamen dann die Grüße. Einen solchen Brief erhielt auch die damalige Oberbürgermeisterin Elisabeth Roock zum Stadtjubiläum im Jahr 1974.

Die „Herzenstante“ wie ihre Kinder sie nannten, hat deren Schicksale weiter verfolgt, nachdem sie ihr Haus verlassen hatten. Zu ihrem großen Bedauern ist ihr Wunsch, aus ihnen gute Menschen zu machen, nicht bei allen in Erfüllung gegangen.

Sie selbst starb nach einem erfüllten Leben am 20. November 1985 und hinterließ ihre handgeschriebenen Erinnerungen an schöne und schwierige Zeiten, in denen sie jungen Menschen ein Zuhause gab.

EMILIE KÖBELER (1843–1935)
geborene Klingelnberg

Straßen mit weiblichen Vornamen gibt es viele in Solingen, doch nur einige erinnern an Solinger Frauen. Die von der Cronenberger Straße abzweigende Emilienstraße endet am Evangelischen Friedhof Kasinostraße und ist nach Schwester Emilie benannt.

Am 6. Januar 1843 wurde Auguste Emilie Klingelnberg als Tochter des Schmieds Christian Klingelnberg und seine Ehefrau Maria, geborene Flechner, in Bochum geboren. Von ihrem sechsten bis zum 14. Lebensjahr besuchte sie die Elementar-Strick- und Nähschule. Am 7. April 1857 wurde sie durch Pastor Hengstenberg in der reformierten Kirche zu Bochum konfirmiert. Zwei Jahre später starb ihr Vater und sie blieb noch einige Zeit bei ihrer Mutter.

Im Alter von 17 Jahren nahm Emilie Klingelnberg ihre erste Stelle bei einem Gastwirt an, wo sie anderthalb Jahre beschäftigt war. Danach war sie drei Jahre Köchin bei Gruben-Direktor Engelhardt. Anschließend zog sie nach Essen in das Haus eines Kaufmanns namens Ostermann. Hier bekam sie das Nervenfieber und musste nach Bochum zurückkehren. Von November bis Mai blieb sie zu Hause, dann trat sie eine Stelle bei einem Justizrat an. Nach ihren eigenen Angaben war es eine gute Anstellung, doch sie fühlte sich nicht glücklich.

Bereits in Essen war sie in Kontakt zu Schwestern gekommen und hatte den Wunsch gespürt, Gott zu dienen. Mit der Zeit war ihr Entschluss gereift und sie bat um die Aufnahme in den Diakonissen-Orden in Kaiserswerth. Am 21. Juni 1867 trat Emilie Klingelnberg dem Orden bei und wurde am 20. März 1870 eingesegnet.

1880 musste Schwester Emilie vermutlich durch Fehlverhalten kurzfristig den Orden verlassen. Obwohl Caroline Fliedner sie aufgrund ihres Benehmens den Schwestern und Patienten gegenüber nicht wieder aufnehmen wollte, wurde ihr nochmals die Gelegenheit gegeben, sich zu beweisen. Dafür wurde sie in die Küche und Haushaltung eines Krankenhauses in Essen geschickt.

1882 kam Schwester Emilie nach Solingen und arbeitete zunächst drei Jahre als Oberin im städtischen Krankenhaus an der Nordstraße (heute Potsdamer Straße). Anschließend war sie sechs Jahre als Fürsorgerin tätig und zog Ende 1886/Anfang 1887 zur heutigen Emilienstraße. An dieser – noch 1896 als Privatstraße eingetragen – befand sich ein Kinderheim, um dessen Errichtung sich Schwester Emilie verdient gemacht hatte. Deshalb wurde auf Beschluss der Stadtverordneten am 30. Juni 1890 der damalige Weg nach ihr benannt.

Auch in Solingen hielt sich die Schwester nicht an die Grundsätze des Ordens. Spätestens seit Februar 1891 war Schwester Emilie Eigentümerin des Hauses Emilienstraße 12, wo sie nach Angaben im Adressbuch von 1892 auch wohnte. Dort hatte sie Mieter, mit denen sie in Streit geriet und einen Gerichtsvollzieher kommen ließ. Nachdem sie sich – wohl hauptsächlich durch ihr nicht der Sache dienendes Verhalten – mit dem Orden überworfen hatte, verließ sie ihn am 26. März 1891, da sie nicht, wie von der Leitung gewünscht, nach Kaiserswerth zurückkehren wollte. Sie fühlte sich ungerecht behandelt, scheint entsprechend auch heftig – einer Schwester unwürdig – reagiert zu haben. Um in Solingen alles aufzugeben, stellte sie Bedingungen, die nicht akzeptiert wurden. Schließlich stand ihr Entschluss fest, zu bleiben und Privatpflege auszuüben.

Emilie und August Köbeler *Ina Wester*

Am 2. Dezember 1891 erfolgte die Einweihung des evangelischen Frauen- und Mädchenheimes an der Cronenberger Straße, das Kaiserswerther Diakonissen führten. Es grenzte an die Grundstücke von Emilie Klingelnberg, die später einen Teil ihres Besitzes der Kirche überließ.

Emilie Klingelnberg, deren Mutter inzwischen in Bochum verstorben war, heiratete am 25. April 1893 den Witwer August Köbeler, Korkzieherarbeiter, geboren 1840 in Burscheid und wohnhaft an der Teichstraße. Kurze Zeit darauf zog August Köbeler mit fünf seiner Kinder aus der ersten Ehe gemeinsam mit Emilie an die Emilienstraße 14. Die Kinder waren zwischen 1870 und 1878 geboren. Der älteste Sohn Carl August, geboren 1866, war bereits verheiratet.

Am 1. Juli 1893 stellte August Köbeler den Antrag zum Bau einer Schmiede an der Emilienstraße 14–16. 1896 entstand auf diesem Grundstück ein Hintergebäude für eine Kleinkindschule. Am 3. Juni 1904 bezogen die Eheleute Köbeler mit dem 1876 geborenen Max Köbeler das Haus Emilienstraße 14, vermutlich ein neu errichtetes Wohnhaus.

August Köbeler starb am 19. Juli 1918. Seine Witwe Emilie zog am 15. Mai 1919 ins Altenheim und zwar – obwohl evangelisch – ins katholische Kloster an die Schützenstraße 217. Zu ihrem 92. Geburtstag erschien ein Foto mit kurzer Biographie im Solinger Tageblatt. Im gleichen Jahr, am 30. Oktober 1935, verstarb die hoch betagte Dame.

Emilie Köbler, 1935

Solinger Tageblatt, 6.1.1935

1926 stellte die evangelische Kirchengemeinde einen Antrag zum Umbau des Hauses Emilienstraße 12, das sie von Emilie Köbeler bekommen hatte. Es sollte als Heim für alleinstehende Frauen eingerichtet werden. Im Haus Nr. 14 wohnten Nachfahren von August Köbeler. Hier wurde 1936 Ina Köbeler, heute verheiratete Wester, geboren.

KLÄRE KIND (1873–1935)
geborene Unger

Kläre Kind war vielen Menschen auf besondere Art eine große Hilfe. Durch ihren Mann, der das Solinger Postamt an der Kölner Straße leitete, war sie als „Frau Postdirektor" in der Stadt bekannt.

Klärchen Unger, geboren am 26. November 1873 in Sonderburg, heiratete Wilhelm Kind aus Windhagen bei Gummersbach und brachte 1902 in Torgau Tochter Edith zur Welt. Gemeinsam zog die Familie am 14. Oktober 1913 von Elberfeld nach Solingen. Sie bezog eine Wohnung im Postgebäude an der Kölner Straße 54, da Wilhelm Kind Postdirektor in Solingen geworden war.

Gleich nach dem Beginn des Ersten Weltkriegs half Kläre Kind spontan insbesondere älteren Menschen, Pakete an ihre im Feld stehenden Angehörigen zu schicken oder deren Anschrift ausfindig zu machen. Daraus entwickelte sich bald innerhalb des Hauptpostamtes ein „Feldpostamt". Sie organisierte eine „Auskunfts- und Verpackungsstelle", wo sie mit Helferinnen und Helfern, unterstützt u. a. von Industriefirmen, Hunderttausende von Paketen verpackte oder reisefest umpackte. Sie baute einen internationalen Auskunftsdienst auf, an den sich auch Franzosen und Engländer hilfesuchend wandten. Selbst wenn sie den Angehörigen den Tod eines Soldaten bestätigen musste, spendete sie durch ihre Anteilnahme Trost. Betroffene berichteten vielfach, „wie erleichtert sie, trotz des großen Kummers, von dieser genialen Frau stets geschieden" seien. Internationale Verbindungen, die sie insbesondere mit den Kriegsministerien der Gegnerstaaten aufbaute, erwiesen sich später auch bei der Hilfe für die Kriegsgefangenen als sehr nützlich.

Nach dem Krieg verlagerte Kläre Kind ihre Arbeit auf die Gefangenenhilfe, wenn sie auch durch die englische Besatzung, die ab dem 13. Dezember 1918 in Solingen einrückte, und die damit verbundenen Einschränkungen im Postverkehr behindert wurde. Doch bald erwarb sie sich auch das Vertrauen der britischen Besatzung und erlangte die Genehmigung, im besetzten Gebiet Ortsgruppen des Volksbundes zum Schutz der deutschen Kriegs- und Zivilgefangenen zu gründen. In Solingen geschah dies am 12. Februar 1919. Bei der Heimkehr bereitete sie jedem entlassenen Kriegsgefangenen am Hauptbahnhof oder in seiner Wohnung einen herzlichen Empfang.

Nachdem das Wahlrecht in der Weimarer Verfassung 1919 endlich auch den Frauen zuerkannt war, gehörte Kläre Kind zu den ersten fünf Frauen, die in den Solinger Stadtrat gewählt wurden. Von 1919 bis 1924 war sie Stadtverordnete der Deutschen Demokratischen Partei und wurde in die Finanz- und Lebensmittelkommission sowie in den Wohlfahrtsamt-Ausschuss gewählt.

Nacheinander zogen die Mitglieder der Familie Kind aus Solingen fort. Tochter Edith wurde im August 1920 ins Töchterheim nach Dresden abgemeldet. Kläre Kinds Mann verzog am 31. Juli 1922 nach Bielefeld, wo er im Hauptpostamt tätig wurde. Sie selbst wechselte Ende Oktober 1922 aus der Wohnung im Postamt zur Kölner Straße 45. 1924 verließ sie Solingen Richtung Deutz. Am 11. Dezember 1935 verstarb Kläre Kind in Kassel.

ERNA RÜPPEL (1895–1970)
geborene Marcus

Eine Solingerin, die als eine der ersten Frauen in Deutschland Medizin studierte, eröffnete 1927 in Solingen eine eigene Praxis. Durch die menschenunwürdigen Maßnahmen gegen jüdische Mitbürger nahm ihr Leben einen unerwarteten Verlauf.

Am 11. Februar 1895 in Barmen als Tochter des Kaufmanns Siegmund Marcus und seiner Ehefrau Henriette, geborene Feist, zur Welt gekommen, zog Erna Marcus um 1900 mit der Familie nach Köln.

Im Jahr 1913 machte sie Abitur und schrieb sich an der Universität Bonn zum Medizinstudium ein. Dort absolvierte sie, außer einem Semester in München, ihr Studium. Nach der Staatsprüfung 1918 folgte bereits im Jahr darauf die Approbation und Promotion zum Doktor der Medizin.

Im Dezember 1921 heiratete die junge Ärztin in Bonn den fünf Jahre älteren Dr. med. Hans Rüppel und zog 1922 mit ihm nach Bad Herrenalb, wo er das städtische Kurhaus gepachtet hatte. Fünf Jahre später, im November 1927, zog das Ehepaar nach Solingen an die Weststraße und eröffnete eine Praxis. Die Pacht in Herrenalb gab Dr. Rüppel im Jahr 1932 auf.

Am 1. April 1933 postierte sich eine SA-Wache vor dem Wohnhaus der Rüppels, um die Patienten am Betreten des Hauses zu hindern. Im gleichen Jahr gab es Boykottmaßnahmen gegen die Praxis von Dr. Erna Rüppel, die kassenärztliche Zulassung wurde ihr entzogen, ihre Privatpraxis ging stark zurück. Auch gegen die Praxis ihres Mannes erfolgten Boykottmaßnahmen. Er schied aus dem Vorstand des Ärztevereins aus und wurde von der Sonntagsbereitschaft der Ärzte ausgeschlossen.

Kurz nach dem Umzug ins eigene Haus an der Augustastraße 10 im Dezember 1933 kam im Januar 1934 Reinhild Franz nach dem Tod ihres Vaters mit 14 Jahren aus Plauen nach Solingen. Fortan lebte sie als Pflegetochter im Haushalt Rüppel und besuchte das Gymnasium August-Dicke-Schule.

1934 verlor Hans Rüppel seine Zulassung als Kassenarzt, 1935 musste er seine (Fürsorge-)Wohlfahrtspraxis aufgeben und wurde aus seiner Stellung als leitender Arzt der Inneren Abteilung des Bethesda-Krankenhauses an der Friedrichstraße entlassen. Am 1. Oktober 1935 gab seine Frau gezwungermaßen die Kinderarztpraxis auf.

Durch die 4. Verordnung zum Reichsbürgergesetz vom 25. Juli 1938 wurde jüdischen Ärzten die Approbation entzogen, so am 30. September 1938 auch Erna Rüppel. In der Pogromnacht wurden am 10. November 1938 die Praxis ihres Mannes und die gemeinsame Wohnung zerstört. Am 30. Dezember folgte die Scheidung der Eheleute beim Landgericht Wuppertal. Hans Rüppel sagte später hierzu: „Um die Existenz der Familie meiner Ehefrau, die von mir abhing, zu erhalten, beschlossen wir unsere Trennung." Erna Rüppel musste ihr Eigentum an Grundstück und Haus Augustastraße 10 (50 % beteiligt) auf ihren Ehemann umschreiben lassen. Erna Rüppel zog aus; das Ehepaar blieb, so gut es ging, in ständiger Verbindung.

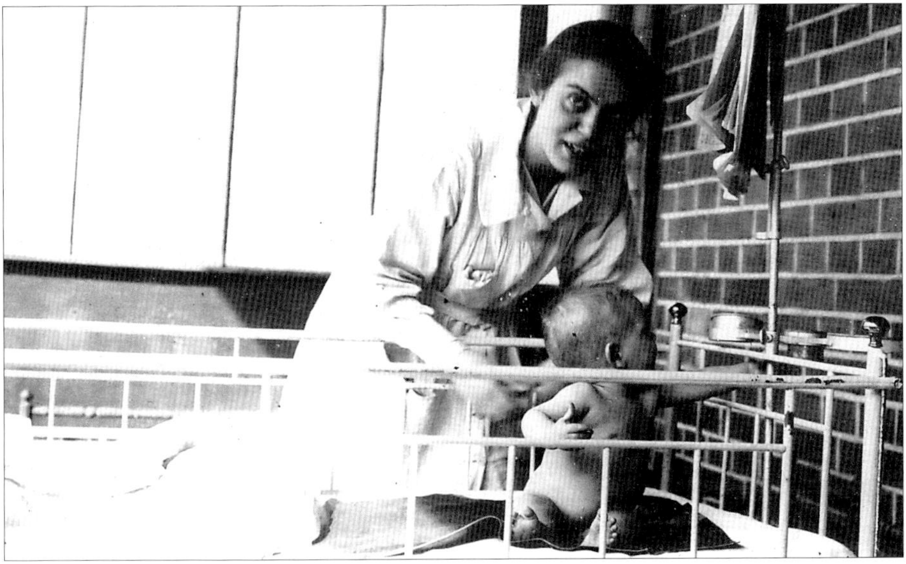

Dr. Erna Rüppel am Krankenbett *Sammlung Horst Sassin*

Ab 1939 arbeitete Dr. Erna Rüppel als Lernschwester im Israelitischen Asyl für Kranke und Altersschwache (Jüdisches Krankenhaus) in Köln und legte 1940 ihr Staatsexamen als Krankenbehandlerin ab. Nach einem schweren Luftangriff wurden alle Insassen und das Personal des Asyls Ende Mai 1942 mit Lastwagen nach Köln-Müngersdorf gebracht, zunächst in Holzbaracken und in einem Fort interniert. Erna Rüppel gelang es zu fliehen. Von Juni 1942 bis Juni 1943 hielt sie sich illegal in Solingen und in Düsseldorf verborgen. Während dieser Zeit unterstützte ihr Mann sie mit Lebensmitteln und Geld.

Erna Rüppels Mutter und ihr unverheiratete, gelähmte Schwester Margarete wurden am 27. Juli 1942 nach Theresienstadt deportiert und umgebracht. Im Mai 1943 erhielt Erna Rüppel einen falschen kroatischen Reisepass und zog im Juni 1943 nach München. Bis Kriegsende wohnte sie dort unter falschem Namen und arbeitete als Krankenschwester im Rot-Kreuz-Krankenhaus. Hans

Rüppel gab später an, er habe sie ständig besucht und noch 1944 einen gemeinsamen Urlaub mit ihr verlebt.

Am 30. April 1945 wurde München von US-Truppen befreit. Im Juni fuhr Erna Rüppel mit der Kindergartenleiterin Tabea Große in einem Wagen der Familie Hillers zurück nach Solingen. Bereits am 13. Juni fuhr ein Holzgasgenerator-Omnibus mit Oskar Rieß, Dr. Erna Rüppel, zwei Dolmetschern und einem Monteur los, um die jüdischen Bürger aus Solingen und Umgebung aus dem Ghetto Theresienstadt abzuholen. Wegen einer neuen Bestimmung, die die tschechische Grenze sperrte, musste der Bus umkehren und erreichte am 20. Juni wieder Solingen.

Im Oktober 1945 nahm Erna Rüppel ihre Praxis wieder auf und wurde Mitglied im Betreuungsausschuss für politisch Geschädigte, der im November erstmals tagte. Am 17. Mai 1946 heirateten Hans und Erna Rüppel in Solingen erneut, trennten sich jedoch 1952 wieder.

Dr. Erna Rüppel (r.) mit einer Bekannten, 1967 *Sammlung Horst Sassin*

Über vier Jahrzehnte war Erna Rüppel als Fachärztin für Kinderkrankheiten in Solingen tätig, hochgeschätzt von ihren Kolleginnen und Kollegen sowie von den vielen kleinen Patienten und deren Eltern. Sie stand allen mit Rat und Tat unermüdlich zur Seite. Ihre berufliche Tätigkeit war erfüllt mit der ganzen Hingabe ihrer ärztlichen Persönlichkeit.

Als sie in den 1960er Jahrem immer stärker Asthma bekam, reduzierte sie ihre Praxiszeiten, doch bis ins hohe Alter war sie am medizinischen Fortschritt sehr interessiert. Am 28. Juni 1970 verstarb Dr. med. Erna Rüppel nach langem, mit großer Tapferkeit getragenem Leiden in Solingen. Bis zuletzt stellte sie ihre Kraft, Liebe und Erfahrung in den Dienst der ihr anvertrauten Kinder.

HILDEGARD EICKENBERG (1912–1997)
geborene Ochs

Zu den Menschen, die nicht nur am eigenen Wohlergehen interessiert sind, sondern auch am Schicksal des Nächsten, gehörte auch Hildegard Eickenberg. Ihr Christsein verstand sie stets als Christ sein für andere Menschen. Sie hat Kirche in Solingen gegenwärtig gemacht.

In Haintchen im Taunus wurde sie als Hildegard Ochs am 9. Juli 1912 geboren. Ihre Eltern, Adam Ochs und Susanna, geborene Fluck, gaben ihr einen bedeutenden Namen: Hildegard von Bingen wurde das große Vorbild ihrer Tochter für deren Lebensweg.

Hildegard Eickenberg als junge Frau

Horst Eickenberg

In schwieriger Zeit musste die Familie ihre Heimat verlassen, da es auf dem Land für den Vater keine Arbeit mehr gab. Im Jahr 1925 gaben die Eheleute Ochs ihren Lebensmittelpunkt in Haintchen auf und zogen – einem Verwandten folgend – nach Ohligs und später nach Solingen. Tochter Hildegard besuchte in Ohligs noch für kurze Zeit die Volksschule und absolvierte anschließend eine Lehre als Damenschneiderin in einem Unternehmen an der Kamperstraße. Der Vater war zu dieser Zeit Hausmeister an der Schule Eintrachtstraße, wo die Familie eine Wohnung bezogen hatte.

Während ihrer Lehrzeit lernte Hildegard Ochs ihren zukünftigen Ehemann Theodor Eickenberg kennen, der an der Merscheider Straße wohnte. Die beiden heirateten standesamtlich am 28. Februar 1935, die kirchliche Trauung folgte am 2. März in der katholischen Kirche St. Engelbert am Mangenberg. Zwei Söhne gingen aus dieser Ehe hervor, deren religiöse Erziehung der jungen Mutter besonders am Herzen lag. Das Zuhause der Familie war viele Jahrzehnte im Haus der Eltern Ochs an der Fürkerstraße.

Schon sehr früh fühlte sich Hildegard Eickenberg zur Mitarbeit im kirchlichen Bereich hingezogen. Jahrzehntelang sang sie im Kirchenchor „Cäcilia“ in Solingen-Ohligs. Die entbehrungsreichen Kriegs- und Nachkriegsjahre bewältigte sie mit großem Mut und Erfindungsreichtum. Nicht nur für die eigene Familie, sondern auch für Nachbarn und Bekannte nähte sie Kleider.

Seit 1945 war sie aktives Mitglied im Elisabethen-Verein der Pfarre St. Joseph in Ohligs und ehrenamtlich auf Dekanatsebene im Sozialdienst katholischer Frauen (SKF) in Solingen tätig. Durch die Mitgliedschaft im Chor kannte sie sehr viele Menschen, so dass es bei den Caritas-Sammlungen stets hieß: „Geh' du mal Hildegard." Beim späteren Verteilen der Pakete zu Weihnachten halfen auch ihre Söhne mit.

Die soziale Betätigung von Hildegard Eickenberg erstreckte sich auf ein weites Feld. Sie übernahm viele Pflege- und Vormundschaften und fuhr bis an den Rhein, wenn jemand verzogen war; auch in Langenfeld-Galkhausen waren ihre Zöglinge. Sie nahm sich gefährdeten Kindern ebenso an wie den weiblichen Jugendlichen im Wohnheim und Frauen in Nöten. Die Hilfsbedürftigen unterstützte sie materiell, aber vor allem durch ihre Zuwendung und Ansprache.

Zusätzlich stellte sich Hildegard Eickenberg der Stadt Solingen im Jugendamt und am Schöffengericht zur Verfügung, vier Jahre war sie auch Mitglied im Bewährungshilfeausschuss. 33 Jahre begleitete sie in ihrer aufopferungsvollen Tätigkeit die Sozialarbeiterin Hildegard Distelrath.

1968 übernahm Hildegard Eickenberg ehrenamtlich von Maria Grosser den Vorsitz des SKF, womit sie für die gesamte Planung und Vollziehung der Arbeit des Ortsverbandes verantwortlich war. Auch das Maria-Grosser-Haus, ein Wohnheim für erziehungsbedürftige Mädchen, unterstand ihrem Aufgabenbereich. In der Verwaltung des Hauses fand sie auch bei ihrem Ehemann aufgrund seines Fachwissens eine wesentliche Stütze. Ihre Hauptaufgabe als Vorsitzende sah sie von Anfang an in der Weiterführung und Erhaltung des Wohnheims trotz finanzieller und personeller Schwierigkeiten.

Hildegard Eickenberg *Horst Eickenberg*

Und sie schaffte es – durch ihren persönlichen Einsatz. Ihr unermüdliches Schaffen im sozialen Bereich war Ansporn und Vorbild für ihre haupt- und ehrenamtlichen Mitarbeiterinnen. Nie hatte sie sich in den Vordergrund gestellt. Für sich persönlich entwickelte sie aus ihrer Tätigkeit ein gesundes Selbstbewußtsein. Sie genoß es, Gutes zu bewirken und vieles zu erreichen für andere Menschen.

Eheleute Eickenberg, 1987 Horst Eickenberg

Nach 20 Jahren gab sie den Vorsitz des SKF 1988 an ihre Nachfolgerin weiter, der sie viel aus ihren Erfahrungen mit auf den Weg gab und eine Liste von Dingen, die zu erledigen waren. Ihr selbst war es gelungen, die sich selbst gestellte Aufgabe zu bewältigen, ehrenamtliche Helferinnen anzuwerben. So konnte die Arbeit fortgeführt werden. Hildegard Eickenberg erfüllte gemeinsam mit ihrem Ehemann, der seit 1976 im Ruhestand war, weiterhin ehrenamtliche Aufgaben in der Sozialarbeit.

Hildegard Eickenberg, 1988 Horst Eickenberg

Für ihre selbstloses ehrenamtliche Wirken in der Sozialarbeit wurde Hildegard Eickenberg mehrfach ausgezeichnet: 1971 erhielt sie das Ehrenzeichen der Deutschen Caritas in Silber und 1980 in Gold. Eine hohe Ehrung wurde ihr Anfang November 1980 zuteil, sie bekam den für Laien höchsten päpstlichen Orden „pro ecclesia et pontifice". Am 17. November 1981 händigte ihr Oberbürgermeister Georg Schlößer das Verdienstkreuz am Bande der Bundesrepublik Deutschland aus. In der Vergangenheit hatte sie bereits die „Agnes-Neuhaus-Plakette" des Sozialdienst katholischer Frauen Deutschland erhalten.

Bei den Ehrungen der um die Stadt hochverdienten Frau wurde auch Ehemann Theodor nicht vergessen. Er hatte nicht nur stets großes Verständnis für das Engagement seiner Frau gezeigt, sondern durch seine Mitarbeit auch Anteil an den Auszeichnungen gehabt. Sie hatte ihre umfangreiche und zeitaufwendige ehrenamtliche Sozialarbeit mühelos mit einem erfüllten Ehe- und Familienleben vereinbaren können.

Im Alter von 85 Jahren starb Hildegard Eickenberg am 29. November 1997 in Solingen und hinterließ ihren Mann, zwei Söhne und vier Enkelkinder. Ihnen war sie stets in jeder Hinsicht ein leuchtendes Vorbild.

ALIDA IMMER (1920–2002)

„Kinder sind unsere Zukunft." Von diesem Satz ließ sich eine Solingerin ihr ganzes Leben lang leiten. In ihrer über 30-jährigen Tätigkeit als Leiterin des evangelischen Kindergartens Wiedenhof in Wald setzte sie ihr eigenes Erziehungsideal von Freiheit und Geborgenheit in die Tat um.

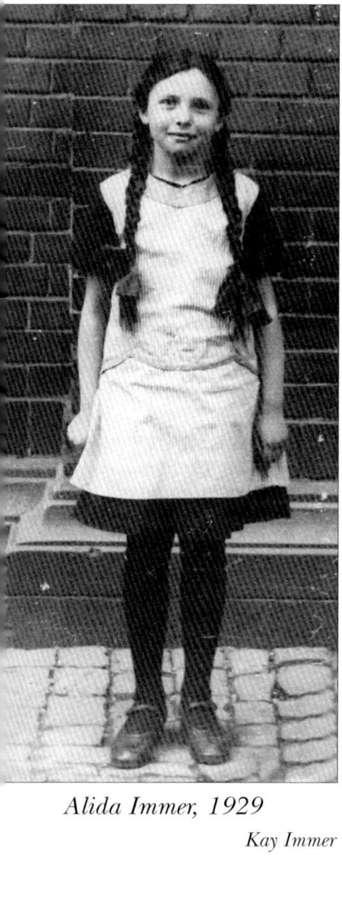

Alida Immer, 1929

Kay Immer

In Rysum/Ostfriesland kam die Pfarrerstochter Alida Immer am 2. Januar 1920 als Tochter von Karl Immanuel und Tabea Annette Immer, geborene Smidt, zur Welt und wuchs mit sechs Geschwistern auf. Als der Vater, ein bekannter Theologe, 1927 Pfarrer der reformierten Gemeinde Gemarke in Barmen wurde, erfolgte der Umzug der Familie dorthin, wo er 1934 die erste Bekenntnissynode initiierte (Theologische Erklärung von Barmen) und sich im Widerstand gegen den Nationalsozialismus einsetzte. Seine Tochter war wie viele Freundinnen aus dem Umfeld der Bekennenden Kirche im Mädchenbibelkreis und nicht Mitglied im Bund Deutscher Mädchen.

Nach dem Besuch von Volksschule und Höherer Mädchenschule in Barmen mit dem Abschluss Mittlere Reife absolvierte Alida eine Frauenschule und ein Seminar für Kindergärtnerinnen. 1939 wurde sie Leiterin eines Kindergartens in Hidessen. Von dort gelangte sie über verschiedene Stationen nach Kaiserswerth, wo sie ein Jugendleiterseminar besuchte.

1946 kam die Kindergärtnerin Alida Immer nach Solingen. Die evangelische Kirchengemeinde Wald hatte sie mit der Aufgabe betraut, am Wiedenhof einen Kindergarten aufzubauen. Und ihr gelang Erstaunliches. Nachdem sie erstes Mobiliar aus dem Merscheider Bunker besorgt hatte, motivierte sie Mütter zum Basteln von Spielmaterial und Väter zum Schnitzen von Holzspielzeug. Ohne Helferinnen tat sie, was sie ihr ganzes Berufsleben lang beibehalten hat: Sie machte die Kindern zu ihren Helferinnen und Helfern. Ihren Urlaub nutzte sie zur eigenen Weiterbildung in Sachen Kindererziehung.

Auch für die Solinger Kirchengemeinden war „Tante Alida", wie sie Generationen von Walder Kindern liebevoll nannten, tätig. 1952 übernahm sie die Fachberatung für Kindergärten im Kirchenkreis Solingen und leitete auch die dort angesiedelte Arbeitsgemeinschaft der Kindergärtnerinnen.

Alida Immer, 1950 Kay Immer

Bis zu ihrer Pensionierung vermehrte sich die Zahl der Kindergärten von acht auf 24. Aus dem ihr eigenen sozialen Verantwortungsbewusstsein heraus setzte Alida Immer sich dafür ein, dass Kinder aus sozial schwachen Familien, von allein erziehenden Elternteilen und aus Ausländerfamilien ebenfalls Kindergartenplätze bekamen. Und schon Anfang der 1970er Jahre warnte sie vor den Folgen der Reizüberflutung bei Kindern durch Fernsehen und die vielen Dinge, die die Aufmerksamkeit der Kinder ablenken.

Seit 1972 war Alida Immer auch im Presbyterium der Gemeinde Wald tätig und gehörte hier dem Haupt- und Finanzausschuss an. Für ihre vielfältigen Verdienste innerhalb der Kirchengemeinde wurde sie 1975 mit dem Kronenkreuz in Gold des Diakonischen Werkes ausgezeichnet.

Auch nach der Pensionierung Anfang 1980 setzte sich Alida Immer für Kinder in Wald ein. Noch im selben Jahr gründete sie einen Förderverein, der den Kindergarten durch Geld- und Sachspenden unterstützte. Als 1984 eine Gruppe am Wiedenhof geschlossen werden sollte, gründete sie die Elterninitiative „Kunterbunt“, die zunächst einen Kindergarten für 20 Kinder an der Deutzerhofstraße einrichtete. „Ich konnte doch meine Kinder nicht sitzenlassen, als die für ihre Kinder keine Kindergartenplätze mehr bekamen“, begründete sie ihre Initiative. Weitere Kindergärten gingen aus dem Förderkreis in Eigenregie der Eltern hervor, arbeitslose Kindergärtnerinnen fanden einen Arbeitsplatz. Alida Immer hatte jederzeit ein offenes Ohr für die dortigen Kinder und deren Familien und gab oftmals Trost und Hilfe, auch zu Zeiten, in denen es ihr selbst nicht gut ging.

Durch ihren beispielhaften und außergewöhnlichen Einsatz ermöglichte Alida Immer vielen Solinger Kindern den Besuch eines Kindergartens. Im

Alida Immer mit „ihren Walder Kindern“ *Kay Immer*

Alida Immer, 1996

Kay Immer

März 1992 bekam sie für dieses unermüdliche Engagement als offizielle Würdigung das Bundesverdienstkreuz überreicht. Die Stadt Solingen verlieh ihr 1993 den Ehrenring. Die Schützen- und Bürgergilde Wald ernannte sie 1996 zum Ehrenmitglied.

Die hohen Auszeichnungen waren für Alida Immer kein Schlusspunkt zu ihrem Handeln. Auch danach setzte sie sich bis zu ihrem Tod am 18. Dezember 2002 für „ihre“ Walder Kinder ein.

FRIEDEL GEISLER (geb. 1929)
geborene Wiesemann

Mit 40 machte sie in kurzer Zeit ihr Abitur und studierte anschließend Theologie und Religionspädagogik. Friedel Geisler hatte großen Anteil an der Entwicklung der Jugendpolitik in Solingen.

Käthe Elfriede Wiesemann wurde am 5. Oktober 1929 als zweites von 16 Geschwisterkindern in Berlin geboren und verbrachte dort ihre ersten Lebensjahre. Als Kind hörte Elfriede oft gerne ihrer Mutter Elfriede Käthe, geborene Ostermoor, zu, wenn sie zur Laute ein Lied über die Zigeuner sang. Diese kannte die Tochter aus den Hinterhöfen, wo sie mit allerlei Kunststücken, Musik u. a. auftauchten. Ihr Vater Heinrich war Prediger der Freien Evangelischen Gemeinden und kam als Vikar nach Berlin zu ihrem Großvater mütterlicherseits, der Laienprediger war.

Friedel Geisler, 1943 und 1947

Friedel Geisler

Im Herbst 1937 zog die Familie nach Solingen an die Oststraße, wo Heinrich Wiesemann die Stelle des Gemeinde-Predigers antrat. Elfriede kam in das zweite Schuljahr der Volksschule Klauberg aus der Berliner Mädchenschule in eine gemischte Klasse. 1943 brachte der Vater die Familie in das Heimatdorf seines Vaters, Böhne/Kreis Waldeck, in der Nähe der Edertalsperre, um der allgemeinen Evakuierung der Kinder zuvorzukommen. Dort verbrachte Elfriede in der einklassigen Volksschule das achte Schuljahr. Diese Schule hatte ein ungewöhnlich hohes Bildungsniveau. Elfriede wurde so optimal gefördert, wie sie es zuvor nicht erlebt hatte.

Im Gegensatz zu ihrer älteren Schwestern und später auch anderen Geschwistern durfte Elfriede Wiesemann jedoch nicht auf eine weiterführende Schule gehen. Ihre Mutter hatte sie auserwählt, um sie bei der Hausarbeit zu unterstützen. Die Familie wohnte seit Anfang 1946 in Ebersbach/Dillkreis, wo Heinrich Wiesemann zunächst das von ihm neu aufgebaute Prediger-Seminar des Bundes der Freien Evanglischen Gemeinden leitete. Später überließ er es dem zurückgekehrten ehemaligen Leiter und blieb selbst bis zu seiner Pensionierung Seminarlehrer.

So wie ihre Eltern sich kennengelernt hatte, so lernte auch Elfriede Wiesemann ihren zukünftigen Ehemann kennen: Bernhard Geisler, Kriegsteilnehmer und zehn Jahre älter als sie, kam zum Studium nach Ebersbach. Vor allem Heinrich Wiesemann achtete sehr darauf, dass die Studenten keine Beziehungen eingingen. Als die Mutter von den Treffen der beiden Verliebten erfuhr, unterband sie diese, indem sie ihre Tochter für zwei Jahre als Dienstmädchen in einen fremden Haushalt in Dillenburg schickte. Nach der Beendigung seines Studiums durfte der Prediger Bernhard Geisler am 5. Mai 1951 in Ebersbach Elfriede Wiesemann heiraten.

Das junge Paar zog zunächst nach Heiligenhafen, wo 1952 Tochter Brigitte und 1954 Sohn Friedemann geboren wurden. Hier gründete Elfriede Geisler nicht nur einen Kinderchor und einen Büchertisch, sondern gab auch Flötenunterricht. Der nächste Ort, an dem Bernhard Geisler als Prediger eingesetzt wurde, war Frankenbach/Kreis Wetzlar. Auch hier brachte sich Elfriede Geisler in die Gemeindearbeit ein, leitete den gemischten Chor und gründete einen Büchertisch. Anfang 1958, kurz vor der Geburt von Tochter Astrid, zog die Familie nach Lüdenscheid. Weil es dort eine Gemeindeschwester gab, war die Arbeit der Ehefrau des Predigers hier nicht gewünscht. So wurde Elfriede Geisler, wie sie selbst sagt, „eine typische Mittelstandsfrau". Im Gegensatz zu den vorherigen Wohnungen hatte sie hier alles, was das Leben angenehm machte. Das von der Mutter Gelernte setzte sie als Hausfrau und Mutter im eigenen Haushalt um, doch das konnte nicht alles sein. Sie war politisch interessiert, hatte einen guten Lebensstandard, doch sie konnte sich nicht betätigen und fühlte sich vollkommen unterfordert.

1966 kam die Familie Geisler nach Solingen, wo die junge Frau wieder einen anderen Stand hatte. Hier war sie die Tochter des in der Stadt bekannten Seminarlehrers Heinrich Wiesemann.

Da Elfriede Geisler in ihrem bisherigen Leben nie machen durfte, was sie gerne wollte, „explodierte" sie eines Tages. Sie wusste, es musste noch etwas kommen. Als ihre Kinder älter waren, beschloss sie, selbst noch einmal die Schulbank zu drücken. Sie besuchte ein Jahr lang die Fachoberschule für Sozialpädagogik in Mülheim-Ruhr und erlangte am 25. Juni 1971 die Fachhochschulreife, nachdem sie extern die Mittlere Reife abgelegt hatte. Direkt im Anschluss studierte sie an der Evangelischen Fachhochschule für Theologie und Religionspädagogik in Düsseldorf. Der Grund dafür war ihre Suche nach Antworten auf eigene Lebensfragen. Friedel, wie sie sich seit dem Studium nennt, war mit der Lehre und dem Handeln in der Religion und der paternalistischen (auf den „väterlichen" Gott bezogenen) Theologie nicht einverstanden.

1971 brachte die 13-jährige Tochter Astrid einige drogenabhängige Mitschüler mit nach Hause. Dies brachte einen großen Stein ins Rollen. Friedel Geisler gründete mit Freunden die „Teestube", die bald sehr bekannt war. Später wurde sie offiziell von der Stadt beauftragt, die „Jugend- und Drogenberatung anonym e. V." zu leiten, die nach einer internen Abstimmung im Kreis der vielen ehrenamtlichen Mitarbeiterinnen und Mitarbeiter den Namen „Funzel“ erhielt.

Doch die Gemeinde war empört darüber, dass die Frau ihres Predigers studierte, und akzeptierte ihn nicht mehr, da er dies zugelassen hatte. Er schaute nach einer andere Stelle und wurde durch persönliche Vermittlung zum 1. Januar 1973 Krankenhausseelsorger der Evangelischen Kirchengemeinde in Ohligs. Kurz vor dem Examen von Friedel, einen Tag nachdem sie die Arbeit abgegeben hatte, starb ihr Mann plötzlich an seinem Herzleiden, das er durch seine Kriegsversehrtheit hatte.

Nun musste Friedel Geisler für sich und die drei Kinder sorgen. Unmittelbar im Anschluss an ihre Prüfung zur graduierten Religionspädagogin am 8. April 1974 erhielt sie eine Stelle beim Solinger Kirchenkreis. Sie war ab dem 1. Mai 1974 Jugendreferentin im Kirchenkreis, lernte weiter und legte 1976 die Externenprüfung zur Gemeindemissionarin ab.

In der Kapelle Frankenstraße wurde Friedel Geisler am 1. Mai 1977 zur Pastorin im Predigtdienst ordiniert. Sie übernahm damit im Bereich der evangelischen Kirchengemeinde Wald auf ehrenamtlicher Basis den Predigtdienst und die Erteilung der Sakramente, blieb jedoch weiterhin hauptamtlich Leiterin der Jugend- und Drogenberatung. Friedel Geisler fand viel Unterstützung im Kirchenkreis und war hoch angesehen, weil sie die schwierige Arbeit mit den unterschiedlichsten Jugendlichen machte. Viele Initiativen sind daraus entstanden. Die „Funzel“ war in Solingen ein Begriff. Im Rahmen der Weiterbildung absolvierte sie 1977 eine Ausbildung zur Sozialtherapeutin und im Jahr 1984 zur Psychodrama-Leiterin für Gruppenpsychotherapie.

Friedel Geisler, 1981 bei einer Taufe und 1984

Friedel Geisler

Anfang der 1980er Jahren traf sie ihre Schwester Ulla wieder, die als studierte Wissenschaftlerin ungeschriebene Sprachen in Schriftsprache brachte. Diese Arbeiten faszinierten Friedel Geisler schon lange. Auf dem Zöppkesmarkt verkaufte sie Sachen aus Peru und Brasilien zur Unterstützung der dortigen Projekte ihrer Schwester. Drei Jahre befasste sie sich mit dem Thema. Friedel Geisler reiste nach Mexiko, um sich vor Ort zu informieren, besuchte den katholischen Bischof in San Christobal, der sich vor

Friedel Geisler, 1988, in der „Funzel“

Friedel Geisler

Friedel Geisler *Stadtarchiv Solingen*

allem um die dortigen Mayas kümmerte. Er gehörte zur Befreiungsbewegung. Friedel Geisler bewegte die Frage, ob Mission erfolgen konnte, ohne die Dorfstrukturen zu zerstören, sondern vielmehr der ganzen Gemeinschaft zu mehr Selbstbestimmung zu verhelfen. Falls nicht, sollte man es ihrer Meinung nach lieber ganz lassen.

Durch ihre Erfahrungen in Südamerika wurde die Solingerin zu einer streitbaren Bayer-Aktionärin, die mehrere Jahre hintereinander in der Bayer-Hauptversammlung eine Rede hielt. Dies führte zu einer Auseinandersetzung mit der Landeskirche zur Klärung der Frage, ob sie die Dienstbezeichnung „Pastorin“ zu Recht geführt habe und ob sie diesen Titel in ihrer Funktion als Vorstandssprecherin der „Coordination gegen Bayer-Gefahren“ habe verwenden dürfen.

Die Kirchenleitung beschloss im Juli 1988, dass sich grundsätzlich nur solche Gemeindemissionare „Pastor“ nennen dürfen, die entweder eine Pfarrstelle verwalten oder eine Gemeindemissionarstelle innehaben. Diese Regelung habe es zuvor schon gegeben und Friedel Geisler sei daher nie Pastorin gewesen. Der juristische Weg in diesem Streit hatte keine Aussicht auf Erfolg, weil das Kirchenrecht der weltlichen Gerichtsbarkeit nicht unterstellt ist. Darum ging Friedel Geisler auf eigenen Wunsch Ende 1988 in den vorgezogenen Ruhestand. Die kirchenjuristische Maßnahme blieb, nach ihrer Aussage, auf Solingen beschränkt.

Friedel Geisler lebt seit ihrer Versetzung in den Ruhestand als Psychotherapeutin und Ausbilderin im Psychodrama an der Konrad-Adenauer-Straße in Solingen. Vielfältig ist ihr Engagement für das soziale Miteinander, die Bewahrung der Schöpfung sowie Frieden und Versöhnung auf der Welt. Sie hat den Verein „Städtefreundschaft mit Jinotega" mitgegründet, wirkte viele Jahre im Vorstand von „Frauen helfen Frauen", war Delegierte des Kirchenkreises im Verein „Vereinigte evangelische Mission" und wirkte 16 Jahre im Vorstand der evangelischen Jugendbildungsstätte Hackhauser Hof mit.

Friedel Geisler, 1997 mit Oberbürgermeister Gerd Kaimer ,und 2003 in Marbella

Friedel Geisler

Nach dem Solinger Brandanschlag schrieb Friedel Geisler gemeinsam mit Frank Görmer einen Beitrag mit dem Titel „Der Rollentausch mit dem Feind", den sie auch Oberbürgermeister Gerd Kaimer überreichte. Dieser soziodramatische Ansatz zum Thema Gewalt und Rechtsradikalismus wurde in mehrere Sprachen übersetzt und in alle Welt verteilt. Noch heute erhält Friedel Geisler Einladungen, um zu diesem Thema zu referieren. Von 1998 bis 2006 unterrichtete sie in Litauen Fachleute im Psychodrama und war 2008/2009 in Rostov am Don/Russland als Lehrsupervisorin für Psychodrama tätig. 2008 besuchte sie zwei internationale Fachkonferenzen für Psychodrama in Litauen und Russland, wo sie jeweils Workshops gab.

Auch im Alter von über 80 Jahren ist Friedel Geisler noch sehr aktiv in der Hilfe für ihre Mitmenschen. Seit dem 8. März 2008 ist sie Gründungsmitglied und Mitglied im Vorstand des Internationalen Frauenzentrums Solingen (IFS). Ihre Neugierde und ihre Liebe für die Menschen veranlasst sie, Tag für Tag neu zu lernen und die Perspektive der anderen sehen und verstehen zu lernen.

GISELA VOGEL (geb. 1938)

Ihr Leben in den Dienst der Nächstenliebe stellte auch die Solingerin Gisela Vogel. Sie wurde als erste Frau in eine der wichtigsten Positionen in der Evangelischen Landeskirche im Rheinland berufen.

Am 20. Juni 1938 in Solingen geboren, wuchs Gisela Vogel als Einzelkind in einem behüteten Elternhaus auf. Ihr Vater, Karl Vogel, war Kaufmann und arbeitete bei der Firma Bals an der Beckmannstraße. Die Mutter, Hildegard, geborene Morsbach, besuchte das Gymnasium August-Dicke-Schule, das sie jedoch vorzeitig beendete, um in der Gesenkschmiede der Eltern am Stöckerberg im Büro zu arbeiten. Beide waren in kirchlichen Kreisen aktiv. Karl Vogel leitete u. a. den CVJM-Chor.

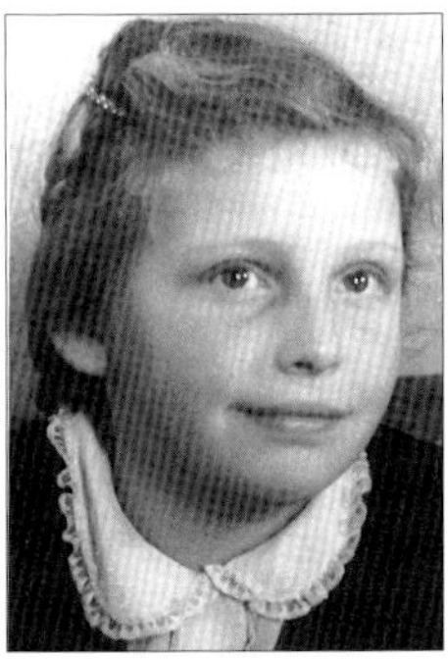

Gisela als Schülerin
Gisela Vogel

Nur wenige Monate nach der Geburt der Tochter war das Eigenheim der Eheleute Vogel an der Vorländerstraße bezugsfertig. Nach einer kurzen Zeit an der Eichenstraße verbrachte sie hier ihre Kindheit und Jugend. Gisela besuchte von 1945 bis 1949 die Volksschule Böckerhof und dann die August-Dicke-Schule. Im Alter von 16 Jahren wusste die junge Frau, deren Mutter im Jahr 1954 früh verstarb, dass sie Theologie studieren wollte. Ihre Teilnahme an der Jugendarbeit in Dorp, Kontakte zu Mädchenbibelkreisen und ihre Religionslehrerin, eine Pfarrfrau aus Dorp, haben sie geprägt.

Den verschiedentlich gehörten Rat, am Gymnasium einen sprachlichen Abschluss zu wählen, hatte Gisela Vogel nicht befolgt. So hatte sie durch drei Praktika zwar wichtige Einblicke in die Sozialarbeit erhalten, jedoch fehlten ihr zum Studium das Große Latinum und die Kenntnisse der anderen alten Sprachen. Durch Privatstunden holte sie das Latinum nach und erlernte zudem bei Kantor Trippel an der Stadtkirche das Orgelspielen.

Schließlich studierte sie nach dem Abitur 1959 Theologie an der kirchlichen Hochschule in Wuppertal, dann an den Universitäten in Tübingen, Mainz und Bonn. Ab Herbst 1965 besuchte Gisela Vogel das Predigerseminar in Essen. Sie war in dem ersten Jahrgang, in dem die Frauen gemeinsam mit den Männer die Schulbank drückten. Zuvor mussten die Frauen stets zum Seminar nach Berlin fahren.

Als Gisela Vogel 1959 ihr Studium begann, waren die Bedingungen für Frauen schlechter als 20 Jahre später. So erhielten Pfarrerinnen – damals hießen sie noch Vikarinnen – nur 75 Prozent der Dienstbezüge ihrer männlichen Kollegen und konnten keine Einmann-Pfarrstelle bekommen, denn

Frauen durften damals nicht Vorsitzender eines Presbyteriums sein, was ein Pfarrer automatisch ist.

Ihr Vikariat absolvierte sie in Aprath, wo sie erstmals mit Autisten und Mutisten, schwer erziehbaren Mädchen und sehr jungen Müttern zusammentraf. Ihre Kenntnisse in Sozialarbeit waren ihr hier sehr hilfreich. So auch in der Gemeinde Solingen-Wald, wo sie die restliche Zeit ihres Vikariats im Bezirk Mangenberg verbrachte. Von dort ging sie zurück, um 1968 ihre erste Pfarrstelle in der Bergischen Diakonie in Aprath anzutreten.

Gisela Vogel nach ihrer Ordination als Pastorin, 1967 Gisela Vogel

Am 29. November 1967 fand die feierliche Ordination Gisela Vogels als Pastorin statt. Normalerweise geschieht diese in der Kirche, wo der Hilfsprediger tätig ist, doch bei ihr machte man eine Ausnahme. Weil sie sehr im Bereich der Kirchenmusik in der Gemeinde Dorp engagiert war, durfte sie dort ordiniert werden. Leider war Pfarrer Lutze, der die Eltern einst getraut und Gisela sowohl getauft als auch konfirmiert hatte, kurz zuvor in den Ruhestand getreten, so dass er die Einführung nicht übernehmen konnte. Die Kirche war damals „brechend voll“, erinnert sich Gisela Vogel, auch viele Aprather waren gekommen. Die Freude war groß, einen Menschen begleiten zu können, den die Gemeindeglieder kannten.

Als in Solingen-Wald eine Pfarrstelle frei wurde, bewarb sich die Theologin darauf, um ihrem Vater näher zu sein. Die Walder wollten sie gerne auf diese Position haben, denn viele persönliche Kontakte bestanden seit ihrem Vikariat in Solingen. So wurde sie 1973 Gemeindepfarrerin in Wald, durfte sich jedoch erst ab 1974 „Pfarrerin“ nennen, was in jenem Jahr generell eingeführt wurde. Ein Pfarrer musste damals in der Nähe seiner Gemeinde sein und daher im Dienstbereich wohnen. Die Gemeinde stellte Gisela Vogel eine Pfarrwohnung an der Bertholdstraße zur Verfügung und schaffte auch die Möglichkeit, dass ihr betagter Vater bei ihr sein konnte, wenn es ihm gesundheitlich schlecht ging.

Zum 1. März 1981 erfolgte die Berufung Gisela Vogels als erste theologische Landeskirchenrätin ins Landeskirchenamt nach Düsseldorf. Es ist keine Position, auf die man sich bewirbt, sondern grundsätzlich wurde man vorgeschlagen und dann gefragt. Der Frage ließ Gisela Vogel einige Zeit des Bedenkens folgen. Sie arbeitete gerne „an der Basis“ mit den ihr schon so lange bekannten und vertrauten Menschen in den Solinger Gemeinden zusammen. Die Zeit in Wald hat sie genossen und sich dort sehr wohl gefüllt. Der von ihr initiierte Frauenkreis Wald-Nord, in dem Frauen mehr miteinander organisierten als die selbstverständliche Frauenarbeit in der Gemeinde, konnte 1994 sein 20-jähriges Jubiläum feiern. Mit ihr und den beiden Walder Medizinerinnen Dr. Ruth Bredt und Dr. Irmela Müller-Stöver haben von 1970 bis 2001 über drei Jahrzehnte Solingerinnen über die Geschicke der Landeskirche mitentschieden.

Gisela Vogel sagte „Ja“, da sie sich daran erinnerte, was sie bei ihrem Dienstantritt gelobt hatte, nämlich ihr Leben zur Verfügung zu stellen. Zuvor war in Düsseldorf die Entscheidung gefallen, zum ersten Mal eine Frau in das oberste Verwaltungsamt der Evangelischen Kirche im Rheinland zu berufen. „Wir wollen in diesem eher theoretischen Amt jemanden haben, der die Praxis hautnah kennt. Und weil in der Kirchenarbeit viele Frauen tätig sind, soll es jetzt auch mal eine Frau sein“, war damals aus Düsseldorf zu hören.

Am 15. Januar 1987 wurde Gisela Vogel von der Landessynode in Bad Neuenahr zur ersten Oberkirchenrätin in der Geschichte der evangelischen Kirche im Rheinland gewählt. Eine damals spektakuläre Wahl in eine bisherige Männerdomäne, weit mehr noch als schon 1981. Die Presse reagierte entsprechend und gab die unterschiedlichsten Reaktionen aus Fach- und Laienkreisen wieder. 1989 bestätigte dieses Gremium sie als einzige Frau unter den sieben hauptamtlichen Mitgliedern der Leitung der evangelischen Kirche im Rheinland und wählte sie 1997 erneut in dieses Amt.

In der Kirchenleitung hat Gisela Vogel sehr viel bewirkt. Sie war eine Art Anlaufstelle für bestimmte Kirchenkreise, die bis an die Saar reichten. In ihr Ressort gehörten u. a. die Bereiche Erwachsenenbildung, Frauen- und Männerarbeit, Fragen der Liturgie und Amtshandlungen sowie Kirchenmusik, Kindergottesdienst und der kirchliche Unterricht. Vor allem die innerkirchlichen Bereiche lagen ihr sehr am Herzen. So war sie als einzige rheinische Vertreterin unter den Verantwortlichen für die 15 Jahre währenden intensiven Arbeiten am neuen Gesangbuch, das 1996 erschien. Nach 20-jähriger Zugehörigkeit zur Kirchenleitung ging Gisela Vogel 2001 in den Ruhestand. Sie hätte den Rest der Wahlperiode ihre Position behalten können, jedoch wollte sie nicht 67 Jahre darüber werden.

Gisela Vogel wohnt in ihrem Elternhaus an der Vorländerstraße. Seitdem sie nicht mehr zur Landessynode gehört, hat sie Zeit für ehrenamtliche

Oberkirchenrätin Gisela Vogel, 1987 *Solinger Tageblatt, Archiv*

Tätigkeiten im Bereich der Solinger Kirchengemeinde. Schon viele Jahre ist sie im Kuratorium der Denkmalstiftung Walder Kirche, die sich für den Erhalt des historischen Gebäudes vielfältig einsetzt. 2007 trat Gisela Vogel als Autorin in Erscheinung: In der Publikation der Initiative zur Rettung der Dorper Kirche übernahm sie den Text zur Geschichte nach 1945. Sie ist die einzige der Autoren, die den Wiederaufbau der Kirche und Gemeinde persönlich erlebt hat. Und noch heute trifft sie sich einmal im Monat mit dem „harten Kern" des Walder Frauenkreises.

„An allen Stationen war ich mit vollem Herzen dabei. Ich würde alles nochmals so machen," so Gisela Vogel im Rückblick auf ihren Lebensweg.

Gisela Vogel, 2007

SPORTLICHE ERFOLGE

Das erste Goldene Buch der Stadt Solingen – seit 1945 unauffindbar – wurde im Februar 1939 seiner Bestimmung übergeben. Anlässlich der Verleihung des Ehrenpreises trug sich die Deutsche Meisterin im Brustschwimmen, Christel Rupke, als erste in das Buch ein.

Außer ihr gibt es weitere Solinger Sportlerinnen, die sehr bekannt sind. In den Jahren 1953 bis 1963 galt Solingen als Badminton-Hochburg. Neben Hannelore Schmidt waren weitere Mitglieder des STC Blau-Weiß Solingen bei Meisterschaften sehr erfolgreich. Gisela Ellermann z. B., später verheiratete Markus, stand bei den ersten Deutschen Jugendmeisterschaften im Mai 1953 im Mädchen-Einzel und -Doppel ganz oben auf dem Treppchen. Von 1955 bis 1960 wurde sie mit Hannelore Schmidt dreimal Deutsche und Westdeutsche Meisterin im Damendoppel und 1959 gewann sie mit Konrad Hapke auch den DM-Titel im gemischten Doppel. 1958 holte sie als erste Deutsche einen Titel bei den internationalen Deutschen Meisterschaften (German Open). Für ihre außergewöhnlichen Leistungen erhielt sie u. a. den Sportehrenring ihrer Heimatstadt Solingen.

Andere Solingerinnen sind in Sportlerkreisen schon viele Jahre als besonders aktive Mitglieder in den unterschiedlichsten Disziplinen und Vereinen bekannt. Sie halten nicht nur sich selbst mit Sport bis ins hohe Alter fit, sondern auch andere stets „auf Trapp“. Hierzu zählt u. a. Irmgard Hämmerling, über 60 Jahre Übungsleiterin für Kinder, Jugendliche und schließlich Senioren, zunächst beim TV Schlagbaum, nach der Fusion dann bei der TSG Solingen. Außerdem engagierte sie sich über 20 Jahre in Altenheimen und sorgte für Bewegung im Alter. Sie beendete ihre Laufbahn im Jahr 2009 im Alter von 87 Jahren und erhielt für ihren vielfältigen Einsatz das Bundesverdienstkreuz.

In der Welt des Motorsports gaben schon früh drei Solingerinnen ein kurzes Gastspiel. Erika Neef nahm 1930 als einzige Frau auf einer schweren 500er Maschine an einer 270 Kilometer langen Stern- und Zielfahrt teil. Die Motorradfahrerin Lisbeth Sorgenicht fand Anerkennung, nachdem sie bei der ersten Bergprüfungsfahrt von Wupperhof nach Orth im Jahr 1924 auf einer DKW in der Klasse bis 130 ccm den dritten Platz belegt hatte. An einigen Automobilwettbewerben nahm die Bugatti-Fahrerin Else Kortylewski teil und ging 1930 bei einer Geschicklichkeits-Prüfung in Hagen als Preisträgerin unter zwölf gestarteten Damen hervor.

In Solingen hatte auch eine ehemalige deutsche Leichtathletin ihren Wohnsitz, die bei den Olympischen Spielen 1968 in Mexiko Silber holte. Lieselotte Westermann-Krieg, genannt Liesel, war von 1963 bis 1976 zehn Mal deutsche Meisterin im Diskuswerfen. Eine deutsche Meisterschaft im Kugelstoßen und in der 4x100m-Staffel mit Hannover 96 sind weitere erwähnenswerte Erfolge. Zudem holten sie 14 Medaillen bei den Deutschen Hallen-Meisterschaften in den beiden Disziplinen Diskus und Kugel.

Mit 61,26 m warf sie am 5. November 1967 in São Paulo als erste Frau den Diskus über 60 m. Diesen Weltrekord verbesserte sie 1968 und 1969 noch dreimal bis auf 63,96 m. Anfang der 1990er Jahre zog die Sportlehrerin nach Solingen, den Geburtsort ihres Mannes. Sie unterrichtete von 1995 bis 2004 am Gymnasium Vogelsang und war von 1999 bis 2005 Vereinsvorsitzende der TSG Solingen. Im Oktober 2003 übernahm die Oberstudienrätin das Referat für Schulsport und Gesundheitserziehung beim niedersächsischen Kultusministerium in Hannover.

Liesel Westermann und Ina Wester, 1971 *Ina Wester*

ELLY HERMES (1904–2000)
geborene Spindler

Aus dem Solinger Sport nicht mehr wegzudenken war viele Jahrzehnte eine kleine, quirlige Frau. Elly Hermes beging 1990 ihr 70j-ähriges Turnerjubiläum und schaute auf vier Jahrzehnte erfolgreiches Wirken in der TSG Solingen zurück.

Geboren am 18. Februar 1904 in Berlin als Tochter der Eheleute Hans und Marie Spindler, geborene Winter, kam Elly Margaretha Martha Spindler im Alter von 16 Jahren zum Turnen. Sie wurde Mitglied im Ortsverein der Deutschen Turnerschaft Berlin-Blankenburg und wechselte vier Jahre später zum Berliner Sport- und Turnverein Friesen. Bereits 1921 war sie Mädchenvorturnerin und dann von 1923 bis 1945 Mädchenturnwartin im Gau II des Turnrates von Groß-Berlin. Ihr Können und Wissen gab Elly Spindler über viele Jahre als Turn-Übungsleiterin an Jüngere weiter.

In der deutschen Turnbewegung aktiv, gewann sie bald erste Titel im Geländelauf und Geräteturnen. In ihrer aktiven Zeit war sie mehrere Male Vereins-, Bezirks- und brandenburgische Gaumeisterin im Waldlauf, im Jahn-Neunkampf und als Kunstturnerin im Geräte-Vierkampf. Dazu kamen beachtliche Platzierungen in verschiedenen Mehrkämpfen bei Landes- und deutschen Turnfesten. „Zur persönlichen körperlichen Betätigung neben Turnen und Gymnastik“, wie sie selbst später sagte, unterstrich Elly Spindler ihre Vielseitigkeit in so verschiedenen Sparten wie Schwimmen, Skilaufen, Tennis, Volkstanz, Singen, Wandern und Bergsteigen.

Durch ihre Urlaubsreisen kannte Elly alle Teile Deutschlands, von den Küsten bis zu den Bergen. Auf einer Zugreise lernte Elly Spindler ihren zukünftigen Mann, Johann Michael Hermes, kennen. Er war Schleifer von Beruf und gebürtig aus Solingen. Die beiden heirateten am 10. Juni 1943 in Berlin-Pankow. Es dauerte noch einige Zeit, bis das junge Ehepaar zusammenzog; Elly Hermes kam erst am 24. Februar 1947 von Berlin nach Solingen. Im Mai 1948 zog auch ihre verwitwete Mutter von Berlin-Blankenburg nach Solingen. Seit dem Frühjahr 1951 wohnten alle drei im Haus Guntherstraße 40. Marie Spindler starb im April 1957 und Johann Hermes im Alter von nur 66 Jahren im Januar 1968 in der ehelichen Wohnung.

In ihrer neuen Heimatstadt schloss sich Elly Hermes 1947 dem Solinger Turnverein 1863 an, einem Vorläufer der Turn- und Sportgemeinschaft Solingen (TSG), die 1973 aus drei Turnvereinen entstand. Seitdem erwarb sie sich große Verdienste um die Förderung des Kinderturnens im Solinger Raum. Darüber hinaus war sie im Turngau Niederberg viele Jahre als Kampfrichterin im Frauenturnen tätig. In dieser Eigenschaft wurde sie bei zahlreichen Wettkämpfen auf Landesebene eingesetzt.

Elly Spindler als Siegerin beim Kreisherbstwaldlauf, 1926 Christa Zudeick

Elly Spindler (r.) beim Kreisherbstwaldlauf, 1926 Christa Zudeick

Elly Spindler als Siegerin beim Waldlauf, 1930/31 Christa Zudeick

Während ihrer über 50-jährigen Mitgliedschaft in der TSG hat Elly Hermes bis ins hohe Alter zahlreiche Ämter bekleidet. Sie war Kinderturnwartin, lizensierte Übungsleiterin für Kinder-, Nachwuchs- und Leistungsturnen, Kampfrichterin und Leiterin für die Kampfrichterausbildung für Geräte- und Kunstturnen auf Vereins-, Gau- und Landesebene. Ferner war sie langjähriges Mitglied im Vereinsvorstand und im Turnrat des Gau Niederberg.

Ihr Einsatz rund um die Uhr galt den Kindern und Jugendlichen. Sie waren ihr Ein und Alles, für sie setzte sie sich ein, wo es erforderlich war und sie helfen konnte. Sehr oft fuhr sie mit ihnen auf Ferienfreizeiten, z. B. in die Schweiz. Sie nahm an allen Turnfesten außerhalb teil und schlief wie die teilnehmenden Jugendlichen auf einer Luftmatratze in einer Turnhalle. Als sie schon älter war und die anderen Leiter ihr ein Hotelzimmer buchten, nahm sie dies „zähneknirschend" an.

Elly Hermes, 1980

Elly Hermes, 1981

Elly Hermes, 1990

3 x Christa Zudeick

In ihre Solinger Zeit fallen ihre alpinen Höchstleistungen. Sie überquerte Gletscher, um Gipfel zu erreichen wie das Mutthorn, und überschritt die 4.000-Meter-Grenzen des Monte Rosa und des Jungfernjochs. Schon im vorgerückten Alter gelang ihr der Aufstieg bis zur 3.260 Meter hoch gelegenen Hörnlihütte am Matterhorn und die Wanderung durch die Partnachklamm auf die Zugspitze.

„148 Zentimeter kurz, 40 Kilogramm leicht, 85 Jahre jung – unverändert voll belastbar", so der Titel zu einem Beitrag in der TSG-Zeitung anlässlich ihrer Geburtstages 1989. Und weiter: „Obwohl weiblichen Geschlechts, von

Statur, Ausstrahlung und Autorität her ein Napoleon Bonaparte, der nie Länge mit Größe verwechselte." Bis 1991 stand Elly Hermes Woche für Woche in der Turnhalle, um „ihren" Kindern und Jugendlichen mit Rat und Tat zur Seite zu stehen. Als strenge Vermittlerin der Turnkunst sah sie nicht nur die korrekte Ausführung der einzelnen Übungsteile, sondern immer den ganzen Menschen. Natürlich konnte sie nicht alles alleine machen, wenn sie dies oft auch gerne gemacht hätte. Viele Helfer waren ihr stets zur Seite, doch sie war diejenige, die den Weg bestimmte. Ihr Bestreben, für qualifizierten Nachwuchs zu sorgen, ist ihr stets gelungen. Der Lohn für ihre Arbeit waren die erfolgreichen Leistungen „ihrer" Turnerinnen.

Für ihre großen Verdienste in der Vereins- und Gauarbeit wurde Elly Hermes vielfach ausgezeichnet: mit dem Ehrenbrief der Deutschen Turnerschaft Berlin, dem Ehrenbrief des Turngaus Niederberg und der Ehrennadel des Rheinischen Turnerbundes. 1977 erhielt sie den Sport-Ehrenteller der Stadt Solingen und am 15. August 1990 den Verdienstorden der Bundesrepublik Deutschland.

Elly Hermes, 1992

3 x Christa Zudeick

Nach einem schweren Verkehrsunfall im Dezember 1992, bei dem sie sich mehrere Brüche zuzog, war sie, die gesund und jung geblieben war, plötzlich monatelang ans Bett und an den Rollstuhl gefesselt. Aber mit Energie und Optimismus meisterte sie ihr Schicksal und rappelte sich wieder hoch. Bei zügig voranschreitender Genesung feierte sie im Rahmen eines Empfangs der TSG Solingen mit zahlreichen Gästen ihren 90. Geburtstag. Elly Hermes verstarb am 19. Oktober 2000 in Solingen.

CHRISTEL SCHAUFUSS (1919–1998)
geborene Rupke

Durch Zufall entdeckt, startete eine Solingerin in den 1930er Jahren eine Schwimmkarriere, die ihren Höhepunkt mit der Teilnahme an den Olympischen Spielen 1936 in Berlin fand. Ihre Erfolge erregten im deutschen Sport großes Aufsehen.

Am 7. März 1919 wurde Christel Rupke als Tochter des Fabrikanten Max Rupke und seiner Ehefrau Elise, geborene Melchior, in Ohligs geboren. Nach vierjährigem Volksschulbesuch absolvierte sie bis zur Obersekundarreife das Lyzeum in Hilden.

Oft ging sie mit ihren älteren Brüdern ins Freibad Tränke, wo der Trainer des Ohligser Schwimmvereins Ewald Licht 1931 ihr Naturtalent entdeckte. Sie schwamm einen einwandfreien, eleganten Stil, obwohl sie erst am 14. Juli 1930 die Freischwimmerprüfung abgelegt hatte. Nachdem er den Vater überredet hatte, das Talent der Tochter fördern zu dürfen, hat Licht zwei Jahre mit ihr gearbeitet – vor der Öffentlichkeit versteckt. Dann der erste Wettkampf, der Internationale Schwimmwettkampf 1933 in Düsseldorf. Ernsthafteste Gegnerin war die amtierende Deutsche Meisterin Anni Stolte. Christel Rupke siegte – der Anfang einer großen Schwimmkarriere.

1934 wurde das gerade fünfzehnjährige Mädchen Dritte der Deutschen Meisterschaften über 100 m Rücken. 1935 in Plauen und 1936 in Halberstadt, schon im Rahmen der Olympiavorbereitung, stand sie in dieser Disziplin beide Male ganz oben auf dem Treppchen. Insgesamt verbesserte sie viermal den Deutschen Rekord und qualifizierte sich als beste deutsche Rückenschwimmerin für die olympischen Wettkämpfe. „Sie holte ihre Meis-

Christel Rupke, Schwimmbad Ohligs, Sauerbreystraße, um 1937

Stadtarchiv Solingen

Christel Rupke, um 1937 *Stadtarchiv Solingen*

terschaften und Rekorde mit rationellem Armzug, ungewöhnlich schnellem Beinschlag und besonnener Einteilung der Kräfte und blieb hierdurch auf die Dauer auch den damals stärksten Mitbewerberinnen überlegen," war in der Presse 1953 zu lesen.

Am 1. April 1936 begann Christel Rupke eine kaufmännische Lehre bei der Firma Bremshey. Dennoch nahm sie ihr Training sehr ernst. Zunächst vor dem Schulbeginn, dann vor dem Arbeitsantritt und nach Feierabend wurde trainiert. Immer zwischen 1.000 und 1.500 Metern, drei-, viermal pro Woche, manchmal auch jeden Tag.

Als erste Solingerin nahm die Rekordschwimmerin des Ohligser SV 04 an Olympischen Spielen teil. Nachdem sie die Vorläufe überstanden hatte, fiel die Entscheidung am 11. August 1936. Das Los bestimmte die Solingerin für den schwersten Zwischenlauf des Rennens. Sie schwamm die sechstbeste Zeit der Rekord-Olympiade, was zum fünften Platz, aber nicht zum Endlauf reichte. Und das mit einer Zeit, die erheblich besser war als die vorheriger Goldmedaillengewinnerinnen und -gewinner. In ihrer Heimatstadt wurde der ersten aus Solingen gebürtigen Olympiateilnehmerin trotz vorzeitigem Ausstieg ein begeisterter Empfang bereitet.

1937 schwamm sie noch zwei ihrer insgesamt vier Deutschen Rekorde über 200 m (2:56,3 Min.) und 400 m (6:17,3 Min.) Rücken und wurde zum dritten Mal Deutsche Meisterin. Zudem war sie Deutsche Kampfspielmeisterin und schwamm als erste Deutsche die 200 Meter Rücken unter der begehrten 3-Minuten-Grenze. Ihr Rekord lag nur knapp über dem damaligen Weltrekord und blieb eine Reihe von Jahren unerreicht.

Der deutsche Sport und auch ihre Heimatstadt wussten die sportlichen Leistungen der erfolgreichen Schwimmerin zu würdigen. Am 13. August 1935 ehrte die Stadt Solingen die Deutsche Meisterin im Schwimmen mit dem Ehrenpreis. Als Erste durfte sie sich in das Goldene Buch der Stadt eintragen. Der Westdeutsche Schwimmverband zeichnete sie als erste Schwimmerin mit der selten verliehenen silbernen Ehrennadel aus.

Christel Schaufuß
Stadtarchiv Solingen

Ende Juli 1938 brach sie ihre kaufmännische Lehre nach zweieinhalb Jahren ab und beendete ihre aktive Laufbahn als Schwimmerin. Sie heiratete am 30. Juni 1938 Albert Hüsecken, der jedoch schon 1939 verstarb. Aus dieser Ehe gingen 1938 Tochter Ursel und und 1940 Sohn Herbert hervor. In zweiter Ehe heiratete sie 1943 Werner Schaufuß, der 1946 in Rußland fiel. Aus dieser Ehe stammt ihr Sohn Hans-Peter, geboren 1944. Im Alter von 27 Jahren war Christel Schaufuß zweimal verwitwet und musste für sich und die Kinder sorgen.

Für ihre sportlichen Erfolge, dreimalige Deutsche Meisterin und viermal Deutscher Rekord, erhielt Christel Schaufuß im Jahr 1954 die Ehrennadel des Westdeutschen Schwimmverbandes. Damit war sie die erste Frau überhaupt, die diese Ehrung bekam.

Christel Schaufuß, 1984 *ST, Archiv*

Dem Schwimmen blieb sie weiterhin treu. Sie gab 18 Jahre lang Schwimmunterricht für Solinger Schulen. Von 1953 bis 1962 war sie als Aushilfe für die Volksschulen im Bad an der Sauerbreystraße beschäftigt. Ab 1963 hatte sie einen Vertrag als Schwimmlehrerin mit zuletzt 21 Wochenstunden. Ende März 1979 ging Christel Schaufuß, die an der Siemensstraße in Ohligs wohnte, in den vorgezogenen Ruhestand.

1960 wurde sie in den Lehrstab des Westdeutschen Schwimmverbandes berufen und dort in der theoretischen und praktischen Arbeit eingesetzt, insbesondere mit Kindern und Jugendlichen. Ihre Tätigkeit wurde so gut beurteilt, dass Christel Schaufuß seit Ostern 1962 auch in Lehrgängen des Deutschen Schwimmverbandes in die Vorbereitung der Deutschen Ländermannschaft im Schwimmen eingeschaltet war. Die Verantwortlichen schätzten an ihr Sachkenntnis, Können und ihre pädagogischen Fähigkeiten. Außerdem war sie als Mitglied des Jugendausschusses im Bezirk Düsseldorf tätig. Christel Schaufuß, die zuletzt an der Uferstraße in Ohligs wohnte, verstarb am 16. November 1998.

HANNELORE WOLFERTZ (geb. 1927)
geborene Schmidt

Zu den Pionieren des Badmintonsports in der Bundesrepublik Deutschland gehört eine Solingerin, die in den 1950er Jahren eine der erfolgreichsten Spielerinnen im Nationalteam des Deutschen Badmintonverbandes war.

Am 9. Juli 1927 wurde Hannelore Schmidt als einzige Tochter des bei der Gesenkschmiede Küpper tätigen kaufmännischen Prokuristen Fritz Schmidt und seiner Frau Helene, geborene Limberg, an der Brühler Straße in Solingen geboren.

Im Gegensatz zu den absolut unsportlichen Eltern war die Tochter schon in der Volksschule eine gute Sportlerin. Im Alter von zwölf Jahren begann sie mit dem Tennisspielen, dem sie lange treu blieb.

Nach dem Besuch der Volksschule an der Zweigstraße machte sie eine kaufmännische Lehre bei der Firma Heyderhoff an der Kölner Straße und blieb anschließend als Buchhalterin dort bis 1963 tätig.

In Solingen erfolgte im Jahr 1951 die Gründung des STC „Blau-Weiß" e. V. Solingen, in dem neben Tischtennis auch Federball und Tennis betrieben werden sollte. 27 Mitglieder der Tischtennis-Abteilung des BSV Solingen 98 unter Führung von Karl-Heinz Kaiser hatten sich der neuen Sportart „Federball-Tennis" zugewandt. Hannelore Schmidt, ebenfalls Mitglied der Tischtennis-Abteilung, wollte zunächst nicht so recht mitmachen. Erst im Frühjahr 1952 trat sie dem STC Blau-Weiß bei und war dann ab 1952 zehn Jahre im Vorstand tätig, zunächst als Frauenwartin und später drei Jahre als stellvertretende Vorsitzende bis 1961.

Hannelore Schmidt lernte mit der ihr eigenen Gründlichkeit und Zähigkeit so schnell mit dem Badmintonschläger und dem Federball umzugehen, dass sie bald zu den Besten gehörte. Die Vereinsmitglieder spielten in den ersten Jahren in der Bienenhalle an der Burger Landstraße, obwohl dort keine idealen Verhältnisse vorherrschten, um Sport zu treiben. Es gab weder eine Heizung noch Umkleidekabinen und Duschen. Doch die Spieler waren froh, überhaupt eine Möglichkeit für ihre Trainingsstunden zu haben. Positiv in Erinnerung ist Hannelore Wolfertz der gut mitschwingende Holzboden in der Halle.

Der Kontakt zum 1. BC Bonn um Dr. Hans Riegel führte zur ersten Freundschaftsbegegnung mit einem anderen Club. Diese endete mit einer heftigen Niederlage und der Erkenntnis, dass die Solinger die Spielregeln nicht beherrschten. Was folgte, war eine Kehrtwende für den Club. Mit dem Wissen um die rechten Regeln wuchsen auch das Spielverständnis und die Spielstärke. Ostern 1953, als die 1. Deutschen Badmintonmeisterschaften in Wiesbaden stattfanden, kamen Solinger Teilnehmer gleich zu Meisterehren. Das Mixed Heinz Koch/Hannelore Schmidt holte den ersten deutschen Badmintontitel in die Klingenstadt.

Mit dem Jahr 1953 begannen die fröhlichen Osterfahrten für Solingens Badminton-Asse, denn an diesen Feiertagen pflegte der Deutsche Badminton-Verband seine Meisterschaften auszutragen. Hannelore Schmidt, die nur 1,60 m große Schwarzhaarige spielte zehn Jahre lang eine beherrschende Rolle im deutschen Badmintonsport. Von 1953 bis 1962 errang sie insgesamt

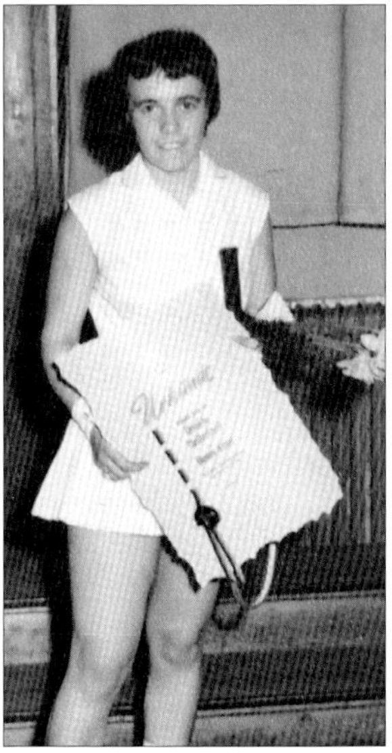

Hannelore Schmidt in den 1950er Jahren auf dem Weg zu großen Badminton-Erfolgen

3 x Hannelore Wolfertz

15 deutsche Meistertitel, dabei von 1954 bis 1960 siebenmal in Folge das Dameneinzel. Weiter stehen in ihrem Rekordbuch vier internationale Meisterschaften, dabei 1958 der Sieg im Doppel bei den German Open sowie 17 westdeutsche Meisterschaften von 1954 bis 1965.

Der Deutsche Badminton-Verband setzte Hannelore Schmidt in acht Länderspielen ein. So stand sie auch 1962 im Nationalteam, welches den ersten Sieg im Helvetia Cup (B-Europameisterschaft) verbuchen konnte. Bei der Firma Heyderhoff nahm sie Urlaub, wenn sie Meisterschaften an Wochentagen bestritt und kreuz und quer durch die Bundesrepublik und die Nachbarländer Dänemark, Niederlande, Belgien und die Schweiz reiste.

Hannelore Schmidt und Heinz Koch, 1956

Solingen Tageblatt, Archiv

Am 1. Februar 1962 heiratete Hannelore Schmidt den Solinger Hans-Werner Wolfertz, den sie bei einer Karnevalsfeier bei Eickhorn in Widdert kennengelernt hatte. Tochter Kirsten und Sohn Torsten sind aus dieser Ehe hervorgegangen. Nach 1962 spielte sie noch eine Zeit lang in der Mannschaft mit, doch an Turnieren nahm sie nicht mehr teil. Ihren letzten Titel, den 16. deutschen Meistertitel, holte sie 1962 im Damendoppel. Es fiel ihr zwar sehr schwer, mit dem Badmintonspielen ganz aufzuhören, aber mit einem kleinen Kind, das immer mit dabei war, ließ sich dieser Sport auf Dauer nicht gut vereinbaren.

Dem Badminton blieb sie nach Beendigung ihrer einmaligen sportlichen Laufbahn noch einige Zeit treu: Von 1962 bis 1964 war sie ehrenamtliche Spielausschussbeisitzerin beim Deutschen Badminton-Verband.

Für ihre langjährigen Erfolge wurden Hannelore Wolfertz zahlreiche Ehrungen zuteil. Der Deutsche Badminton-Verband zeichnete sie 1953 mit der Leistungsnadel „Gold" aus und 1968 mit der Leistungsnadel „15 Deutsche Meisterschaften". Der Badminton-Landesverband verlieh ihr 1965 eine Leistungsnadel. Die Stadt Solingen ehrte die erfolgreiche Sportlerin am 14. Dezember 1955 mit dem Sport-Ehrenring. Am 30. September 1961 erhielt sie die Goldene Ehrennadel des STC „Blau-Weiß" e. V. Solingen, und wurde am 4. September 1976 zum Ehrenmitglied des Vereins ernannt. Eine weitere Ehrung bekam sie während der German Open in Düsseldorf 1989.

Hannelore Wolfertz, 2008

Hannelore Wolfertz

Noch heute nimmt Hannelore Wolfertz gemeinsam mit ihrem Mann gerne an Veranstaltungen „ihres" Vereins teil. Sportlich hält sie sich seit vielen Jahren mit Yoga fit. Sie ist eine der erfolgreichsten Solinger Sportlerinnen, die aus ihrer Badminton-Zeit schöne Erinnerungen, Fotos und Pokale hat.

URSULA BREITHAUPT (geb. 1934)
geborene Präger

„Die Breuers“ aus Solingen – das erfolgreichste deutsche Tanzpaar der Nachkriegszeit. Und das, obwohl Ursula Breuer keinen Tanzkurs besucht hatte und eher zufällig bei der Tanzschule Waluga zum Tanzen kam.

Ursula Präger, geboren am 24. Juni 1934 in Solingen, war als Jugendliche ganz wild darauf, Tanzen zu lernen. Doch aus finanziellen Gründen konnte ihre Mutter Margareta Präger, geborene Dünnwald, weil alleinerziehend, ihr den Wunsch nach einem Tanzkurs nicht erfüllen. Der Vater Herbert Heinz Präger ist seit 1944 vermisst.

Nach dem Besuch der Volksschule in Stöcken absolvierte Ursula vom 1. April 1948 bis zum 31. März 1951 eine Lehre als Schneiderin bei Frau Ilse Limbach am Mangenberg. Im zweiten Lehrjahr holte sie stets ihre Freundinnen nach deren Tanzstunde bei der Tanzschule Waluga ab. Max Waluga bot ihr eines Tages an, doch drinnen zu warten statt im Vorraum. So saß Ursula Präger einige Male im Übungsraum und schaute beim Tanzen zu. Als der bekannte Tanzlehrer dann für seinen Lieblingsschüler eine Partnerin suchte, fragte er Ursula, ob sie Lust habe mitzutanzen – ohne zu fragen, ob sie tanzen könne.

Die Geschichte nahm ihren Lauf. Ohne den Tanzkurs belegt zu haben, hatte Ursula Präger plötzlich Mittelball und konnte in ihrem selbst genähten Kleid mit Rolf Schaberg diesen Abend erfolgreich beenden. Hier lernte sie den gebürtigen Düsseldorfer Karl Breuer kennen, der mit seinen Eltern an der Neustraße wohnte. Er tanzte zu dieser Zeit mit Hannelore Scheidt. Danach war Ursula Präger seine Partnerin beim Tanz und im Leben. Gemeinsam erlangten sie bei der A-Klassen-„Deutschen Meisterschaft“ in Kassel am 27. November 1953 den sechsten Platz.

Nachdem Karl Breuer sein Abitur am Gymnasium Schwertstraße absolviert hatte, zog er 1953 zum Jurastudium nach Köln. Ursula Präger hatte 1951 ihre Gesellenprüfung abgelegt und eine Stelle bei der Schneiderei Blum angenommen. Bis zu ihrem 21. Geburtstag wohnte sie zusammen mit ihrer Mutter an der Cronenberger Straße. Von dort zog sie dann zu Karl Breuer nach Köln als Untermieterin in eine Wohnung. Von dieser Zeit an haben Ursula Präger und Karl Breuer „nur“ noch getanzt. Ursula nahm keine Arbeitsstelle an, denn Unterstützung erfuhren sie durch die Eltern von Karl Breuer.

Wenn man sportlich tanzen wollte, musste man Mitglied in einem Tanzclub sein. Karl Breuer engagierte sich seit 1952 für den Blau-Gold-Club in Solingen – und hier begann der fulminante Aufstieg des Tanzpaares Breuer-Präger. Tanzsportlich kamen sie am 13. März 1954 in die Sonderklasse im

„Deutschen Verband zur Pflege des Gesellschaftstanzes" (DPG), dem Vorläufer des heutigen DTV. Bereits 1954, im Alter von 22 und 20 Jahren, wurde das Solinger Paar Vizemeister. Auf gute Platzierungen bei Europameisterschaften folgte im Jahr 1958 der Titel als Europameister in den vier lateinamerikanischen Tänzen und der Gewinn der ersten „Deutschen Meisterschaft" in den Standardtänzen.

Als sich der DPG in Nord und Süd trennte, wechselten Karl Breuer und Ursula Präger den Tanzclub, da sie im Gegensatz zum Tanzclub „Blau-Gold" im alten System bleiben wollten. Sie ließen sich bei dem jungen Sportverein Tanzclub Wetzlar eintragen, für den sie in den Jahren 1958, 1959, 1960 und 1961 bei den deutschen Meisterschaften sowie den Europa- und Weltmeisterschaften an den Start gingen. Seit April 1962 tanzten sie dann für den „Amateur-Tanzclub Grün-Weiß Köln".

Ursula Präger und Karl Breuer auf dem Weg zum Erfolg. *2 x Ursula Breithaupt*

Das Jahr 1958 brachte auch privat eine Veränderung: Ursula Präger und Karl Breuer heirateten am 23. Juli in Köln. Von da an wurden sie häufig einfach „die Breuer's" genannt. Immer wenn das Fernsehen große Tanzturniere übertrug, bewunderten viele Menschen das Traumpaar der Nation. Dieses Duo hatte den Tanzsport weltweit revolutioniert. Das Publikum war begeistert, hin- und hergerissen von den tänzerischen Spitzenleistungen dieses Paares aus dem eigenen Land. „Die Breuer's" waren ein Vorbild in gesellschaftlicher und sportlicher Hinsicht, ein Ansporn, die Tanzschule aufzusuchen, um auf dem Parkett gesellschaftlich dabei sein zu können.

Die Zuschauer sahen in traumhafte Kleider und Fracks gekleidete Paare, stets mit unverzagtem Lächeln und einer vorbildlichen Haltung über das Parkett schwebend. Zur Vorbereitung auf Turniere gehörte jedoch eiserne Disziplin, Konzentration und Ausdauer für ein tägliches Training von vier bis fünf Stunden.

Im Jahr 1959 wurde Ursula Breuer an der Sporthochschule Köln vermessen, um nachzuweisen, dass Tanzen Sport ist. Das Ergebnis: Ihre Kondition entsprach der einer Ruderin oder einer 800-m-Läuferin.

Insgesamt wurde das Ehepaar Breuer zwölfmal Deutscher Meister in den verschiedenen Sektionen: Standard, Latein und über zehn Tänze. Dazu kamen sechs Europameister- und zwei Weltmeistertitel, und zwar 1960 in München über zehn Tänze und 1961 in London in den lateinamerikanischen Tänzen. Letzteres war damals besonders hoch anzurechnen – galt England zu dieser Zeit doch als das Mekka des Tanzsports.

Ursula Breuer nähte ihre traumhaften Kleider stets selbst. *3 x Ursula Breithaupt*

Nach dem zweiten Weltmeistertitel erhielt das Tanzpaar 1961 als erste Tanzsportler der Bundesrepublik Deutschland das „Silberne Lorbeerblatt" des Bundespräsidenten für hervorragende Erfolge im Sport. Durch diese Verleihung wurden die erfolgreichsten Amateurtanzsportler zugleich zum Symbol der höchsten Anerkennung, die der Tanzsport in Deutschland bis dahin erfahren hatte. Ihren Siegen und ihrer sportlich-fairen Einstellung war es zuverdanken, dass die Hohe Schule des Gesellschaftstanzes auch an höchster Stelle als Sport gilt.

Etwas, das beim Gesellschaftstanz von nicht zu unterschätzender Bedeutung ist, ist das Kleid. Hier befand sich das Solinger Paar in einer besonders glücklichen Situation: Als gelernte Schneiderin entwarf und schneiderte Ursula Breuer ihre Kleider selbst. Dennoch war dies für sie als Amateurin eine kostspielige Angelegenheit. Ein Abendkleid aus Seide, Chiffon und Tüll kostete sie 400 bis 500 DM. Zu einem großen Turnier wurden meist zwei Kleider eingepackt, ein großes für die Standardtänze und ein etwas kürzeres Kleid für die lateinamerikanische Disziplin. Als Lohn für ihre Mühe gewann sie dort jeden Kleiderwettbewerb.

Anders als die meisten Leistungssportler arbeiten Tänzer mit ihrem Partner – oft identisch mit dem Lebenspartner – ständig zusammen. Beide benötigen zeitgleich ihre Höchstform und stehen unter konfliktschürendem Stress. In sechs hektischen Jahren hatten die Eheleute Breuer die halbe Welt gesehen und auf ungefähr 500 Turnieren eine ansehnliche Sammlung von Titeln ertanzt. Sie waren sehr gut aufeinander eingespielt. Dann mussten sie sieben Monate pausieren – bis zur Geburt von Tochter Carolin am 30. September 1962. Bereits acht Wochen nach der Geburt haben die Breuer's wieder getanzt, während die mitgereiste Mutter Margareta Präger sich um Carolin kümmerte. Später kam sie immer mit ihrem Lebensgefährten von Solingen nach Köln, um die Enkelin zu versorgen, wenn deren Eltern zu Turnieren fuhren.

1963 wollten es Ursula und Karl Breuer noch einmal wissen. Sie ertanzten sie sich in den lateinamerikanischen Tänzen die Titel Europameister und Deutscher Meister. In vielen Fachzeitschriften und Illustrierten gab es nun vermehrt Berichte über die Breuer's und ihr Familienleben. In der „Funkuhr" wurde eine Benimm-Kurs-Serie abgedruckt – mit Ursula und Karl Breuer als Vorzeige-Ehepaar – bei der Begrüßung, zu Tisch usw.

Auch 1964 errangen die Eheleute Breuer beim Turnier um die Deutsche Meisterschaft den Sieg in der Kombination aller neun international anerkannten Turniertänze und die Goldmedaille des Deutschen Tanzsportverbandes. Doch so gern sie auch tanzte, nach den Weltmeisterschaften in Australien am 10. Oktober 1964, die mit einer vierwöchigen Weltreise und 21 Starts und Landungen verbunden war, wollte Ursula Breuer für die Zukunft

Erste Tanzschritte mit Tochter Carolin

Ursula Breithaupt

etwas kürzer treten. Ihrem Wunsch nach Privatleben neben dem Tanzsport, vor allem um für Tochter Carolin da zu sein, konnte Karl Breuer jedoch nicht entsprechen. So war es mit dem Tanzsport für Ursula Breuer endgültig vorbei, nachdem sie sich von ihrem Mann getrennt hatte.

„Die Breuer's lassen sich scheiden" – das waren die wuchtigen Schlagzeilen 1965 in den Medien. Wiederum fühlten und litten Millionen Fans mit den beiden. Das Jubelpaar des nationalen und internationalen Tanzsportes war nicht mehr vorhanden. Karl Breuer begann nach fast drei Jahren wieder mit dem Tanzen, ertanzte noch einige Medaillen, gründete in Köln eine Tanzschule, die er heute noch führt, und engagierte sich auf der Tanzlehrer-Verbandsebene.

Ursula Breuer widmete sich der Erziehung der gemeinsamen Tochter, heiratete 1968 in zweiter Ehe Albert Breithaupt und brachte 1969 ihren Sohn Götz zur Welt. Bis 1986 war sie oft in Solingen, um ihre Mutter und deren Lebensgefährten am Dohlenweg zu besuchen. Aufgrund der Erblindung ihrer Mutter und dem Tod von deren Lebensgefährten nahm die Tochter sie in ihrem Haus in Köln-Rodenkirchen auf. Nach deren Tod 2001 zog Ursula Breithaupt nach Köln-Junkersdorf, wo sie auch heute noch wohnt. Durch Tochter Carolin hielten Ursula Breithaupt und Karl Breuer stets Kontakt und pflegen ihn auch heute noch. Zur Familie der ehemaligen Tanzsportlerin gehört neben ihren beiden Kindern eine erwachsene Enkelin, Angelina, Tochter von Carolin.

Ursula Breithaupt mit ihrer Mutter

Ursula Breithaupt

MARLIES MAYER (geb. 1934)

Eine Solingerin schaffte es mit ihren Weltmeistertiteln nicht nur in die internationale Presse, sondern auch in die abendliche Sportsendung des ZDF-Moderators Alfons Spiegel.

Am 8. November 1934 kam Marlies Mayer als viertes Kind und erste Tochter des Maschinenschlossermeisters Karl Mayer und seiner Ehefrau Margarete, geborene Pott, an der Eintrachtstraße in Solingen zur Welt.

Im Alter von fast drei Jahren bekam sie plötzlich hohes Fieber und konnte nacheinander viele Bewegungen nicht mehr ausführen, doch der zunächst behandelnde Arzt konnte keine Erkrankung feststellen. Am 13. September 1937 kam Marlies durch den Kinderarzt Dr. Selters mit der Diagnose Kinderlähmung ins Krankenhaus. Eine schmerzhalfte Punktion brachte die böse Gewißheit. Ein Jahr verbrachte das kleine Mädchen in der Klinik. Dann wurde Marlies Mayer entlassen, weil man ihr nicht mehr helfen konnte.

Dies war für die Eltern eine harte Feststellung. Und dies zu einer Zeit, als behinderte Mitmenschen für die regierenden Machthaber minderwertig waren. Um ihre Tochter nicht zu verlieren, hielt die Familie sie viele Jahre vor der Öffentlichkeit versteckt. Auf Nachfragen teilte sie stets mit, sie sei bei Verwandten. Marlies besuchte keine Schule, sondern lernte durch das, was sie hörte und sah. Zudem kam die Lehrerin ihrer Mutter ins Haus, brachte Lehrstoff mit und gab ihr Unterrichtsstunden.

1945 kam Dr. Selters, fragte, wie es ihr ginge und prüfte ihr Wissen. Wenn sie sich auch nicht bewegen konnte, gelernt hatte sie sehr viel. Sie schien für das vierte Schuljahr geeignet und besuchte für kurze Zeit eine Volksschule. Zu Beginn der 1950er Jahren kam Marlies Mayer schließlich in die Weserbergland-Klinik. Von dort aus ließ man sie in Paderborn prüfen. Ein Intelligenztest zeigte, dass die junge Frau hätte studieren können. Doch zunächst musste sie einen Schulabschluss erreichen, was für sie kein Problem war. Auf einer Schule für Behinderte in Hochheim bestand sie nicht nur die Volksschulprüfung, sondern auch die Handelsschule-Aufnahme-Prüfung. Sie blieb bis 1961, als ihr Vater starb, und sie nach Hause wollte, wenn auch ohne einen Schulabschluss.

Dann folgten 1967/68 Vorbereitungen auf die berufliche Eingliederung. Während einer bewilligten Trainingsbehandlung im Rehabilitationszentrum der Universität Köln 1967 wurden die Grundlagen für sportliche Erfolge von Marlies Mayer gelegt. Schon bald konnte sie zunächst ihren Oberkörper und die Arme besser bewegen. Mit Eifer, Fleiß und ungeheuerem Willen besiegte sie nicht nur ihr Schicksal, sondern erbrachte sportliche Höchstleistungen. Ihre berufliche Eingliederung gelang völlig. Im Januar 1968 erhielt sie eine

Beschäftigung in der Krankenkostenabteilung des Rehazentrums Köln. Von dort wechselte sie am 16. September 1968 als vollwertige kaufmännische Angestellte zur Firma Blasberg in Solingen-Merscheid. Dort blieb sie bis zum Konkurs des Unternehmens Anfang 1983.

Während ihrer Zeit in Köln absolvierte Marlies Mayer viele Trainingsstunden, um sich sportlich mit anderen zu messen. Beim V. Berufsgenossenschaftlichen Sportfest für Querschnittgelähmte in Tübingen holte sie im Juni 1970 eine Goldmedaille. Dieser Erfolg spornte sie an. „Ich betreibe so gut wie jeden Sport – außer Fußballspielen", sagte sie 1971 einem Reporter. Sie schwamm ausgiebig im Aufderhöher Freibad, spielte Tischtennis, übte Speerwerfen, Kugelstoßen und sogar das Fahren nur auf den Hinterrädern des Rollstuhls. Und das alles nach einem achtstündigen Arbeitstag, dem ein zweistündiges Morgenprogramm, beginnend um 5.15 Uhr vorausgegangen war. Die Armkraft war bei Marlies Mayer alles. Morgens drückte sie ausgiebig Liegestütze.

Jede Woche einmal steuerte Marlies Mayer ihren Wagen, der auf die individuellen Bedürfnisse der Besitzerin umgestaltet war, nach Köln in die Sporthochschule. Dort absolvierte sie gemeinsam mit anderen Querschnittgelähmten ein Konditionstraining, das speziell auf sie zugeschnitten war. Dann flog sie 1971 zu den vorolympischen Spielen für rollstuhlfahrende Sportler im Rehabilitationszentrum in Stoke-Mandeville/England. Von dort brachte sie zwei Gold- und eine Silbermedaille mit nach Hause. Die Solingerin hatte beim 60-Meter-Rollstuhlschnellfahren auf ansteigender Strecke und beim 25-Meter-Brustschwimmen gewonnen. Zweite war sie beim Rollstuhlslalomfahren.

1972 war die Solingerin der absolute Star bei den XX. Weltspielen der Gelähmten. Mit einem phantastischen Erfolg kehte sie aus Heidelberg zurück. Sie holte für Deutschland vier Gold- und eine Silbermedaille. Im Rollstuhl-Schnellfahren gewann Marlies Mayer mit neuer Weltrekordzeit, passierte im Slalomfahren als Erste das Ziel, warf den Diskus weiter als ihre Konkurrentinnen aus 21 Nationen und schlug im 100-m-Brustschwimmen zuerst an der Zielwand an. Damit gehörte sie zu den wenigen Siegern aus dem Land des Ausrichters.

Marlies Mayer war weit in Führung, 1972

Marlies Mayer

In der sonntäglichen Sportsendung des Zweiten Deutschen Fernsehens stellte Moderator Alfons Spiegel in einem

Marlies Mayer mit ihren Medaillen, 1972

3 x Marlies Mayer

Marlies Mayer zwischen den anderen deutschen Teilnehmern, 1972

Marlies Mayer, 2009

Interview Marlies Mayer als eines der Paradebeispiele dieser Wettkämpfe vor. Ihre Heimatstadt Solingen ehrte sie für ihre sportlichen Leistungen am 15. Dezember 1972: Die vierfache Weltmeisterin wurde als erste Versehrtensportlerin mit dem Ehrenring der Stadt Solingen ausgezeichnet.

Hochleistungssport betrieb Marlies Mayer nach ihren grandiosen Erfolgen nicht mehr. Ihr Ziel war es nach wie vor, querschnittsgelähmten Menschen Mut zu machen, sich durch sportliche Betätigung und den Kampf gegen sich selbst ein erfüllteres Leben zu machen. Sie hofft, dass ihr dies gelungen ist und andere Querschnittsgelähmte ebenso wie sie in einer eigenen Wohnung leben, ohne bei allen Handgriffen auf Hilfe angewiesen zu sein.

INA WESTER (geb. 1936)
geborene Köbeler

Eine Frau, die aus dem Solinger Laufsport nicht mehr wegzudenken ist, kam selbst eher zufällig dazu. Weit über Solingens Grenzen hinaus ist sie schon lange als „Pionierin" des Frauen-Langlaufs und der Lauftreffbewegung bekannt.

Ingrid Köbeler kam am 3. September 1936 in Solingen an der Emilienstraße als zweite Tochter von August und Gretchen Köbeler, geborene Clauberg, zur Welt. Als Kind hatte sie mit Sport nicht viel zu tun, obwohl ihr Vater ein guter Sportler war und hauptsächlich Handball spielte. Die Familie war jedoch sehr musikalisch, was die Tochter als Erbe mitbekam. Sie war im Singkreis der Kirchengemeinde und bekam Geigenunterricht.

Wie ihre Schwester kam Ingrid in die Volksschule Klauberg. Doch dann folgte die Evakuierung der Familie – Mutter und Töchter sowie die Großeltern mütterlicherseits – nach Martinroda bei Ilmenau in Thüringen. August Köbeler war zu dieser Zeit als Soldat in Russland. Zunächst wohnten sie in einem Forsthaus, dann auf einem Bauernhof. Dahinter befand sich ein Arbeitslager, weshalb oft Tieflieger über das Gelände kamen, was als furchtbare Erinnerung zurückblieb.

Drei Kilometer mussten die Kinder bis zur Dorfschule gehen. Im Alter von acht Jahren ließ die Mutter Ingrid in der Dorfkirche taufen. Ihre sechs Jahre ältere Schwester wurde Taufpatin. Als die Russen kamen und sie auswiesen, begann ein langer Weg nach Hause. Die Amerikaner erlaubten nicht den direkten Weg, sondern schickten sie mit der Bahn in Kohle-Waggons über das Lager Friedland.

Zurück in Solingen ging Ingrid Köbeler noch ein Jahr zur Volksschule, erst kurz an der Eintrachtstraße und dann an der Wupperstraße. Dann wechselte sie zum Gymnasium August-Dicke-Schule. Und dort bekam sie in der fünften Klasse einen „neuen" Namen: die Freundinnen eines „Kränzchens" gaben sich gegenundseitig Kosenamen. Aus Ingrid wurde Ina – und blieb es bis heute. Nach der 10. Klasse verließ Ina das Gymnasium und begann eine Lehre bei ihrem Schwager in der Drogerie Winterhagen, die sie als Drogistengehilfin beendete.

Am 2. März 1957 heiratete Ina Köbeler in Solingen den Fabrikanten Klaus Wester. Er war es, der auf Anraten seines Arztes mit dem Laufsport begann und Gefallen daran fand. Schon bald hatten die Westers damit ein neues gemeinsames Hobby gefunden.

Beim Solinger Volkslauf im Jahr 1969 liefen beide erstmals gemeinsam mit. Danach folgten Trainingsstunden in kleinen Gruppen auf dem damals 60 km langen Solinger Klingenpfad, um sich fit zu machen für Marathon- und

Ina Wester 1973 in Waldniel nach 21 km Ina Wester

100-km-Läufe. Bei dem legendären „Hunderter von Biel“ (100-km-Lauf) waren Ina und Klaus Wester schließlich im Juni 1971 dabei. Eine bessere Zeit lief Ina Wester bereits beim 100-km-Lauf von Unna im September 1971: Sie wurde erste in ihrer Altersklasse mit 11 Stunden 53 Minuten, der damals drittbesten Zeit auf 100 Kilometer in Europa. Am 10. Oktober 1971 liefen die Westers auch beim 4. Internationalen „Schwarzwald Marathon“ in Donaueschingen mit – eine Frauenwertung erfolgte innerhalb des Männermarathonlaufes.

Folgerichtig war Ina Wester auch beim ersten Frauen-Marathon 1973 in Waldniel dabei, den Dr. Ernst van Aaken außerhalb der Statuten des Deutschen Leichtathletik-Verbandes organisierte. Hier wurde sie mit 3 Stunden 45 Minuten Elfte. Für den Frauen-Langlauf bedeutete diese Veranstaltung einen Durchbruch und für Ina Wester eine enge Verbindung mit dem Pionier des Frauen-Langlaufs. Zudem erlangte sie Bekanntheit als erste Solingerin, die an einem Frauenmarathon teilnahm.

Und es trieb Ina Wester an, ihre positiven persönlichen Erfahrungen im Laufsport auch an andere Menschen weiterzugeben. Als der in Solingen geborene Geschäftsführer des Deutschen Sportbundes, Jürgen Palm, die von Enzio Busche und Dr. van Aaken zur Gesundheitsförderung entwickelte Lauf-Treff-Idee in einen organisatorischen Rahmen fasste, war Ina Wester als Frau der ersten Stunde dabei. Gemeinsam mit ihrem Mann gründete sie am 15. Mai 1974 den fünften Lauf-Treff im Westdeutschen Raum. Ein halbes Jahr später übernahm ihr Verein, der Solinger

Teilnehmer des ersten Lauftreffs in Solingen, 17.5.1974
Solinger Tageblatt, Archiv

Leichtathletik-Club, die Schirmherrschaft über diesen Lauftreff. Doch allein ihre Liebe zur Sache und das umtriebige Engagement Ina Westers machten den Lauf-Treff in der Ohligser Heide schnell zu einer bekannten Einrichtung in Solingen mit bis zu 300 Teilnehmern bereits nach fünf Jahren.

Von Anfang an knüpften die Eheleute Wester Kontakte, um den Lauftreff bekannter und größer zu machen. 1975 absolvierte Ina Wester ihre Übungsleiter-Prüfung mit der schriftlichen Abschlussarbeit „Der Solinger Lauftreff". Dadurch wurden viele Leute auf das Projekt aufmerksam. Profitieren konnte die Sportlerin damals in Fachkreisen auch von ihrem Bekanntheitsgrad als erste Solinger Marathonläuferin. Stets kamen auf ihre Einladung hin prominente Ehrengäste zum Lauftreff in die Ohligser Heide. Seit 1975 bis heute hat sie ihren Übungsleiterschein stets alle vier Jahre erneuert.

Ina Wester war jedoch nicht einseitig auf das Laufen fixiert. Ihrer Initiative ist es zu verdanken, dass im 1951 gegründeten Solinger LC Mitte der 1970er Jahre sowohl eine Mutter-und-Kind-Gruppe als auch, daraus hervorgehend, eine Frauengymnastikgruppe eingerichtet wurde. Ihre Aufgeschlossenheit für Neues führte dazu, dass sie bereits 1991 die aus Amerika herübergekommene Disziplin Walking aufgriff und in den Lauf-Treff integrierte. Auf ihre Anregung hin erfolgte schließlich zudem das Kursangebot Nordic Walking im Solinger LC.

Die Teilnahme an den Veranstaltungen des vom DSV mit „sehr gut" ausgezeichneten Lauftreffs war und ist umsonst, obwohl mittlerweile auch schon mal durch besondere Aktionen von den Läufern ein kleiner Obulus einge-

Lauftreff mit den Eheleuten Wester

2 x Ina Wester

sammelt wird, der dann der Kinderkrebshilfe gespendet wird. Neben diesen indirekten sozialen Aktivitäten leisten Ina und Klaus Wester viele weitere Hilfen, jedoch meist im Verborgenen.

Ina Wester mit ihrem Mann Klaus und den drei Töchtern beim Waldlauf *Ina Wester*

Seit 36 Jahren ist Ina Wester zu jeder Jahreszeit mit passenden Veranstaltungen zur Stelle, um den Laufsport attraktiv zu gestalten. Ob Brückenlauf, Nikolauslauf oder Lauftreff mit kaltem Buffet – die Ideen gingen Ina Wester nicht aus. Bereits im dritten Jahr des Lauf-Treffs gab es Anfang Dezember den Nikolaus-Lauf an der Sengbachtalsperre. Zu dieser Jahresabschlussveranstaltung sind stets auch gerne Gäste willkommen. Dort zeigt sich das soziale Engagement Ina Westers über den Sport hinaus: Der Erlös aus diesem Lauf kommt der Solinger Wohltätigkeitsorganisation „Kette der helfenden Hände" zugute. Der Läuferin ist es auch zu verdanken, dass im Jahr 1985 der Deutsche Leichtathletik-Verband seine bundesweite Eröffnungsveranstaltung „Trimm-Trab ins Grüne" in der Ohligser Heide in Solingen veranstaltete.

1991 fand ein Stafellauf der Interessengemeinschaft Langstreckenläufer (IGL) von der Ohligser Heide nach Wittenberg statt, dem Geburtsort von Artur Lambert. Dort wurde ein nach ihm benanntes Stadion eingeweiht. „Eine großartige Sache", so Ina Wester heute, „an jeder Station kamen weitere Leute dazu – die Verbindung zwischen West und Ost wurde läuferisch dargestellt." Viele ehrenamtliche Helfer standen Ina Wester bei allen Veranstaltungen stets zur Seite, ohne die der Lauftreff niemals 35 Jahre alt geworden wäre. Für die Organisatorin selbst war das Schönste, dass sie viele Leute zur Bewegung gebracht hatte und gleichzeitig neue Freunde fand.

Ina Wester ist es gelungen – nur durch den eigenen Urlaub unterbrochen – jede Woche im Lauf- und Walking-Treff viele Menschen zu bewegen und über die Jahre hinweg auch mehrere Dutzend Betreuerinnen und Betreuer für die Gruppenarbeit im Treff zu begeistern. Wie intensiv die Arbeit von Ina Wester gewirkt hat, zeigt die Tatsache, dass sie für ihr bürgerschaftliches Engagement im Sport viele Auszeichnungen erhielt. 1979 bekam sie den Ehrentaler der Barmer Ersatzkasse. Im Januar 1986 erhielt sie die Silberne Ehrennadel des Leichtathletik-Verbandes Nordrhein und im Oktober desselben Jahres das Bundesverdienstkreuz der Bundesrepublik Deutschland für ihre Tätigkeit im Breitensport. In Würdigung der besonderen Verdienste um die Belange der IGL wurde Ina Wester, seit 1971 Mitglied, von 1985 bis 1995 als stellvertretende Vorsitzende im IGL-Vorstand, 1997 zum Ehrenmitglied der IGL ernannt. Im März 2003 ehrte der Leichtathletik-Verband Nordrhein sie mit der Goldenen Ehrennadel und anlässlich der Sportgala der Stadt Solingen am 23. Februar 2008 wurde sie für ihre besonderen sportlichen Leistungen mit einer Urkunde geehrt.

Trotz aller sportlichen Aktivitäten ist das Familienleben bei Klaus und Ina Wester nicht zu kurz gekommen. Drei Töchter, von denen eine im Jahr 1997 an einer schweren Krankheit starb, haben sie groß gezogen und waren ihnen früh ein sportliches Vorbild. Beruflich übernahm Ina Wester nach dem Tod ihrer Schwägerin im Jahr 1984 die kaufmännische Leitung der Firma Wester, in der sie zuvor schon ausgeholfen hatte. Viele Jahre hatte sie sich als Hausfrau und Mutter um ihre Kinder gekümmert. Nun wurde sie bis 1996 nochmals voll berufstätig und blieb dennoch dem Lauftreff treu.

Ina Wester erhält das Bundesverdienstkreuz, 1986 — *Ina Wester*

Und nach wie vor leitet sie auch 2010 noch, agil und schlagfertig wie eh und je, Woche für Woche den Lauftreff, pflegt die noch bestehenden Kontakte zu den Frauen, die mit ihr in Waldniel so oft 100 km gelaufen sind und besucht ab und an ihre Töchter und Enkel in Marburg und München.

Klaus und Ina Wester — *Ina Wester*

FORSCHUNG UND LEHRE

Sei es als Krankenschwester, Ärztin oder Wissenschaftlerin im Bereich der medizinischen Forschung – auch hier haben viele Frauen gewirkt. Wenn es auch nicht so einfach war, zu einem Studium zugelassen zu werden, nicht nur wegen der Bestimmungen, sondern auch wegen der Eltern, haben sie Abitur gemacht und sich nach dem Studium über das Maß hinaus verdient gemacht. Andere wurden selbst Lehrende, sei es an Schulen oder Universitäten. Einige seien hier genannt.

An der 1838 entstandenen Töchterschule in Solingen, die bis 1863 bestand, unterrichtete auch Auguste Cremer, geborene Wolters. Am 15. Februar 1862 erhielt sie die Erlaubnis zur Errichtung einer eigenen Privattöchterschule, an der auch ihr Ehemann Wilhelm Cremer unterrichtete. Diese Schule setzte sich durch und wurde am 1. Oktober 1863 als einzige evangelische Töchterschule in Solingen eröffnet.

Die erste Rektorin, die in Solingen mit der Leitung einer Volksschule betraut wurde, war Käthe Köllner (1898–1979). Die in Merscheid als Tochter des Pfarrers Bernhard Köllner geborene Pädadogin begann ihre Lehrtätigkeit 1919 in Löhdorf. Nach einer zusätzlichen Sonderausbildung stellte sie ihre pädagogische Arbeit in den Dienst der Lernbehinderten, bis sie 1949 – damals Leiterin einer Hilfsschule – als Rektorin an die damalige evangelische Volksschule Erholungstraße in Merscheid berufen wurde. 1964 trat sie in den Ruhestand. Mit pädagogischem Sachverstand, aber auch mit Herzensgüte und großer Umsicht leitete sie die Geschicke der Volksschule in den schweren Jahren nach dem Krieg.

Oberstudienrätin Helga Beck kam Ostern 1952 nach Solingen-Ohligs und leitete seitdem 18 Jahre lang die Geschicke des Ohligser Mädchengymnasiums Geschwister-Scholl-Schule. Ihre Nachfolgerin Oberstudiendirektorin Dr. Rita Mehlis übernahm die Leitung mit dem Schuljahr 1970/71.

1969 gab es einen Wechsel an der Mädchen-Berufs- und Berufsfachschule Mittelgönrath. Oberstudiendirektorin Margot Wittram folgte auf Oberstudiendirektorin Willeke. Der Vorsitzende des städtischen Schulausschusses empfahl ihr, ihre Anliegen dem Schulausschuss mit der charmant-liebenswürdigen Hartnäckigkeit vorzutragen, wie es ihre Vorgängerin bereitss gemacht habe, dann würden ihre Wünsche auf fruchtbaren Boden fallen. Margot Wittram erwarb sich besondere Verdienste als Leiterin der Mildred-Scheel-Schule. Zudem arbeitete sie im Verband der Lehrer an berufsbildenden Schulen und Kollegschulen in Nordrhein-Westfalen e. V. mit. Als Mitglied der so genannten „Münch-Kommission" war sie maßgeblich an der Neuordnung des beruflichen Schulwesens in NRW beteiligt. Für ihre Verdienste erhielt sie 1987 das Verdienstkreuz des Landes Nordrhein-Westfalen verliehen.

Beginn eines neuen Schuljahres, August-Dicke-Schule, 1933 — *Stadtarchiv Solingen*

JENNY GUSYK (1897–1944)
verheiratete Stucke

Die erste Frau und zudem erste Ausländerin an der neuen Wirtschafts- und Sozialwissenschaftlichen Fakultät in Köln kam aus Solingen. Wilhelm Rosenbaum veröffentlichte 2003 die Biografie der ersten Studentin an der Universität zu Köln.

Jenny Gusyk wurde am 29. Mai 1897 im zaristisch besetzten Litauen geboren und verbrachte dort ihre ersten Lebensjahre. Zu Beginn des vorigen Jahrhunderts schloss sich die Familie der großen Wanderungsbewegung der Juden nach Westen an und kam so 1911 nach Gräfrath. Als russischer Fabrikant geriet der Vater ins Visier der Polizei, besann sich seiner türkischen Wurzeln und beantragte 1913 für sich und seine Familie türkische Pässe. Zuvor hatte er das Haus und die Firma eines Besteckfabrikanten erworben.

Jenny besuchte das Lyzeum an der Friedrichstraße bis zur Mittleren Reife 1914, machte dann ein Praktikum in der väterlichen Firma und anschließend bis zum Herbst 1916 eine Ausbildung im Barmer Bank-Verein in Solingen. Im Sommer 1917 zog Jenny Gusyk nach Köln und begann dort ihr erstes Studium an der „Handels-Hochschule Cöln". Nach erfolgreichem Abschluss trug sie sich am 11. April 1919 in das Matrikelbuch der Universität zu Köln ein. 1921 bestand sie „mit Auszeichnung" die kaufmännische Diplom-Prüfung als einzige Frau in diesem Semester. Sie wollte zum Doktor der Staatswissenschaften promovieren, doch die Arbeit wurde nicht angenommen.

Für Köln war die engagierte und mutige Studentin aus Solingen ein Glücksfall: Jenny Gusyk nahm in Hochschul-Gremien an hitzigen Diskussionen teil, verteidigte ihre Position als junge Frau gegen das Macho-Gehabe der Studenten, die die weibliche Konkurrenz – mit körperlicher Gewalt sogar – attackieren und am liebsten von allen Vorlesungen ausschließen wollten.

1926 zog Jenny nach Berlin und heiratete dort Karl Stucke, einen kommunistischen Redakteur der „Roten Fahne". Beruflich und privat erfolgreiche Jahre waren nach 1933 rasch zu Ende. Jennys weiterer Weg gleicht dem unzähliger jüdischer Menschen. Ihr Mann kam im KZ Sachsenhausen um, sie selbst wurde 1943 verhaftet und im Jahr 1944 in Auschwitz ermordet.

Ihr Sohn, der in den USA lebende Thomas Stucke, gab Ende 2009 gerne der Universität zu Köln die Zustimmung, einen neu geschaffenen Preis nach seiner Mutter zu benennen. Eine Belohnung für ihren Kampf, wenn man die Bezeichnung liest: „Gleichstellungspreis für Strukturverbesserungen zur Förderung der Geschlechtergerechtigkeit an den Fakultäten".

MALLY JANSEN (1905–1990)
geborene Schäfer

Ein Name steht in Solingen für die erfolgreichste Schreibmaschinen-Lehrerin. Mally Jansen ist noch heute bei tausenden Solingern ein Begriff. Bei ihr begannen alle mit der Fingerübung „asdfg". Und das Solingen in den 1950er Jahren als eine „Schreibmaschinenhochburg" galt, war ihr Verdienst.

Johanna Amalie Schäfer, geboren am 20. Juni 1905 in Mönchen-Gladbach-Odenkirchen, kam aus einer alten niederrheinischen Lehrerfamilie. Sie besuchte die evangelische Volksschule in Linnich und anschließend das Lyzeum und das Oberlyzeum in Jülich. Bereits mit 16 Jahren machte sie Abitur und ging nach Auslandsaufenthalten zur Höheren Handelsschule nach Rheydt.

Durch ihre Heirat mit dem Schriftleiter Oskar Jansen geboren 1891 in Solingen, kam Mally Schäfer 1930 nach Solingen. Berufliche Erfahrungen sammelte sie beim Krankenkassen-Verband zu Jülich, der AOK Solingen und Höhscheid, als Chefsekretärin beim Deutschen Werkmeisterverband Düsseldorf und als Bürovorsteherin bei dem Solinger Rechtsanwalt Dr. Lauterjung.

1936 begann Mally Jansen zu unterrichten. Sie erhielt eine Anstellung an der Arbeitsschule im Berufserziehungswerk der Deutschen Arbeitsfront an der Tivolistraße. In den folgenden Jahren machte sie sich als vielfache Schreibmaschinenmeisterin einen Namen: 1937, 1938 und 1939 wurde sie bei Wettschreiben auf der Schreibmaschine dreimal Deutsche Meisterschreiberin. 1938 nahm sie erfolgreich am Internationalen Wettstreit in Den Haag teil.

Mally Jansen, um 1940 *Stadtarchiv Solingen*

Zum 1. April 1942 erhielt sie eine Anstellung als nebenamtliche Lehrkraft an der Handels- und Berufsschule Solingen an der Friedrichstraße zur Erteilung von Unterricht in Stenographie und Maschinenschreiben. Laut einem Schreiben der Stadt Solingen vom 20. April 1943 an den Regierungspräsidenten hatte Mally Jansen „am 15./16. November 1940 vor dem staatl. Prüfungsausschuss in Bayreuth die Lehrerprüfung als Lehrer des Maschinenschreibens mit der Note 'hervorragend'" bestanden. Zum 1. Mai 1943 erhielt sie in Ermangelung von Fachlehrern eine Anstellung als nebenamtliche Fachlehrerin in Stenographie und Maschinenschreiben für die Unterstufenklassen der Kontorabteilung an den Kaufmännischen Berufsschulen der Stadt Solingen. Bis zur kriegsbedingten Einstellung des Unterrichts Ende Oktober 1944 war sie hier tätig.

Seit der Wiedereröffnung der Berufs- und Handelsschulen am 1. Dezember 1945 stellte die Stadt Mally Jansen erneut als nebenberufliche Lehrkraft ein. Mit den besten Unterrichtserfolgen erteilte sie fast den ganzen an den Schulen erforderlichen Unterricht in Maschinenschreiben. Zu ihrem Fach gehörte auch Stenographie. Durch lebendige Gestaltung des Unterrichts brachte sie die Schüler zu höchsten Leistungen.

Der Regierungspräsident wies 1946 darauf hin, dass Mally Jansen nur für Maschinenschreiben, nicht aber für Kurzschrift 1940 eine Prüfung bestanden habe. Diese sei nicht staatlich gewesen und könne nicht anerkannt werden. Aufgrund des Lehrermangels war er jedoch bereit, sie auf jederzeitigen Widerruf zu beschäftigen. Auf den Hinweis, vollausgebildete Kräfte sollten den Vorzug haben, entgegnete die Direktorin Cäcilie Godek im Oktober 1946, Mally Jansen sei eine sehr gute Lehrkraft und bereit, sich einer staatlichen Prüfung zu unterziehen. Dies war dann wohl doch nicht erforderlich.

Zu Ende März 1948 kündigte Mally Jansen „aus gesundheitlichen Gründen" und machte im darauf folgenden Jahr eine eigene Schule auf. 1959 berichtete sie in einem Inteview darüber: Im ersten Jahr war sie in den Räumen der Gaststätte Windhövel in Höhscheid untergebracht. Schon 1950 zog sie mit zehn Schreibmaschinen um an die Straße „Am Neumarkt", 1957 dann in die Volksbank. Dort verfügte sie bereits über 30 Schreibmaschinen. Zuletzt kamen 500 bis 700 Schüler einmal wöchentlich für eine Stunde zu ihr – in Solingen kann es kaum einen schreibmaschinenkundigen Menschen gegeben haben, der es nicht bei Mally Jansen erlernt hatte. Jungen Menschen, Kriegsversehrte mit nur einer Hand oder gar Blinden brachte sie das Schreibmaschine-Schreiben und Stenographie bei.

Ihre eigenen Wettbewerbserfahrungen beflügelten sie, in Solingen den „Stenographenverein 1950" aus der Taufe zu heben. Und bald war Solingen als „Schreibmaschinenhochburg" bekannt. Bei den Bezirksmeisterschaften Berg-Niederrhein stellten die Solinger im Jahr 1953 mit 23 von insgesamt 56 Teilnehmern schon das größte Kontingent. Obwohl sie für die Bundesmeisterschaften in Mainz seit Wochen auf 30-Minuten-Diktate trainiert hatten und nun plötzlich nur 10 Minuten schreiben mussten, holten sie, der Weisung ihrer Vorsitzenden Mally Jansen „Langsam schreiben und auf Briefstil achten" folgend, alle zu vergebenden Bezirksmeistertitel. Das hatte bis dahin noch kein Verein geschafft.

Im September 1958 stellten bei der Bezirksmeisterschaft in Hilden die Mally-Jansen-Schüler die Bezirksmeisterin, die Bezirksjugendmeisterin und den Bezirksjugendmeister, und außerdem war die Mannschaft die beste von Berg-Niederrhein.

Zu erwähnen ist auch ihr soziales Engagement. Das Symbol hierfür war seit 1963, das Jahr, in dem ihr Mann starb, das Sparschwein „Malienchen", dessen Inhalt einem sozialen Zweck – seit 1968 der „Kette der helfenden Hände" – zur Verfügug gestellt wurde. Es war ein schöner Brauch, dass bei nicht erledigten Hausaufgaben oder „bösen Worten" ein gewisser Obulus von den Schülerinnen und Schülerrn in das „Malienchen" entrichtet wurde. So kam z. B. 1976 die stolze Summe von 1.475,58 DM bei der „Schlachtung" aus dem Sparschwein heraus.

Mally Jansen, 1976 *Solinger Tageblatt, Archiv*

Mally Jansens Leben war mit der Berufsarbeit mehr als ausgefüllt, trotzdem nahm sich die Pädagogin Zeit für viele Hobbies. Die Pflanzen für ihre Blumenkästen am 1956 bezogenen Haus am Pfaffenberger Weg zog sie selbst. In stillen Stunden spielte sie auf dem vom Vater geerbten Harmonium. Zudem gehörte das Handarbeiten zu ihren Leidenschaften: Gobelinpolster für ihre Esszimmerstühle und große Gobelins für die Wände stickte sie selbst. Später begab sie sich noch an das Knüpfen von Smyrnateppichen.

Mally Jansen, Ehrenvorsitzende des Solinger Stenographenvereins, unterrichtete 1980 noch an vier Tagen in der Woche und übergab ein Jahr später ihre Schule in jüngere Hände. Sie starb am 18. Februar 1990.

EMMI HAGEN (1918–1968)

Eigentlich wollte sie Architektin werden, doch ihr Vater hatte andere Berufswünsche für seine Tochter. Sie fügte sich, bekam ein Rockefeller-Stipendium und studierte an renommierten europäischen Universitäten.

Am 12. August 1918 erblickte in Gräfrath Emmi Auguste Katharina Hagen das Licht der Welt. Als Tochter von Friedrich Hagen und seiner Ehefrau Anna, geborene Nettlenbusch, wuchs sie in Gräfrath auf. Die Mutter war gebürtig aus Barmen, der Vater aus Orsoy im Kreis Moers. Von dort war er 1902 als Lehrer nach Gräfrath gekommen.

Ursprünglich war es der Wunsch von Emmi Hagen, Architektin zu werden und sich damit dem Beruf zuzuwenden, in dem ihre zeichnerische Begabung und ihr ästhetisches Empfinden sowie ihr Einfallsreichtum hätten zur Geltung kommen können. Jedoch ihr Vater, inzwischen Hauptlehrer und Leiter der Volksschule in Gräfrath, stellte die Tochter vor die Wahl, entweder Ärztin oder Lehrerin zu werden.

Emmi Hagen entschied sich für die Wissenschaft. Nach dem im Februar 1937 bestandenen Abitur am Städtischen Oberlyzeum in Solingen (Gymnasium August-Dicke-Schule) begann sie im folgenden Oktober ein Medizinstudium an der Universität Bonn. Während die Studentin anfangs während der Semesterferien wieder bei ihren Eltern wohnte, zog sie im Januar 1941 ganz nach Bonn, an die Poppelsdorfer Allee. Im Dezember 1942 bestand sie das medizinische Staatsexamen und promovierte gleichzeitig mit einem Thema aus dem Gebiet der Neurohistologie: „Über pathologisch-anatomische Befunde an operativ entfernten sympathischen Halsganglien bei Bronchialasthma". Diesem Fachgebiet galt auch ihr Interesse nach ihrer Bestellung zur wissenschaftlichen Assistentin am Bonner Anatomischen Institut Anfang 1943.

Als die Bonner Universität nach Kriegsende vorübergehend geschlossen wurde, war Emmi Hagen über ein halbes Jahr in Solingen zunächst in den Städtischen Krankenanstalten bei Dr. Schugt und dann in der ärztlichen Praxis von Dr. Käte Nünning tätig. Dann nahm sie ihre Assistententätigkeit wieder auf und habilitierte sich 1949 mit einer Studie über das Verhalten des Nervensystems bei Asthma bronchiale.

Als Rockefeller-Stipendiatin in Oxford mit modernsten Methoden experimenteller Forschung vertraut, mit wissenschaftlichen Anregungen aus Studienaufenthalten in Cambridge, Birmingham, Basel, Paris, Kopenhagen und Lund, gründete Emmi Hagen 1953 die Abteilung für Experimentelle Biologie am Anatomischen Institut in Bonn, dessen Leiterin sie auch war. Im gleichen Jahr bezog sie mit ihren Eltern ein neues Haus in Bad Godesberg.

1955 wurde Emmi Hagen zur außerplanmäßigen Professorin ernannt, 1957 zum wissenschaftlichen Rat. Das Jahr 1960 brachte ihr die Ernennung zur außerordentlichen Professorin, das Jahr 1967 die Berufung auf ein Ordinariat am Anatomischen Institut Bonn und damit zur ordentlichen Professorin. Gleichzeitig wurde sie mit einer der beiden Direktorenstellen am Institut betraut. Sie war die einzige Frau Europas in so außergewöhnlicher Stellung, eine Wissenschaftlerin von hohem Rang.

„Bei mir ging alles ganz regelmäßig." kommentierte sie 1957 lächelnd in einem Gespräch: „Fünf Jahre nach dem Abitur habe ich promoviert. Nach sechsjähriger Assistentenzeit habe ich mich habilitiert und wieder sechs Jahre später war ich Professor."

Hinzu kam ihre Mitarbeit im Studentenwerk und in der Alexander-von-Humboldt-Stiftung, die Leitung von Studentenwohnheimen, die Veranstaltung wissenschaftlicher Tagungen und die Übernahme redaktioneller Verpflichtungen. 1941 begann die Reihe ihrer vielfältigen Veröffentlichungen, zum größten Teil aus eigenen Untersuchungen zum vegetativen Nervensystem hervorgegangen.

Inmitten ihres Schaffens starb die berühmte Wissenschaftlerin, genauer Neuroanatomin, Emmi Hagen unerwartet am 22. August 1968 in Bonn. In einem Nachruf der Wiener Freunde der Österreichischen Gesellschaft zur Erforschung des Vegetativen Systems wird ihre liebenswerte, aufrechte Persönlichkeit gewürdigt, ihre Warmherzigkeit und ihr zielbewuss tes Streben, das sie gemeinsam mit ihren Mitarbeitern zu wohlverdienten Erfolgen führte.

Emmi Hagen, 1968 *Stadtarchiv Solingen*

CÄCILIE GODEK (1889–1958)

Die Berufsschule an der Friedrichstraße wurde sieben Jahre von einer Direktorin geleitet, die als Volksschullehrerin in die Dienste der Stadt Höhscheid eingetreten war und sich später weiterbildete, um eine höhere Schule zu leiten.

Die am 15. Januar 1889 zu Wilda bei Posen geborene Melanie Viktoria Cäcilie Godek verlor schon früh ihre Mutter. Der Vater, Eisenbahnbeamter von Beruf, ermöglichte seinen zwei Töchtern und dem Sohn eine gute Ausbildung. Cäcilies Bruder fiel im Mai 1915 als 18-jähriger Primaner, die Schwester bekam ein schweres Nervenleiden durch die Nachtarbeit bei der Eisenbahn während des Ersten Weltkriegs.

Cäcilie Godek besuchte nach ihren eigenen Angaben von 1895 bis 1896 die Mädchen-Mittelschule in Danzig und anschließend bis zum 1. Juli 1902 das Marien-Lyzeum Danzig. Die letzten Schuljahre verbrachte sie am Städtischen Lyzeum in Elberfeld. Von dort wechselte sie 1905 zur Ausbildung an das Städtische Oberlyzeum Elberfeld, wo sie im März 1908 die Prüfungen für Lehrerinnen an mittleren und höheren Schulen ablegte.

Ihre erste Anstellung als Junglehrerin erhielt Cäcilie Godek als Vertretung an der Mittel- und Volksschule Elberfeld bis Oktober 1909. Ab November 1909 bis März 1910 war sie in Diensten der Stadt Höhscheid und ab April 1910 an der Volksschule Augustastraße in Solingen als Lehrerin tätig.

Nach einigen Jahren im Volksschuldienst belegte sie vom 1. Oktober 1917 bis 30. September 1918 in Düsseldorf staatlich genehmigte Kurse zur Vorbereitung auf die Rektorprüfung. Diese bestand sie am 8. Oktober 1918 vor dem Provinzial-Schulkollegium Koblenz. An der Volkshochschule Solingen besuchte sie im Wintersemester (WS) 1919/20 einen Kurs in Buchführung und im WS 1919/20 und Sommersemester (SS) 1920 einen Lateinkurs.

Im April 1923 ließ sich Cäcilie Godek beurlauben, um sich auf das Handelslehrerexamen vorzubereiten. Zwecks Übertritt an die Berufsschule Wald begann sie im SS 1923 ein Studium an der Universität Köln, das sie im WS 1925/26 beendete. Während der Semesterferien arbeitete sie stets – neben der Notwendigkeit, Geld zu verdienen – zur praktischen Ausbildung im Bürodienst bei der Mechanischen Feilenfabrik in Hamborn. Ihre Diplomarbeit zur Prüfung als Handelslehrerin am 8. Februar 1926 verfasste Cäcilie Godek zum Thema „Frauenarbeit in der Solinger Industrie".

Nach bestandener Prüfung wurde die Handelsoberlehrerin Ende März 1926 aus dem Volksschuldienst entlassen. Der Ausbau der Berufsschule in Solingen und die Einrichtung einer Handelsschule hatten eine neue Stelle erforderlich gemacht, die Cäcilie Godek zum 1. April 1926 erhielt. Ab dem Schuljahr 1929/30 war sie Fachvorsteherin im Berufs- und Handelsschuldienst.

Seit dem 1. Oktober 1924 war die Lehrerin Mitglied der SPD und seit Ende der 1920er Jahre in der Arbeitsgemeinschaft Sozialistischer Lehrer aktiv. Weil die SPD sie für die Wahlperiode November 1929 bis März 1933 in den Berufsschulvorstand delegiert hatte, wurde sie am 7. August 1933 vernommen. Die neuen NS-Machthaber kamen zu der Überzeugung, da sie neun Jahre positive Marxistin war und noch im März 1933 die SPD gewählt hatte, dass sie sich nicht „jederzeit rückhaltlos für den nationalen Staat" einsetzen würde. Mit Datum vom 18. September 1933 wurde Cäcilie Godek deshalb auf Grund des § 4 des Gesetzes zur Wiederherstellung des Berufsbeamtentums vom 7. April 1933 aus dem öffentlichen Schuldienst entlassen. Bis Ende Dezember 1933 sollten ihr noch Bezüge gezahlt werden, über eine eventuelle Ruhegeldzahlung sollte sie Mitteilung erhalten.

Am 16. Oktober erhob sie Einspruch, da sie nicht politisch unzuverlässig im Sinne dieses Gesetzes sei. Ihr Direktor und die vorgesetzte Behörde hätten sie ansonsten nicht in sieben Klassen Staatsbürgerkunde unterrichten lassen. Zur nochmaligen Überprüfung wurden Anfang 1934 vermehrt Erkundigungen bei Kollegen und Nachbarn über Cäcilie Godek eingeholt. Mitte März wurde ihr Gesuch abgelehnt.

Cäcilie Godek

Stadtarchiv Solingen

Aufgrund der „2. Verordnung über Maßnahmen auf dem Gebiete des Beamtenrechts vom 9.10.1942" genehmigte der Minister im Juni 1943 die Wiederbeschäftigung der Handelsschullehrerin als Beamtin auf Widerruf . Aufgrund des durch die Einberufungen zum Wehrdienst bestehenden Lehrermangels nahm sie am 1. Juli 1943 ihre Arbeit als Fachvorsteherin an den kaufmännischen Berufs- und Handelsfachschulen der Stadt Solingen wieder auf.

Im privaten Bereich sorgte Cäcilie Godek seit März 1945 für ihre kranke Schwester, die im Juni 1946 bei ihr einzog. Bereits seit November 1945 wohnte zudem ihre Nichte bei ihr, für deren Unterhalt und Prüfung als Diplom-Handelslehrerin sie ebenfalls die Kosten übernahm.

Sie selbst war seit dem 1. April 1946 Leiterin „ihrer" Schule und erhielt nach einem Probejahr die Ernennungsurkunde zur Direktorin zum 1. April 1947. Sieben Jahre leitete sie die Fachschulen und ging nach Erreichen der Dienstaltersgrenze zum 1. Mai 1954 in den Ruhestand. Von der Neuenkamper Straße verzog sie nach Köln-Brück, wo sie am 7. Oktober 1958 starb.

RUTH STORSBERG (1924–2005)

Besondere Verdienste erwarb sich eine Solingerin, die auch eine kurze Zeit im Stadtrat saß, um eine wichtige Berufsorganisation, für die sie auch beratend für ein Bundesministerium tätig war.

Ruth Storsberg wurde am 20. Oktober 1924 als Tochter von Wilhelm und Elisabeth Storsberg, geborene Leverkus, in Solingen geboren. Nach ihrem Abitur am Gymnasium August-Dicke-Schule arbeitete sie 1944 im Büro des elterlichen Stahlgroßhandels an der Bergstraße. Im Jahr 1950 legte sie am Dolmetscher-Institut in Heidelberg das Diplom-Dolmetscher-Examen in englischer Sprache ab.

1953 ging Ruth Storsberg zur Ruhr-Stickstoff AG nach Bochum, wo sie bis 1963 beschäftigt war. Nach dem Tod ihres Vaters kam sie nach Solingen zurück und war im Direktions-Sekretariat der Firma Robert Krups tätig. 1966 wechselte sie in die Solinger Papierindustrie über. Dort, an der Bergstraße, hatte sie auch ihre Wohnung.

Vom 9. November 1969 bis November 1974 war sie Mitglied der CDU-Fraktion des Solinger Stadtrats und gehörte diversen Ausschüssen an. Im Rechnungsprüfungsausschuss war sie stellvertretende Vorsitzende.

Wie schon ihre Mutter war Ruth Storsberg Mitglied des Deutschen Evangelischen Frauenbundes Solingen. Bereits ein Jahr nachdem sie eingetreten war, wurde sie 1965 dessen Vorsitzende. Oberstes Prinzip dieser Vereinigung, die in Solingen seit 1918 besteht, ist sich für die Weiterbildung der Frau einzusetzen und praktische Sozialarbeit zu leisten. Ruth Storsberg, die damals zu den jüngsten Mitgliedern gehörte, gab dem Vereinsleben eine neue Richtung und erreichte damit auch eine Erhöhung der Mitgliederzahl.

Nicht nur als Vorsitzende des Deutschen Evangelischen Frauenbundes, sondern auch als Mitglied und als stellvertretende Vorsitzende der CDU-Frauenvereinigung war sie immer bestrebt, die Frauen für politische Dinge zu begeistern.

Am 30. Oktober 1974 legte Ruth Storsberg ihr Ratsmandat nieder. Hierzu sah sie sich durch Vorfälle in Würzburg veranlasst, wo am vorherigen Wochenende bei einer Klausurtagung der CDU-Fraktion der Fraktionschef Walter Bremer durch einen Mehrheitsbeschluss abgwählt worden war. Gemeinsam mit dem erkrankten Bremer reiste sie vorzeitig ab. Gleichzeitig verzichtete sie auf ihre Parteiämter als stellvertretende Vorsitzende der CDU-Frauengruppe und als Mitglied des CDU-Kreisparteivorstandes. Sie begründete ihren Schritt mit unsachlichem Verhalten eines Teiles der Ratsfraktion und personellen Fehlentscheidungen des Kreisparteivorstandes. „Wenn die Fraktion auf die führende Initiative ihres fähigsten Mannes verzichtet und wenn dabei Mittel angewandt werden, die keinen demokratischen und schon gar keinen christlichen Grundsätzen entsprechen, dann kann ich das nicht billigen und muß meinen Protest in der Öffentlichkeit verdeutlichen", so Ruth Storsberg gegenüber der Presse.

Beruflich war sie inzwischen als Geschäftsführerin des Hochschullehrerverbandes in Bonn tätig. Obwohl in Bonn Bad-Godesberg ansässig, blieb sie Solingen sehr verbunden. Sie gehörte als Gründungsmitglied seit 1968 zum Soroptimist-Club Solingen, einem Zusammenschluss berufstätiger Frauen, dessen Ziel es unter anderem ist, zur internationalen Verständigung beizutragen. Dementsprechend initiierte Ruth Storsberg gemeinsam mit ihrer Schwester Ursula den Kontakt zum österreichischen Club Klagenfurt.

Am Verfassungstag 1987 zeichnete Bundespräsident Carl Richard von Weizsäcker in der Villa Hammerschmidt Ruth Storsberg mit dem Verdienstkreuz 1. Klasse des Bundesverdienstordens aus. Wie es in der Begründung heißt: „Für besondere Verdienste um den Hochschullehrerverband, die wichtigste Berufsorganisation der an den Hochschulen tätigen Professoren, und um die Hochschulrektorenkonferenz." Dabei wurde auch ihre Beratertätigkeit für den Bundesminister für Bildung und Wissenschaft hervorgehoben.

Ruth Storsberg *Solinger Morgenpost, Archiv*

Im Ruhestand unternahm Ruth Storsberg viele Reisen gemeinsam mit ihrer Schwester, vor allem nach Österreich. Sie pflegte Freundschaften und kam auch nach Solingen, solange es ihr gesundheitlich möglich war. Am 12. Januar 2005 verstarb Ruth Storsberg in Bonn.

IRENE REIFF (geb. 1923)
geborene Hunscheidt

Die lange Zeit einzige weibliche Mitarbeitern bei der Atomenergiebehörde in Wien war eine gebürtige Solingerin. Sie genoss diplomatischen Status und traf den Papst bei dessen Wien-Besuch.

Irene Hunscheidt kam am 9. Januar 1923 als Tochter des Schlossermeisters Karl Hunscheidt und seiner Frau Elli, geborene Heiliger, zur Welt. Sie besuchte die Volksschule in Löhdorf und das, weil sie ursprünglich nicht auf eine höhere Schule wollte, länger als üblich. Dann kam sie doch auf das Ohligser Lyzeum, wo sie nicht nur direkt eine Klasse übersprang, sondern auch von der Quinta sehr bald in die Quarta wechselte. Dies war „gingantisch", wie sie selbst heute sagt. Nach der Mittleren Reife wechselte sie an das Gymnasium August-Dicke-Schule in Solingen und machte dort 1940 Abitur.

Auf die Schule folgte der Arbeitsdienst – für sie ein halbes Jahr in Pommern. Um nicht ein weiteres halbes Jahr eingesetzt zu werden, schrieb sich Irene Hunscheidt an der Universität Heidelberg ein. Sie studierte Rechtswissenschaften und später auch Sprachen in Heidelberg, Genf und Frankfurt am Main und hat einen Abschluss als Volljuristin und als Diplom-Dolmetscherin.

Nachdem sie eine kurze Zeit als Mitarbeiterin an der Universität in Mainz gearbeitet hatte, bekam sie eine Stelle im Headquarter der amerikanischen Luftwaffe in Wiesbaden. Im Jahr 1948 heiratete sie in Mainz Jacques Reiff, der jedoch bereits 1952 verstarb. Nun musste sie für sich und ihren 1949 geborenen Sohn allein sorgen.

1958 bewarb sie sich auf Empfehlung eines Direktors der Universität Mainz bei der Atombehörde in Wien, bekam die Stelle und arbeitete dort zunächst in der Rechts-, später in der Personalabteilung. Dann wurde Dr. Irene Reiff von der Bundesregierung „entdeckt" und zur in Wien ansässigen Internationalen Atomenergie-Organisation (IAEA) delegiert.

Diese Behörde ist eine der autonomen Sonderorganisationen der UNO mit eigenem Statut, ähnlich der UNESCO. Bei der Gründung der IAEA war Dr. Irene Reiff die zuständige Referentin für die Verbindung zur Bundesrepublik Österreich, die mit zwölf Milliarden Schilling das riesige Behördenhaus mit allein 58 Bürostockwerken baute. Die Atombehörde, die an die 400 Nuklearanlagen in aller Welt überwacht, fördert ausschließlich die friedliche Nutzung der Atomenergie.

Die gebürtige Ohligserin hatte in der Administration der internationalen Behörde den höchsten Rang unter den Frauen und genoss diplomatischen Status. Beim Papstbesuch in Wien wurde die Juristin als eine von drei Vertretern der Atombehörde Papst Johannes Paul II. vorgestellt. In Wien hatte sie in zweiter Ehe geheiratet und hieß einige Zeit Dr. Irene Hausner-Streitenfels.

Ende 1983 ging die Diplomatin in den Ruhestand und erhielt für ihre langjährige Tätigkeit am 21. Dezember 1983 das Bundesverdienstkreuz I. Klasse. Ein Jahr blieb sie noch für die Flüchtlingsorganisation der UN in der Rechtsabteilung der Behörde tätig.

Die Verbindung zu Solingen brach aufgrund familiärer Verbindungen nie ganz ab. Dr. Irene Reiff besuchte oft ihre Mutter in Wiescheid und ihren Sohn, der als Arzt in Landwehr tätig ist. Sie selbst wohnt in Maria Enzersdorf in Österreich.

Papst Johannes Paul II. begrüßt Dr. Irene Reiff bei seinem Wien-Besuch 1983

Solinger Tageblatt, Archiv

GESCHRIEBENE WORTE

Von einigen Solingerinnen gibt es Publikationen unterschiedlichster Art zu diversen Themen. Seien es wissenschaftliche Veröffentlichungen, Lehrbücher, Romane, Lebenserinnerungen oder Gedichtbände. Drei seien hier stellvertretend für andere Frauen erwähnt.

Loni Mathilde Stolze-Neef (1906–1994) erzählte unter dem Pseudonym „Tante Mathilde" mit Herz und Humor ihre Geschichten im Solinger Tageblatt. Sie schrieb auch in Mundart und war als „et Neefs Loni" ein Begriff. Dabei schöpfte sie meist aus Erinnerungen an ihre Jugend. Nachzulesen sind ihre Erinnerungen in drei Büchern, die sie veröffentlichte. 1980 erschien das Buch „Immer auf die Kleinen" mit dem Untertitel „Erinnerungen einer Großmutter".

Johanna Cimander (1922–2005), bis zu ihrem Tod über 25 Jahre Frauenvorsitzende der oberschlesischen Landsmannschaft, veröffentlichte im Jahr 2000 ihre Erinnerungen über Vertreibung, Flucht und Neuanfang im Buch „Es führt kein Weg zurück".

Die Liebe vieler Solingerinnen gilt der Heimatsprache. Damit die Mundart präsent bleibt, schreiben sie Gedichte, Geschichten, Liedtexte und Theaterstücke auf Solinger Platt. So wie Änne Franz (geb. 1923), 1947 erste Sekretärin bis in die 1950er Jahre bei der Arbeiterwohlfahrt (AWO) und inzwischen seit über 60 Jahren ihr aktives Mitglied. 1949 organisierte sie gemeinsam mit dem damaligen Vorsitzenden Karl Schröder die Reichskonferenz der AWO in Solingen. Ihre große Liebe galt immer der Heimatsprache. 1967 kam sie zur Mundartgruppe „De Hangkgeschmedden", von 1983 bis 1993 war sie deren Vorsitzende. Auch danach verwaltete sie noch das Hangkgeschmedden-Archiv, das auf ihre Initiative angelegt wurde.

Sie schrieb wie die anderen Mitglieder Wortbeiträge, Liedtexte und Anthologien in verschiedenen Veröffentlichungen und trug ihre Gedichte und Geschichten in Hörfunksendungen vor.

Änne Franz, Dr. Jürgen Stohlmann, Brigitte Baden und Erika Schlesinger (v. r.), 1986 in Gräfrath Stadtarchiv Solingen

MATHILDE REICHARDT-STROMBERG (1823–1898)
geborene Schulte

Gebürtig aus Solingen war eine Schriftstellerin, die von frühen Heimatforschern als eine der ersten Frauenrechtlerinnen genannt wurde.

Am 31. August 1823 wurde Mathilde Schulte in Solingen geboren. Wenn sich diese Angaben aus der Literatur von 1898 auch mit den Eintragungen auf der Sterbeurkunde hinsichtlich des Geburtsortes decken, so ist doch im Solinger Urkundenbuch kein Geburtseintrag aufzufinden.

Ihre eigene Jugendgeschichte veröffentlichte Mathilde Schulte 1851 in Buchform mit dem Titel „Eine Mutter und ihr Kind". Bereits ein Jahr später wurde „Aspasia. Ein dramatisches Gedicht in 5 Aufzügen" als Manuskript in Köln gedruckt. 1856 erschien von ihr „Wissenschaft und Sittenlehre. Briefe an Jacob Moleschott", die, nachdem sich alle Tagesblätter und Zeitschriften mit ihnen beschäftigt hatten, vom Staatsanwalt als religionsgefährlich konfisziert wurden.

Im Jahr 1857 heiratete Mathilde Schulte Dr. phil. Theodor Stromberg. Danach schrieb sie zunächst nichts mehr. Doch 1869 reizte ein Artikel der Fanny Lewald „Für und wider die Frauen" in der „Kölnischen Zeitung" sie zu einer Entgegnung. Diese erschien 1870 in einer Broschüre mit dem Titel „Frauenrecht und Frauenpflicht", die bis 1898 drei Auflagen erlebte. Es folgten, gedruckt in Leipzig 1880, „Die Staatsbürgerin" und im Jahr 1892 „Das Weib als Wehr gegen alle Vaterlandsfeinde, ein offener Brief an eine Freund".

Seit dem Tod ihres Mannes 1889 oder 1890 war Mathilde Reichardt-Stromberg durch einen Schlaganfall halbseitig gelähmt. Sie lebte in Rheinbreitbach bei Unkel am Rhein, wo sie am 8. November 1898 im Alter von 75 Jahren starb.

FANNY STOCKHAUSEN (1846–1916)

Zu den in der Literatur zur Geschichte des Bergischen Landes vorgestellten „hervorragende(n) Persönlichkeiten, Männer und Frauen, die aus dem Volke hervorgegangen sind und auf das Volk einen weitergehenden Einfluß ausgeübt haben" zählt außer Louise Berg auch Fanny Stockhausen.

Franzisca Carolina Stockhausen wurde am 23. September 1846 als Tochter des Notars Franz Joseph Stockhausen und seiner Frau Carolina Heßelmann in Solingen geboren. Nach dem Tod des Vaters im Jahr 1855 zog die Mutter mit ihren vier Töchtern zuerst nach Wald. 1860 siedelten sie dann nach Düsseldorf über, wo die begabten Mädchen viele geistige Anregung empfingen, die sie auf Reisen zu Verwandten in Dresden und London vertieften.

Schon in ihrer Jugend hatte sich Franzisca vielfach in Gedichten und Balladen versucht. Erst im Jahr 1883 trat sie dann unter dem Namen Fanny Stockhausen mit Erzählungen aus der deutschen und der bergisch-rheinischen Vergangenheit hervor. „Aus Luthers Brunnenstube", „Idis", ein Epos aus der Cheruskerzeit, „Friedebert", eine Heldensage aus Wittekinds Tagen, „Der Sänger des Wilhelmus von Nassauen", „Zwei Kämpfer vom Niederrhein" folgten in kurzen Abständen nacheinander. Dann vor allem zu erwähnen, „Ein brennend und scheinend Licht", ein hohes Lied auf den bergischen Reformator und Märtyrer Adolf Clarenbach.

„Die lebensvollen Gestalten dieser Erzählungen, der warme Herzenston, der in allen Darstellungen mitschwingt, und die innige Heimat- und Vaterlandsliebe gewannen der Dichterin einen ständig wachsenden Kreis von Lesern und Freunden", so Julius Leithäuser. Ihre Hauptstärke lag indessen auf lyrisch-religiösem Gebiet. Eine Auswahl ihrer Gedichte erschien unter dem Titel „Feierklänge", in denen schon das Geistlich-Hymnenhafte vorherrschte.

Fanny Stockhausen war Mitarbeiterin verschiedener Frauenblätter und von 1888 an auch ständige dichterische Mitarbeiterin des Berliner evangelischen „Sonntagsblattes", der Frauenzeitschrift „Edelweiß" und der „Nachrichten des evangelischen Trostbundes". Kleinere Erzählungen, Skizzen und Gedichtzyklen von ihr erschienen in verschiedenen Kalendern.

Die Schriftstellerin verstarb 1916, vermutlich in Düsseldorf, wo sie 1898 in der Sedanstraße wohnte.

BERTHA MERCATOR (1861–1906)
verheiratete Josephson

Unter dem Pseudonym Bertha Mercator schrieb die in Solingen geborene Bertha Josephson vor allem Erzählungen und Kindergeschichten. Sie hatte ihren Mädchennamen ins Lateinische übersetzte, nämlich Cremer.

Bertha Johanne Louise Auguste Cremer kam am 11. Juni 1861 in Solingen zur Welt. Sie war die nach Otto Schell „hochbegabte und sinnige Tochter des einstigen Leiters der Solinger Töchterschule Wilhelm Cremer“. Ihre Mutter Auguste Cremer, geborene Wolters, unterrichtete ebenso wie der Vater an der Höheren Töchterschule.

Mit zwölf Jahren absolvierte Bertha die Selekta der Solinger Bürgerschule und im Alter von 15 Jahren kam sie in ein Pensionat nach Stuttgart. Dort blieb sie ein Jahr, um sich weiter auszubilden. Als ihr Vater Kreisschulinspektor in Moers am Rhein wurde, zog sie für sieben Jahre mit den Eltern dorthin. Hier begann ihre erste schriftstellerische Laufbahn.

1886 lernte Bertha Cremer den Predigtamtskandidaten Hermann Josephson kennen, dem sie 1888 als Ehefrau auf die Pfarrei Beverungen, 1889 nach Hamm und 1895 nach Bielefeld folgte. Aus der Ehe gingen vier Töchter hervor, die zu den ersten und zuverlässigsten Kritikern ihrer späteren Kindergeschichten wurden.

Bertha Mercator wirkte als Pfarrfrau, Schriftstellerin und Dichterin. „Sie kann als eine fesselnde, gemütvolle Schriftstellerin bezeichnet werden. Ihre feinsinnigen Schilderungen sind dem wirklichen Leben abgelauscht; die von ihr gezeichneten Persönlichkeiten scharf umrissen und voller Leben. Ihrer bergischen Heimat, namentlich ihrer Vaterstadt Solingen, hat unsere Schriftstellerin öfter liebevoll gedacht. Auch der dem Bergischen eigene Humor kommt mitunter wirkungsvoll zur Geltung. Von ihren Büchern, die mehr gelesen werden sollten, nennen wir: ‚Hans Reinwalds Brautfahrt‘, Neue Auflage von ‚Blicke in allerlei Pfarrhäuser.‘ „Überraschungen und anderes.“ „Aus einer Mutter Kinderbuch.“ „Die deutsche Pfarrfrau.“ „Gaben des Alltags“, so Schell.

Bertha Mercator verstarb am 2. Juni 1906 in Klein-Oschersleben. Sie selbst und ihr Werk blieben unvergessen. Im Jahr 1927 erschienen die „Blätter der Erinnerung an Berta Josephson-Mercator geb. Cremer“, gesammelt von H. J. Gustav Schloeßmann's Verlagsbuchhandlung, bereits in der 3. Auflage.

CLARA PRIESS (1865–1942)
geborene Schürmann

Eine Zeitgenossin von Bertha Mercator war Clara Prieß. Auch sie ist mit Erfolg als Dichterin und Schriftstellerin in Erscheinung getreten.

Clara Regine Gertrude Schürmann erblickte am 11. Januar 1865 als älteste Tochter des evangelischen Pastors Ludwig Hugo Schürmann und seiner Frau Rosalie Busch in Solingen das Licht der Welt. Als junge Frau heiratete sie einen norddeutschen Rechtsanwalt namens Prieß und lebte vermutlich in Lübeck.

Mit ihren Werken wandte sich Clara Prieß laut Otto Schell vor allen Dingen an die Frauen- und Mütterwelt. Sie veröffentlichte 14 Erzählungen, die von „Allerlei Frauen“ handeln, „den Freuden und Schmerzen, der Not und Erlösung, die in jedem Frauenleben in irgendeiner Form zu finden sind.“

Im Insel-Verlag Leipzig erschien erstmals 1911 „Leidensgedächtnis das sind Denkwürdigkeiten der Gräfin zu Schleswig-Holstein Leonora Christina vermählten Gräfin Ulfeldt aus ihrer Gefangenschaft im Blauen Turm des Königsschlosses zu Kopenhagen 1663–1685“, die Clara Prieß bearbeitet und herausgegeben hatte.

Ihr Roman „Der Weg ins Leben“, erlebte eine zweite Auflage und ihr Gedichtband „Daß dir wachsen deiner Seele Schwingen. Gedichte aus den Tagen des großem Krieges“ erschien 1915 als dritte, vermehrte Auflage. Um 1930 wurde ihr Märchenbuch „Hansemanns Kinder und ihre Kameraden“ im Thienemann-Verlag, Stuttgart, veröffentlicht.

Für die Zeit danach sind keine Werke von ihr bekannt. Clara Prieß verstarb kurz nach ihrem Geburtstag, am 16. Januar 1942.

LORE BREUER-REINMÖLLER (1912–1980)
geborene Breuer

Remscheid, Solingen, Burscheid, Gummersbach waren wichtige Fixpunkte der Entwicklung von Lore Breuer-Reinmöller. Ihr Lebensraum war das Bergische Land. Ein großer persönlicher Freundeskreis war eng mit ihr verbunden.

In Remscheid wurde Alma Lore Reinmöller am 11. Januar 1912 geboren. Im Alter von zwei Jahren zog sie mit ihren Eltern, dem Prokuristen Ernst Reinmöller und seiner Frau Alma, geborene Erlenkötter, nach Wald an die Eintrachtstraße. Hier ging sie zur Schule bis zum Abitur am Lyzeum in Solingen an der Friedrichstraße. In Köln hat sie ab 1934 Geschichte, Philosophie und Englisch studiert und 1938 über „Die Grundlagen von Nietzsches Geschichtsauffassung" promoviert.

Danach arbeitete sie, seit 1936 mit den Eltern wieder in Remscheid wohnend, an einer Zeitung in Beuthen/Oberschlesien. 1949 wurde sie wissenschaftliche Mitarbeiterin von Professor Dr. Paul Luchtenberg, der als 1. Vorsitzender des Schlossbauvereins Burg an der Wupper nach dem Krieg entscheidend die Entwicklung von Schloss Burg und des Bergischen Museums gefördert hat. Ein Jahr später wurde Dr. Lore Reinmöller neben ihm Mitbegründerin der Zeitschrift „Romerike Berge", die vom Schlossbauverein Burg an der Wupper und dem Bergischen Geschichtsverein herausgegeben wird. Auch wenn laut Impressum Professor Luchtenberg als Herausgeber fungierte – Bild, Ansehen und Niveau der Zeitschrift hat sie bestimmt: Heimatpflege, Volkskunde, Kunst, Museumswesen, Denkmalpflege und Naturschutz im Bergischen Land sollten ihr Inhalt sein. Viele Beiträge stammen aus ihrer Feder.

Dr. Lore Breuer-Reinmöller, 1980

Stadtarchiv Solingen

Zudem hat die engagierte Historikerin zahlreiche Bücher verfasst, Essays erstellt, Interviews geführt, Begegnungen geschildert, ohne eine Liste zu erstellen, denn – so Dr. Soechting in seinem Nachruf – sie hielt sich nicht für wichtig genug. Ein vollständiges Schriftenverzeichnis ist deshalb schwer zu erstellen. Als Beispiel ihrer Werke seien genannt: ...Luchtenberg zum Gedenken (1973), Frauenhandbuch 1974, 2. Aufl. 1975, ... ich eröffne die Sitzung" (1975). Auch „Die Geschichte des Schloßbauvereins 1887-1962" stammt aus ihrer Feder ebenso wie zwei Künstlermonographien über Paul Wellershaus (1966) und Heinrich Moshage (1971). Als Herausgeberin fungierte sie bei „Das Wagnis der Mündigkeit. Beiträge zum Selbstverständnis des Liberalismus, Festschrift für Paul Luchtenberg" (1970).

1967 heiratete Dr. Lore Reinmöller den Schriftsteller und Künstler Jörg Breuer, der nur zwei Jahre später an Krebs starb. Das Ehepaar wohnte in Gummersbach, wo sie von 1967 bis 1973 als Dozentin an der Theodor-Heuss-Akademie arbeitete. Ab 1973 war Dr. Lore Breuer-Reinmöller als freie Schriftstellerin, Chefredakteurin der Zeitschrift „Frauen" und Schriftleiterin der Zeitschrift „Romerike Berge" tätig.

Für die Leserschaft der „Romerike Berge" schien Lore Breuer-Reinmöller als Inbegriff einer in der Heimat verwurzelten und ausschließlich hier tätigen Frau und Autorin. Als Begründerin und jahrelange Chefredakteurin der Zeitschrift „Frauen" (Untertitel: Der Weg zur Mitbestimmung in Politik und Gesellschaft) hat sie aber beispielhaft über den engeren Raum der Heimat hinweg gewirkt und vielleicht sogar einen weit reichenden Anstoß zur Frauenbewegung gegeben. Aus der liberalen und behutsam emanzipatorischen „Frauen"-Zeitschrift gingen erst die kämpferischen neueren Frauenzeitschriften der 1970er Jahre hervor.

An Solingen, die Stadt ihrer Kindheit und Jugend, hatte sie liebevolle, gute Erinnerungen. Und das, obwohl britische Offiziere sie aus ihrem Kinderzimmer in der Wohnung an der Eintrachtstraße vertrieben. Doch dafür lernte sie von ihnen ein bisschen Englisch.

Am 8. August 1980 verstarb Dr. Lore Breuer-Reinmöller in Gummersbach an Krebs, mit dem sie schon fünf Jahre gekämpft hatte. Ende 1980, nach dem Ende des 30. Jahrgangs der Zeitschrift Romerike Berge, wollte sie deren Schriftleitung abgeben. In ganz anderem Sinn, als sie es sich vorgestellt hatte, hat sie das Vorhaben erfüllt. Ein Teil ihres Nachlass befindet sich im Deutschen Literaturarchiv Marbach, ein weiterer im Stadtarchiv Wuppertal.

ÄNNE WAGNER (1904–1997)
geborene Eckmann

Eine Zeitzeugin von unschätzbarem Wert hat Solingen ihre kostbaren Erinnerungen als junge Frau hinterlassen. Durch ihre Lebenserinnerungen wurde Änne Wagner vielen Menschen bekannt.

Geboren am 16. April 1904 als Tochter des Schuhmachermeisters Otto Eckmann und seiner Frau Anna-Maria, geborene Meister, an der heutigen Rölscheider Straße, ging Änne Eckmann bis 1918 zur Volkschule in Widdert. Dann kam sie zunächst als Dienstmädchen in Haushalte in Krefeld bzw. Solingen und 1921 als Hilfe in die Heilanstalt Roderbirken.

Der Vater war ein klassenbewusster Sozialdemokrat und regelmäßiger Leser der „Bergischen Arbeiterstimme“, die auf dem linken Flügel der Sozialdemokratie stand. Durch viel Gespräche mit ihm hatte die Tochter schon früh eine Beziehung zur Arbeiterbewegung bekommen.

Änne Eckmann, 1919 Stadtarchiv Solingen

Mit erspartem Lohngeld finanzierte sich Änne Eckmann einen Kurs auf einer privaten Handelsschule und erhielt nach dessen Abschluss Ende 1922 eine Lehrstelle in der Buchhandlung der „Bergischen Arbeiterstimme“, die 1920 zur KPD Solingens übergegangen war. Schon bald rückte die junge Frau in die Redaktion auf und arbeitete später in der Buchhaltung des Zeitungsverlages.

Seit 1920 hatte Änne Eckmann sich in der Kommunistischen Jugend engagiert. Später übernahm sie sogar Parteiämter. Doch sie sagte nicht zu allem Ja und Amen. 1929 war ihr „roter“ Traum ausgeträumt – sie wurde wegen „parteischädigenden Verhaltens“ aus der KPD ausgeschlossen. Für sie brach nicht nur eine Welt zusammen, sondern sie wurde dadurch gleichzeitig arbeitslos. Eine 1926 geschlossene, unglückliche „Vernunftehe“ mit Max Adrion wurde im Juni 1930 geschieden.

Aufgrund ihrer früheren KPD-Mitgliedschaft musste die junge Frau während der nationalsozialistischen Diktatur eine Wohnungsdurchsuchung, eine Inhaftierung und einen kurzen Haftaufenthalt über sich ergehen lassen. Nicht zuletzt aufgrund des geradlinigen Einsatzes ihres damaligen Arbeitgebers Walter Busch, eines Solinger Fabrikanten, wurde sie wieder freigelassen. Seit Oktober 1936 war sie als kaufmännische Angestellte bei dem Versandhandel angestellt.

Änne Eckmann im der Buchhandlung der Bergischen Arbeiterstimme, 1923

Stadtarchiv Solingen

Aus Furcht vor weiteren nationalsozialistischen Übergriffen wollte Änne Eckmann nicht mehr allein leben, so dass sie am 9. April 1938 ihren langjährigen Lebensgefährten Karl Wagner heiratete. In der Buchhandlung der „Bergischen Arbeiterstimme" hatten sie sich 16 Jahre zuvor das erste Mal gesehen. 1940 wurde er eingezogen und kam erst im August 1945 aus einem englischen Internierungslager zurück.

Nach 1945 trat Änne Wagner keiner Partei mehr bei. Sie wollte nur noch für ihre Familie da sein und beendete im Mai 1946 ihre berufliche Tätigkeit bei der Firma Busch. Spätestens nach der Geburt ihrer Tochter im Jahr 1948 zog sie sich völlig vom organisierten politischen Geschehen zurück. 1950 starb ihr Vater, vier Jahre später die Mutter, beide über 80 Jahre alt. Bis ins hohe Alter war Änne Wagner bei den Naturfreunden engagiert. Dort stießen ihre Erzählungen „von früher" immer wieder auf großes Interesse. Die Freunde waren es schließlich, die sie – inzwischen über 80 Jahre alt – anregten, ihre Lebenserinnerungen zu Papier zu bringen.

Änne Wagner verfügte – abgesehen von einem hervorragenden Gedächtnis – über die Gabe, mit ihren Schilderungen die Zuhörer in eine ferne Vergangenheit einzutauchen zu lassen. Von früher Kindheit an hatte sie ihre Umwelt mit erstaunlicher Intensität wahrgenommen. Drei Buchbände mit dem Titel „Gegen den Strom" füllte sie schließlich, in denen sie nicht nur ihre Tätigkeit in Buchhandlung, Verlag und Redaktion der kommunistischen Zeitung schildert, sondern auch von den verschiedensten Nöten des Alltags in den 1920er-Jahren erzählt. Im letzten Band schildert sie die Zeit von der Weltwirtschaftskrise bis zur Zerstörung Solingens.

Mit ihren Erinnerungen leistete Änne Wagner einen besonderen Beitrag zur Geschichtsschreibung. Es war ihr gelungen, ein Bild der politischen und sozialen Verhältnisse der Stadt Solingen entstehen zu lassen – lebendig, anschaulich, bestückt mit Anekdoten, und vor allem aus der Sicht der „normalen“ Leute. Manches, an das sie sich erinnerte, stand bis dahin nicht in den Geschichtsbüchern: die konkrete Lebenssituation der einfachen Leute und vor allem der Frauen aus der Arbeiterklasse. Eine bewusst subjektive und sehr persönliche Darstellung des Erlebten.

Für ihren Beitrag zur Höhscheider Geschichte verlieh ihr die Bezirksvertretung Höhscheid im Januar 1989 einen Ehrenpreis. Der Landschaftsverband Rheinland würdigte die Herausgabe der stadtgeschichtlich bedeutsamen Lebenserinnerungen der Autorin am 26. Juni 1991 mit der Verleihung des Rheinlandtalers.

Nach dem Erfolg ihres „Bestsellers“ war Änne Wagner trotz ihres hohen Alters immer bereit, als erzählende Zeitzeugin Auskunft zu geben. Dies tat sie besonders gern vor Schulklassen, in Altenkreisen, bei Vereinen und in der Volkshochschule. Fast bis zu ihrem Tod am 6. April 1997 fand jeder mit seinen Fragen bei ihr ein offenes Ohr.

Änne Wagner, 1987, Stadtarchiv Solingen

Stadtarchiv Solingen

BRIGITTTE BADEN (1944–2005)
geborene Rosemeier

Liebgewonnene Beiträge in der Solinger Morgenpost waren die Mundart-Geschichten aus der Feder von „Daniel“. Hinter diesem Namen verbarg sich einige Jahre Brigitte Baden, vielen Solingern auch bekannt als Mitglied von „De Hangkgeschmedden“.

Brigitte Rosemeier, geboren in Solingen-Höhscheid am 6. Oktober 1944, lernte schon als Kind in der Hofschaft Hossenhaus die Solinger Mundart. Ihre Eltern, Franz und Elise Rosemeier, geborene Brühne, sprachen zu Hause kein Platt, denn der Vater war gebürtig aus Hannover. Auch die Großmutter mütterlicherseits, gebürtig aus Ostpreußen, konnte die Mundart nicht sprechen. Aber es gab jemanden in der Familie, der konnte es umso mehr, eben wie eine Muttersprache. Es war der Großvater mütterlicherseits, Fritz Brühne. Und er konnte seine Enkelin Brigitte von klein an für Solinger Platt begeistern. Sie sprach nicht nur alles nach, sondern fragte auch gezielt nach „außergewöhnlichen Namen“ von Gegenständen.

Nach dem Besuch der Volksschule und der Handelsschule absolvierte Brigitte Rosemeier bei der Kassenärztlichen Vereinigung eine Lehre als Verwaltungsangestellte und blieb anschließend noch drei Jahre dort tätig. Bereits während dieser Zeit heiratete sie im Jahr 1966 Manfred Baden und brachte die Tochter Jeanette zur Welt. Nach der Geburt des zweiten Kindes, Sohn Stefan 1970, und dem Umzug ihres Arbeitgebers nach Wuppertal sowie des damit verbundenen Weges, beendete sie ihre berufliche Tätigkeit und wurde Hausfrau.

Brigitte Baden, 1981
Solinger Morgenpost, Archiv

Später schrieb sie für die Bergischen Blätter und die Solinger Morgenpost Artikel zur regionalen Geschichte und Berichte über aktuelle kulturelle Ereignisse. In Verbindung mit der Firma Wicküler richteten die „Bergischen Blätter“ jährlich einen Mundartwettbewerb aus, bei dem Brigitte Baden mit in der Jury saß.

Durch einen Nachwuchswettbewerb, den „De Hangkgeschmedden“ ausschrieben, kam Brigitte Baden 1976 zu der im Jahr 1951 gegründeten Mundartgruppe im Bergischen Geschichtsverein Abteilung Solingen. Mit ihrem Gedicht „Min Tehëim“ kam sie auf den dritten Platz und von da an hatte sie ein neues Hobby. Sie nahm regelmäßig an den monatlichen Treffen der Gruppe teil und schrieb Gedichte und Geschichten, die sich mit verschiedenen Themen auseinander setzten. Erlebnisse und Dinge, die sie beschäftigten, hat Brigitte Baden in die Solinger Mundart übertragen. Im Frühjahr 1986 erschienen ihre gesammelten Werke unter dem Titel „Min Steckeperd“ in der von den Hangkgeschmedden herausgegebenen Reihe „De Hangkgeschmedden stellen vür“ als Band 9. Lange Zeit gehörte Brigitte Baden zur jüngeren Generation der Mundartgruppe, deren Vorsitzende sie im Jahr 1991 als Nachfolgerin von Aenne Franz wurde. In jenem Jahr bekam die Gruppe den Kulturpreis der Bürgerstiftung Baden für ihre Verdienste um die Pflege der Solinger Mundart, nachdem sie bereits 1976 den Rheinlandtaler erhalten hatte.

Brigitte Baden bemühte sich stets, in ihren Geschichten und Gedichten zeitgemäße Themen zu verarbeiten. Zahlreiche eigene Veröffentlichungen legen ein Zeugnis davon ab. Themen schöpfte sie nicht zuletzt aus ihrer Familie. Vor allem die drei Enkelkinder regten sie immer wieder an, heitere wie auch besinnliche Begebenheiten zu Papier zu bringen oder bei den Mundartabenden der Gruppe vorzutragen.

Seit 1986 war der „Daniel“, der seine alltäglichen Eindrücke in der Solinger Morgenpost auf Solinger Platt veröffentlichte, weiblich. Brigitte Baden übernahm nach dem Tod von Heinz Weyersberg die Aufgabe, als „Daniel“ mit offenen Augen durch die Welt zu gehen. Und dieser änderte sich durch sie.

Brigitte Baden, 1986

Solinger Morgenpost, Archiv

In lockerem Plauderton griff sie die alltäglichen Dinge des Lebens auf und machte sich Gedanken zu unterschiedlichen Themen, die sie und andere gerade beschäftigten. Sie verstand es, den Mitmenschen unmittelbar anzusprechen. Ob es die Fremdwörter waren – von Coiffeur bis Secondhandshop – die sie auf ihre spitze Feder nahm, oder der bergische Putzfimmel, stets tat sie es mit einem Augenzwinkern, nie mit verletzendem Spott. 1991 erschienen die gesammelten „Daniel“-Kolumnen als Buch mit dem Titel „Wat der Daniel all su süht.“

In ihrer Schreibweise orientierte sich die Autorin am Mundartlexikon von August Picard. Viel Zeit musste sie investieren, um die Schreibweise zu beherrschen, und auch bei der Grammatik konnte sie sich nur teilweise am Hochdeutschen orientieren. Sie hatte in Heinz Weyersberg einen strengen Lehrmeister – so streng, dass sie anfangs nahe dran war, ihr neues Hobby aufzugeben. Später war sie froh, durchgehalten zu haben.

Wie alle aktiven Mitgliedern von „De Hangkgeschmedden" setzte sich Brigitte Baden für den Erhalt der Solinger Mundart ein. Sei es bei den gemeinsamen Auftritten bei der Matinee im Herbst, bei Bürgerfunksendungen bei Radio RSG oder diversen Auftritten einzelner Mitglieder bei den verschiedensten Feiern. Bekannt wurde Brigitte Baden vor allem durch ihre Rolle als Lieferfrau, in die sie bei verschiedenen Anlässen immer wieder gerne schlüpfte, um über die Geschichte der Solinger Schneidwarenindustrie zu informieren.

Brigitte Baden, 2005

Elise Rosemeier

Als das Bildungswerk Bergisch Land der Arbeiterwohlfahrt bei ihr anfragte, ob sie Interesse habe, Mundartkurse anzubieten, sagte sie gerne zu. Mit soviel Resonanz hatte selbst sie nicht gerechnet. Der erste Kurs war ebenso schnell ausgebucht und am Ende wollten die Teilnehmer weitermachen. Mit ihrem Angebot erreichte sie stets rund 20 Personen aller Altersgruppen und konnte sie für das Sprechen und Schreiben von Solinger Platt begeistern. Zehn Jahre, bis 2005, leitete sie den Kurs, dessen Teilnehmer sich danach noch oft getroffen haben.

Brigitte Baden, Mundartabend von „De Hangkgeschmedden" *Manfred Baden*

Solinger Platt zu pflegen, lag Brigitte Baden sehr am Herzen. Hierbei war ihr auch der Blick über den Zaun wichtig, der Kontakt zu anderen Mundartgruppen, den sie intensiv gepflegt hat. So unterhielt sie mit den „Hangkgeschmedden" Kontakte sowohl zu den Remscheider Heimatfreunden als auch zu den Mundartgruppen in Solingens Partnerstadt Aue und in der Stadt Bernbach im Erzgebirge. Gute Verbindungen zum Solinger Erzgebirgsverein pflegte sie ebenfalls. Der Bergische Geschichtsverein Abt. Solingen ernannte Brigitte Baden 2005 in dankbarer Anerkennung der verdienstvollen Förderung der Vereinsarbeit zum Ehrenmitglied.

Brigitte Baden am Peter-Witte-Brunnen, Alter Markt, 2002 *Martin Kempner*

Auch Kindern, die nicht auf der Sonnenseite des Lebens stehen, gehörte ihr Herz. Neben der Familie und der Vereinsarbeit waren die Kinder aus Belynitschi/ Weißrussland, die zur Erholung nach Solingen kamen, ein weiterer wichtiger Teil ihres Lebens. Aus dem ersten Angebot, zwei Jungen in ihrem Haus aufzunehmen, entstand ein jahrelanges Engagement der Familie Baden. Dreimal nahm Brigitte Baden an einer Gastelternreise nach Russland teil. Die Eheleute Baden nahmen nicht nur stets Kinder in ihrem Haus auf und waren bei den Aktivitäten dabei, sondern luden auch zwei Betreuerinnen nach Solingen ein.

Brigitte Baden hatte noch viele Ideen und freute sich über ihre Enkelkinder. Doch eine schwere Krankheit, die sie hoffte besiegt zu haben, setzte ihrem schaffensreichen Leben viel zu früh ein Ende. Am 18. Dezember 2005 verstarb sie mit nur 61 Jahren.

Brigitte Baden, 2005

Stadtarchiv Solingen

SIGRID COMBÜCHEN (geb. 1942)
verheiratete Åkerman

In ihrer neuen Heimat Schweden gehört eine gebürtige Solingerin schon viele Jahre zu den bekanntesten Schriftstellerinnen. Bereits im Alter von 18 Jahren veröffentlichte sie ihren ersten Roman.

Am 16. Januar 1942 wurde Sigrid Combüchen als zweite Tochter des Ingenieurs Friedrich Combüchen und seiner Ehefrau Marta, geborene Beresowitsch, in Solingen geboren. Die Mutter war gebürtige Litauerin, und die Eltern lernten sich in den 1930er Jahren in der Sowietunion kennen, wo 1934 die Tochter Inge in Gorkij zur Welt kam. Die Wellen der Geschichte führten die Familie zu Beginn des Zweiten Weltkriegs an die Uferstraße in Solingen-Ohligs.

Als sechsjähriges Mädchen ging Sigrid mit ihren Eltern nach Schweden. Die Erfahrungen von Stalinterror und Naziherrschaft waren der Anlass zur Übersiedlung in ein neutrales, sozialdemokratisches Land, wo es seit 150 Jahren keinen Krieg gab. Die Familie vagabundierte anfangs und lebte einige Zeit auf dem Land in Småland und später in der nördlichen Hafenstadt Sundsvall. Schließlich wurde die drittgrößte Stadt des Landes, Malmö am Öresund, der Platz, den man zu Hause nannte.

Sigrid Combüchen, 1948 Sigrid Combüchen

Sigrid Combüchen, 1960
Sigrid Combüchen

Dort besuchte Sigrid Combüchen die letzten zwei Jahre der Volksschule und danach acht Jahre Realschule und Gymnasium an einer renommierten Mädchenschule, wo sie ihr Abitur machte.

Im Alter von 18 Jahren veröffentlichte Sigrid Combüchen ihren ersten Roman mit dem Titel „Ett rumsrent sällskap“, zu deutsch „Eine stubenreine Gesellschaft“. Es ist bisher ihr einziger „deutscher“ Roman, inspiriert von der deutschen Gegenwartsliteratur der 1950er und 60er Jahre, die sich mit dem Nachlass der Nazizeit und mit dem Wirtschaftswunder beschäftigte.

Ihr international bekanntestes Buch ist „Byron“, das in viele Sprachen übersetzt wurde und 1991 auf deutsch erschien. Sein Thema ist der englische Dichter

Lord Byron. Obwohl hauptsächlich Romancier, schreibt Sigrid Combüchen auch essayistische Bücher und Biographien, z. B. im Jahr 2006 diejenige über den norwegischen Schriftsteller Knut Hamsun „Livsklättraren“, auf deutsch „Der Lebenskletterer“.

Die gebürtige Solingerin gehört heute in Schweden zu den wichtigen Schriftstellern, die schon früh debütiert hatten und in den 1980er Jahren ihre Position festigten. Sie wird hochgelobt für ihre Schreibweise, die manchmal als modernistisch, andermal als postmodernistisch bezeichnet worden ist.

Unter ihren Werken erscheint „Parsifal“ als zeitgenössische Darstellung der Gralgeschichte. Eine Trilogie – „Värme“, „Korta och långa kapitel“ (Kurze und lange Kapitel) und „En simtur i sundet“ – ist mit zehnjährigen Intervallen geschrieben und beschreibt die im weiteren Sinne kulturellen Veränderungen in der schwedischen Gesellschaft.

Seit etwa 1980 ist Sigrid Combüchen vollzeitig als Autorin berufstätig. Sie ist seit vielen Jahre Kritikerin für mehrere der großen schwedischen Tageszeitungen, ist Vorleserin und arbeitet mit diversen Auftraggebern aus den Bereichen Forschung, Nordische Zusammenarbeit, Stipendienverteilung usw. Seit 2003 ist Sigrid Combüchen Lehrerin und „Coach“ an der Schriftstellerschule der Universität Lund.

Sigrid Combüchen, o. J. und 2006 in Tromsö *Sigrid Combüchen*

Für ihr umfassendes schriftstellerisches Werk erhielt sie 2004 den Selma-Lagerlöf-Preis. Die Universität Lund ernannte sie 2007 zum Ehrendoktor. Sigrid Combüchen ist seit vielen Jahren Schwedin, jedoch mit einer sich stärkenden Neigung zu dem Land und Ort, wo sie herstammt. Ihr Vater starb 1987, die Mutter 2010. In Solingen gibt es keine Verwandten oder Bekannten mehr, aber in nächster Nähe. Im Roman „Parsifal“ gibt es Erinnerungen an die sonderbare Schreckensidylle, die sich mit dem blühenden Ittertal und den zerbombten Innenstädten 1947 einem Kind zeigte.

Privat ist Sigrid Combüchen verheiratet mit Dr. Nordal Åkerman, früherer Direktor des schwedischen außenpolitischen Instituts und Verfasser vieler Bücher. Sie haben eine Tochter und wohnen in Lund.

SICHTBARE KUNSTWERKE

„Künstlerinnen aus Solingen“ lautete der Titel einer Ausstellung im Deutschen Klingenmuseum im Jahr 1993. Anlässlich des 25-jährigen Bestehens des Soroptimist Club Solingen war sie auf dessen Initiative in Zusammenarbeit mit dem Museum entstanden. Die Solinger Soroptimisten gedachten damit eines ihrer verstorbenen Gründungsmitglieder, der Bildhauerin Lies Ketterer. Werke von 14 Künstlerinnen hatte man zusammengestellt.

Ralf Seilheimer, der Solinger Künstler porträtiert, bezeichnet die Anzahl namhafter Künstlerinnen, die zwischen 1900 und 1925 geboren wurden und das Solinger Kunstleben prägten, als nicht sehr groß. Sie beschränkt sich nach ihm auf eine Hand voll Namen, zu denen Änne Adey gehört.

Änne Adey wurde am 28. Juni 1900 in Solingen geboren. Nach dem Besuch der Fachschule für Metallgestaltung wechselte sie 1939 zur Akademie der Bildenden Künste in München. Nach deren Zerstörung 1944 lebte sie in einem abgeschiedenen Dorf und kehrte erst 1949 nach Solingen zurück. Hier arbeitete sie bis zu ihrem Tod 1986 als freie Künstlerin in einem eigenen Atelier. Änne Adey fertigte gegenständliche Objekte, meist Menschen- und Tierdarstellungen. In ihren letzten Lebensjahren arbeitete sie vorwiegend mit Gips und Ton.

Die Solinger Künstlerinnen bilden einen wichtigen Teil des Solinger Kulturlebens. Ihre Werke finden sich sowohl im öffentlichen als auch im privaten Raum. Durch Ausstellungen in ihren Ateliers präsentieren sie nicht nur ihre Werke, sondern sie geben den Bürgerinnen und Bürgern einen Einblick in ihre Arbeit.

Auch heute noch bekommen die Bildhauerinnen, Keramikerinnen und Malerinnen oft Unterstützung durch Sammler und Mäzene, die ihre Arbeit besonders zu schätzen wissen. Stipendien fördern ihre Weiterbildung oder Studienreisen. Ruth Boomers, Witwe des Künstlers Jan Boomers, hat in ihrem Leben viele junge Leute gefördert, die heute arrivierte Künstler sind. Für ihr bis heute anhaltendes Engagement für junge Künstlerinnen und Künstler erhielt sie 2009 den Rheinlandtaler.

LIES KETTERER (1905–1976)

Das nach 1950 neu entstandene Stadtbild von Solingen verdankt der Künstlerin Lies Ketterer einige liebenswerte, menschliche Züge: u. a. Hans im Glück mit dem Dukatenesel vor der Hauptstelle der Stadt-Sparkasse, das Peter-Witte-Denkmal auf dem Alten Markt und die „Lausbuben" in einer Merscheider Wohnsiedlung.

Geboren am 14. Juni 1905 in Berlin, besuchte Florentine Luise, genannt Lies, Ketterer seit frühester Kindheit in den Ferien oft die Großeltern mütterlicherseits in Solingen an der Burger Landstraße. Im Jahr 1913 wählten die Eltern, der Elektromonteur Carl August Ketterer und seine Frau Lina, geborene Kirschner, die Heimatstadt der Mutter zum Wohnsitz. Die Familie wohnte an der Lerchenstraße. Nach dem Besuch einer Volksschule in Berlin von Herbst 1911 bis 1913 ging Lies, das jüngste von drei Kindern, in Solingen von 1913 bis Ostern 1919 zur Volksschule.

Ihre erste künstlerische Ausbildung erhielt Lies Ketterer ab 1920 an der Solinger Fachschule bei Professor Woenne. Sie zeichnete Stahlwaren, entwarf Stickereien, machte Scherenschnitte, arbeitete mit Pinsel, Plastilin und Gips. Dann starb der Vater im Juni 1927. Lies durfte sich erst künstlerisch weiterbilden, nachdem sie 1930 eine Schneiderlehre in Solingen und Düsseldorf abgeschlossen hatte.

Lies Ketterer ging nach Dresden und machte an der dortigen Kunstschule von 1931 bis 1934 eine Ausbildung zur wissenschaftlichen Zeichnerin und Bildhauerin. Während dieser Zeit regte der „Kinderzoo" in Dresden die Künstlerin zu frühen Versuchen plastischer Tierschilderungen an. Gleichzeitig vertiefte sie sich im Dresdner Völkerkundemuseum in die künstlerischen Äußerungen fremder, untergegangener Volksstämme und fühlte sich von der geheimnisvoll unausgeschöpften Sphäre der Totemsfiguren und Eingeborenenschnitzereien so angezogen, dass sie die erste Gelegenheit ergriff, sich als Mitarbeiterin der Museumsleitung eine gründlichere Kenntnis anzueignen, als es auch der eifrigsten Besucherin möglich gewesen wäre. Von November 1932 bis April 1933 arbeitete sie als Zeichnerin, Plastikerin, künstlerische Beraterin und Mitarbeiterin im musealen Aufbau beim Völkerkundemuseum in Dresden.

Lies Ketterer, 1931

Stadtarchiv Solingen

Im ersten Halbjahr 1934 war sie zunächst Zeichnerin für Dekorationsentwurf bei der Firma Ebeling in

Dresden. Von Juli bis November arbeitete sie als medizinisch-technische Zeichnerin bei der Universitäts–Frauenklinik in Rostock. Ab November 1934 bis März 1938 war sie als technische Zeichnerin und Mitarbeiterin in der Druckvorbereitung bei den Heinkel-Flugzeugwerken in Rostock tätig. Hatte sie in Dresden die ersten Katzen geformt, so trat in der Mecklenburger Zeit das Pferd an die Stelle der Katze.

1938 ging Lies Ketterer nach Berlin. Von 1940 bis 1943 war sie Mitarbeiterin im Atelier für keramische und angewandte Kunst bei Prof. Douglas Hill an der Staatlichen Hochschule für Bildende Kunst in Berlin. Daneben besuchte sie seit 1939 an der Staatlichen Hochschule für bildende Kunst einige Seminare in Anatomie und die Metallklasse. In dieser Zeit entstanden zahlreiche Plastiken in einem spannungsgeladenen und zugleich dekorativ-freien Stil.

Ab 1943 war sie in Berlin freiberuflich als Bildhauerin tätig. Doch wie so manchen anderen warf der Zusammenbruch auch Lies Ketterer bald in die Heimat zurück. Seit Herbst 1945 lebte sie wieder in Solingen. Im November 1944 hatte sie ein schwerer Schicksalsschlag getroffen: Ihre ältere Schwester Hanne wurde in der Innenstadt von herabstürzenden Teilen eines Trümmerhauses tödlich verletzt. Allen ungünstigen Bedingungen zum Trotz schaffte sie es zu arbeiten. Es spricht für ihre schöpferische Inititative ebenso wie für ihre Fähigkeit zu künstlerischer Konzentration. In dieser Zeit entstand 1950 eine ihrer bekannten Arbeiten im öffentlichen Raum: die Gedenktafel für die Verfolgten des Naziregimes am Mahnmal in Ohligs an der Kamper Straße.

Lies Ketterer

Stadtarchiv Solingen

Am 17. September 1953 trat die Künstlerin anstelle von Anneliese Everts, die ins Klingenmuseum wechselte, eine Beschäftigung im Stadtarchiv an. An drei Tagen in der Woche war sie hauptsächlich mit der Verwaltung der Archivbibliothek betraut. Hier erwarb sie sich durch langjährige Tätigkeit die erforderlichen Fachkenntnisse zur Katalogisierung der Bücher und Zeitschriften. Für diesen Bereich später allein verantwortlich, behielt sie diese Arbeitsstelle aus finanziellen Gründen für insgesamt 17 Jahre. Erst mit Erreichen der Altersgrenze schied sie zum 30. Juni 1970 aus den Diensten der Stadt aus.

Neben dieser Halbtagstätigkeit war Lies Ketterer weiterhin als frei schaffende Künstlerin tätig und wurde durch viele Arbeiten einer breiten Öffentlichkeit bekannt. Die meisten Werke entstanden in der Wohnung an der Bozener

Straße 2. Dort schuf sie eine Reihe größerer und kleinerer Plastiken, wobei Tiere und Kinder ein besonders geschätztes Motiv bildeten, sowie Plaketten und Porträts. Einige Werke wie den Wandschmuck an der Siedlung Gunther-/Kriemhildenstraße 1957 entstanden vor Ort.

Für größere Aufträge wie den Dukatenesel im Brunnenhof der Stadt-Sparkasse nahm sie 1957 nicht nur ihren Urlaub, sondern ließ sich auch für einige Zeit von der Arbeit freistellen. Aufgrund der Größe des Objekts stellte ihr

Lies Ketterer mit einer Schülerin

Stadtarchiv Solingen

Lies Ketterer bei der Gestaltung der Hausfassade in der SBV-Siedlung Nibelungenstraße, 1957

Stadtarchiv Solingen

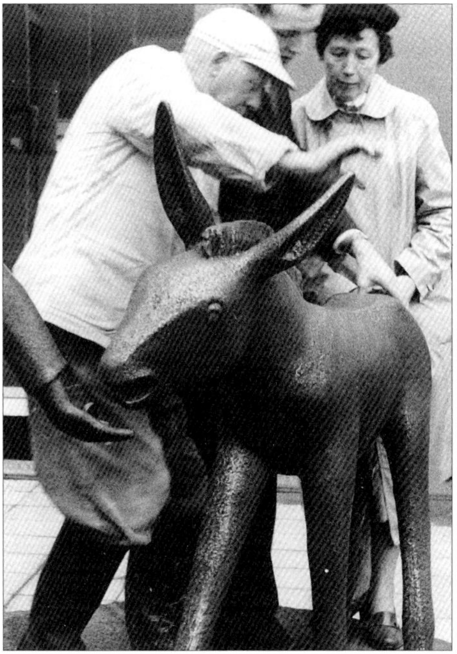

Lies Ketterer bei der Aufstellung des Dukatenesels, 1963

Stadtarchiv Solingen

die Stadt Räumlichkeiten zur Verfügung: Ihr Atelier richtete sie im Dachgeschoss der Grundschule Katternberger Straße ein. Großen Anteil an dem Ensemble hatte ihre Neffe Wolfgang – er stand Modell für den Jungen.

Spätestens seit der Schaffung des Dukantenesels gehörte Lies Ketterer zu den populärsten Köpfen der Solinger Kunstszene. Weitere ihrer wesentlichen Plastiken sind noch heute auf öffentlichen Plätzen präsent und damit sichtbare Zeichen ihres Wirkens. Im Frühjahr 1960 fanden zum Beispiel zwei Bronzefiguren, die „Lausbuben", in einer Brunnenanlage in Merscheid einen Platz. Die beiden etwa 1,60 Meter hohen Plastiken, ein Mädchen und ein Junge, für den ein weiterer Neffe der Künstlerin Modell stand, stehen am Rand eines Bassins, das heute anstatt mit Wasser mit Kies gefüllt ist.

Auch im Besitz mancher privater Sammler und Kunstfreunde befinden sich Grafiken und Plastiken, die sämtlich viel von Lies Ketterers Persönlichkeit verdeutlichen: ihr Gefühl für harmonische Relationen, ihr Mitempfinden für die Kreatur und ihren hohen Anspruch an Klarheit, Einfachheit und das Wesentliche.

1963 wurde Lies Ketterer für ihr gesamtes Werk mit dem Kunstpreis des Schlossbauvereins Burg ausgezeichnet. Aus diesem Anlass war in den Museumsräumen eine Ausstellung mit 40 Werken der Künstlerin zu sehen, darunter auch „Der Poet". Während dieser Zeit arbeitete sie bereits an einem weiteren großen Werk, das von den Solingern mit Spannung erwartet wurde – dem Peter-Witte-Brunnen.

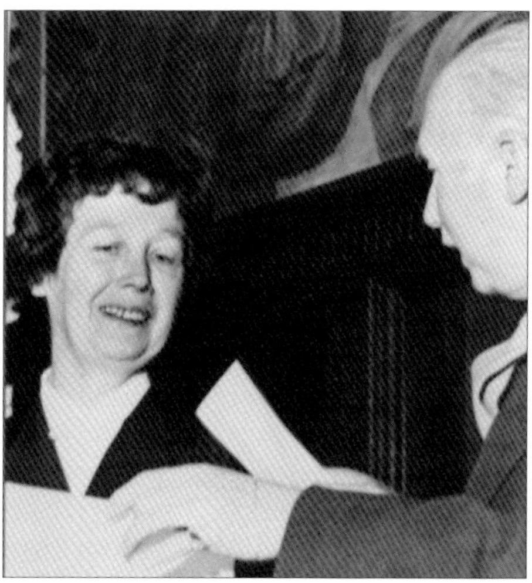

Lies Ketterer erhielt 1963 den Kunstpreis des Schlossbauvereins Burg aus den Händen des Vorsitzenden Prof. Luchtenberg

Stadtarchiv Solingen

Vier Jahre später schuf die Künstlerin im privaten Auftrag ein 2 x 6 Meter großes Bronzerelief, das in Form eines Bilderbogens ein Stück bedeutende Vergangenheit erzählt. Mit Hilfe des Frieses führte sie den Betrachter in die historische Papierherstellung und die Geschichte der Solinger Papiermühle Jagenberg ein, wo das Werk an einer Außenwand hing. Die Künstlerin begann ihre Erzählung an der rechten Seite der Bronzeplatte, wohin der Blick des Betrachters zuerst fiel. Je näher man kam, desto mehr wanderten die Augen auf dem Relief weiter bis an den linken Bildrand. Dort befindet sich ein Text zur Geschichte des Unternehmens.

Außerhalb Solingens erfuhr Lies Ketterer 1972 offizielle künstlerische Anerkennung durch ein bedeutendes Ehrengeschenk der Stadt Solingen an ihre Partnerstadt Gouda: Die Bildhauerin entwarf und formte eine Stelzenläufer-Gruppe zum 700. Geburtstag Goudas.

Lies Ketterer in Gouda, 1963

Stadtarchiv Solingen

Eine repräsentative Auswahl der Werke von Lies Ketterer und von Bettina Heinen-Ayech waren 1971 in einer Ausstellung innerhalb einer Tagung der Theodor-Heuss-Akademie zu sehen. Das Thema „Frauen in öffentlicher Verantwortung“ galt in den Augen der Tagungsleiterin, Dr. Lore Breuer-Reinmöller, auch für die beiden bekannten Solinger Künstlerinnen. Weitere Ausstellungsbeteiligungen folgten.

Neben ihrer gestalterischen Arbeit war Lies Ketterer auch literarisch tätig und gewann 1973 für ihre zwei Erzählungen „Die Aufgabe“ und „Die Kiesel“ den 1. Preis in einem literarischen Wettbewerb der VHS Solingen. Durch ihre stille Menschlichkeit hat sich die auch schriftstellerisch hervorgetretene Künstlerin in Solingens Bürgerschaft tief eingeprägt.

Lies Ketterer, 1967

Stadtarchiv Solingen

1974 konnte sie noch die Plastik eines kleinen Löwen vollenden, die der Stadt vom Solingen Lions-Club zum 600. Geburtstag geschenkt wurde. Er steht am Fronhof und erinnert an den kleinen Löwen im Dresdner Zoo, den die junge Lies Ketterer ins Herz geschlossen hatte.

Am 30. Oktober 1976 verstarb die Bildhauerin nach längerer, schwerer Krankheit. Bereits im darauf folgenden Jahr gab es von den Soroptimisten in Solingen, deren Gründungsmitglied Lies Ketterer war, und den drei Neffen der Künstlerin, Söhnen ihres 1970 verstorbenen Bruders Fritz, eine erste Gedächtnisausstellung, der weitere folgten.

ANNELIESE EVERTS (1908–1967)

Von ihren Studienreisen brachte die Künstlerin Anneliese Everts stets Ideen für neue Kunstwerke mit, die sie in ihrem Widderter Atelier umsetzte. Dabei war sie weder auf ein Material noch auf eine Technik festgelegt.

Anneliese Everts wurde am 12. Januar 1908 in Solingen geboren, genauer in Widdert, das zur damals noch selbständigen Stadt Höhscheid gehörte. Ihre Eltern waren der Scherenschleifer Richard Everts und seine Frau Adele, geborene Herder.

Von 1914 bis 1918 besuchte Anneliese die Volksschule Widdert und anschließend das Lyzeum in Solingen, das sie 1925 mit dem Abschluss Obersekundareife verließ. Zunächst war sie dann einige Zeit im Kunstgewerbegeschäft Herweg in Solingen beschäftigt und hatte dort Gelegenheit, sich in Schreibmaschinenschreiben auszubilden. Da sie auf der höheren Schule bereits die Einheitskurzschrift erlernt hatte, bewarb sie sich auf eine Stellenausschreibung der Stadt Höhscheid. Sie bekam die Stelle als Stenotypistin und arbeitete zwölf Jahre lang halbtags bei der Stadtverwaltung Höhscheid, später Solingen.

Nebenbei besuchte sie – ihrer eigentlichen Berufsneigung folgend – Kurse im Zeichnen, Malen und Modellieren an der Fachschule für Metallgestaltung in Solingen bei den Lehrern Ludwig Füllbeck und F. Otto Hoppe. Zudem erhielt sie Privatunterricht von dem Maler Albert Eichenberg. 1928 machte Anneliese Everts ihre erste große Reise. Venedig, Korfu, Athen, Konstantinopel, Malta, Tunis, Palermo, Neapel und Genua hießen die Ziele. Weitere Reisen folgten, von denen sie stets neue Ideen mitbrachte und umsetzte.

Anneliese Everts

Stadtarchiv Solingen

Anneliese Everts, 1954

Stadtarchiv Solingen

Im Oktober 1937 beendete Anneliese Everts die Tätigkeit bei der Stadtverwaltung und nahm – zur Vervollständigung ihrer künstlerischen Ausbildung – ein Studium der Malerei und Graphik an der Meisterschule des Deutschen Handwerks, der Folkwangschule in Essen, auf. Nach Beendigung ihrer Studien war sie von 1939 bis 1943 als freischaffende Malerin und Graphikerin in Solingen tätig. Dann wurde sie im Solinger Wirtschaftsamt dienstverpflichtet und war damit bis 1945 wieder bei der Stadt Solingen als Stenotypistin tätig. Aufgrund familiärer Ereignisse war sie zu Hause sehr eingebunden und erreichte die Reduzierung auf eine halbe Stelle ab 1944.

„Zahlreiche Anfragen bei mir und mehrere nicht unbedeutende Aufträge, die mir zugingen, lassen ein starkes Bedürfnis nach guter bildender Kunst erkennen", so die Künstlerin am 24. Juni 1945 in einem Schreiben an die Stadt, verbunden mit der Bitte, sie zu entlassen, um ihren Beruf als Kunstmalerin und Gebrauchsgraphikerin wieder in vollem Umfang ausüben zu können.

Anneliese Everts in ihrem Atelier

Stadtarchiv Solingen

Nach der Beendigung des Dienstverhältnisses nahm sie wieder ihre eigentliche Arbeit der freischaffenden Kunstmalerin auf. Seit 1947 waren ihre Werke in Einzel- und Gruppenausstellungen im In- und Ausland zu sehen. Sie selbst unternahm Studienreisen, vor allem nach Südeuropa, deren Eindrücke sie in ihrem Atelier in Widdert künstlerisch umsetzte.

Ab 1951 war Anneliese Everts dann wieder halbtags als Stenotypistin bei der Stadtverwaltung tätig. Zunächst war sie in der Stadtbücherei und wurde dann 1953 ins Deutsche Klingenmuseum versetzt. Dort benötigte man zur Erledigung archivalischer Arbeiten und zur Erteilung von Auskünften eine Schreibmaschinenkraft.

In den 1950er und 60er Jahren war Anneliese Everts eine der bekanntesten und bedeutendsten Künstlerinnen aus Solingen. Sie erledigte viele private Aufträge und stattete im Auftrag der Stadt Solingen z. B. das Altersheim in Gräfrath mit Wandmalerei aus. Ende der 1950er Jahre leitete sie Kurse für künstlerisches Gestalten an der Volksschule und widmete sich neben der

Malerei nun auch der Töpferei. 1963 beendete die Künstlerin ihre Tätigkeit im Deutschen Klingenmuseum, um sich ganz ihrem Werk zu widmen. Ein Jahr später erhielt sie vom Kunst- und Museumsverein Wuppertal einen Zuschuss für eine Studienreise nach freier Wahl. Sie entschied sich für Griechenland, trat die Reise 1965 an und verarbeitete ihre Erinnerungen anschließend in meisterlichen Collagen. Im selben Jahr gewann sie den ersten Preis im Wettbewerb „Spielflächen und Spielgeräte" im Rahmen der Bundesgartenschau in Essen.

1968 schrieb Wolfgang Meng, selbst Maler und langjähriger Kustos der Klingenmuseums, der lange Jahre mit ihr im Museum zusammenarbeitete, Anneliese Everts habe um ihre Bilder gekämpft, habe angestrengt und beherzt nach Lösungen gesucht. Und weiter 1998: „Anneliese Everts kam vom Realismus her, hatte sich in Bildnis und Landschaft geübt und stieß durch das Inferno von Erschütterung, Hunger und Mitleiden der Kriegs- und Nachkriegsjahre zur Poesie. ... Und sie entdeckte die Farbe, deren Überzeugungskraft und Eindringlichkeit ihr bewußt wurde."

Bevorzugt malte Anneliese Everts Kinderbildnisse sowie Mutter und Kind-Szenen. Einen besonderen Reiz und eine besondere Anziehungskraft aber boten ihr die Themen „See, Wasser, Fische und Schiffe", das spiegelt sich in Bildtiteln wie „Unter-Wasser", „Schiffe bei Sonnenuntergang" oder „Abendmeer" wider.

1966 war Anneliese Evertz an der Fachschule Blumenstraße tätig, beendete das Arbeitsverhältnis jedoch nach fünf Monate auf eigenen Wunsch. Am 19. Oktober 1967 starb die Kunstmalerin, die zuletzt am Heribertweg in Widdert wohnte, nach langem, schweren Leiden in Solingen.

Ihre Heimatstadt widmete der Künstlerin jeweils zu ihrem Geburtstag 1968, 1988, 1998 und 2008 eine Ausstellung mit einer Auswahl aus ihrem umfangreichen Werk. Die Präsentationen hatte die Stadt der in Norddeutschland lebenden Nichte der Künstlerin zu verdanken, die sich seit dem Tod von Anneliese Everts der Pflege des Werkes angenommen hatte. Dieses umfasst Gemälde, Aquarelle, Temperas, Druckgrafiken, Linoldrucke, Collagen und Zeichnungen sowie Arbeiten in verschiedenen Materialien. Sie hatte ein weitreichendes Spektrum: Sie wählte nicht nur unterschiedliche Techniken – von Holzschnitt bis zur Wandmalerei –, sondern das Gegenständliche hatte bei ihr Bestand neben dem Abstrakten.

ELISABETH WINTER-BONN (1914–2003)
geborene Bonn

Bereits in den 1930er Jahren hatte die Keramikerin in Solingen eine eigene Werkstatt und wirkte hier erfolgreich bis 1971. Ihre danach in Staufen entstandenen Arbeiten, vor allem die Figurengruppen, trafen den Geist der Zeit.

Elisabeth Gertrud Bonn wurde am 8. Mai 1914 in Ohligs geboren. Nach der Mittleren Reife besuchte sie von 1931 bis 1934 die Kunstgewerbeschule in Wuppertal-Barmen und die Fachschule in Solingen. Anschließend war sie bis 1937 Schülerin in der keramischen Werkstatt von Claus Barthelmeß in Düsseldorf-Benrath.

Nach ihrer Ausbildung baute sich Elisabeth Bonn in Solingen eine eigene Werkstatt für Baukeramik auf und führte diese bis 1939. Hier entstanden Türrahmungen, Erkerverkleidungen, Wandplatten und Einzelplastiken an Bauten. In ihren figürlichen Reliefs lebten Tendenzen des Art-deco-Stils der 1920er und beginnenden 30er Jahre nach.

Am 12. Juli 1937 heiratete die Künstlerin in Solingen den zehn Jahre älteren, aus Küllstadt/Eichsfeld gebürtigen Bankkaufmann Hans Winter. Das Ehepaar bekam zwei Kinder, Hans Dietrich 1938 und Gisela 1946.

1940 siedelte Elisabeth Winter-Bonn nach Berlin über und besuchte 1941 die Schnitzschule in Bad Warmbrunn im Riesengebirge. Von Berlin zog sie Ende Juni 1945 wieder nach Solingen. Hier waren ihre Eichenholzbildwerke, die aus den Impulsen des Expressionismus zu erklären waren, 1963 in einer Ausstellung im Deutschen Klingenmuseum zu sehen. Sie resultierten aus den Lernergebnissen in Bad Warmbrunn. Zahlreiche Bildwerke waren von ihr bekannt, „die durch ihre festgebaute Deftigkeit, durch ihre schwerem Eichenholz abgewonnene Ausdruckskraft auf einen festgeprägten Stil und klar umrissenes künstlerisches Bewußtsein schließen lassen“, ist in einem Künstlerporträt von 1966 zu lesen.

Elisabeth Winter-Bonn, 1966 *Rheinische Post, 22.10.1966*

In den folgenden Jahren schuf sie eine Reihe völlig neugearteter Plastiken und Keramiken – ein Gegensatz zu ihrem früheren Schaffen. Doch die neuen Arbeiten schienen nur Vorstufe zu neuen Holzbildwerken zu sein. Die Übertragung der an ihren keramischen Arbeiten gewonnenen Erkenntnis wollte sie auf das Holzbildwerk übertragen. Dazu suchte sie ein Holz, das geschmeidige Linien erlaubt, zurückhaltend in Ton und Struktur und dennoch von Schwere und Wucht ist.

In ihrem neuen Schaffen ging es ihr allein um die heile innere Ordnung. Das Suchen nach dem gedanklichen Gehalt raubte ihren Formen die Bitternis und erzeugte trotz aller Statuarik – sie wies auf die eigentliche Begabung der Ohligser Bildhauerin hin – den Eindruck von zeitloser Heiterkeit. „Ich fühle mich verpflichtet, den Menschen eine heitere Kunst zu zeigen", so die Künstlerin 1966, „denn ich lehne mich heute dagegen auf, daß uns die Kunst zermürben und erschrecken soll."

Am 14. Juni 1971 erfolgte die Übersiedlung des Ehepaares Winter-Bonn nach Staufen im Breisgau. Ein Jahr später wandte sich die Künstlerin wieder ihrer erlernten keramischen Profession zu und bot private Modellierkurse für Kinder an. Ab 1973 entstanden neben ihrer Lehrtätigkeit eigene Arbeiten, die sie in den folgenden Jahren bei zahlreichen Ausstellungen in verschiedenen deutschen Städten präsentierte.

Die Arbeit mit den Kindern bildeten einen wichtigen Anstoß für das neuere figürliche Schaffen von Elisabeth Winter-Bonn. Sie beschäftigte die Schüler anfänglich mit Gemeinschaftsarbeiten, bei denen z. B. eine Bäuerin modelliert wurde, die von Tieren umgeben war, und jedes Kind durfte ein Tier machen. Da die Kinder die Arbeiten gern mit nach Hause genommen hätten, erwies sich die Arbeitsweise als ungünstig. Also entstanden Einzelfiguren, die von Besuchern gerne gekauft worden wären, doch die Kinder wollten sie nicht hergeben. Also begann die Künstlerin selbst mit der Fertigung von Kleinplastiken, zu denen sie genug Ideen hatte.

Sie schuf in drei erkennbaren Schaffensphasen weitgehend gesichtslose kleinplastische Einzel- und Gruppenfiguren, aus schamottiertem Ton frei geformt und nach dem Brand mit Plakafarben bunt gefasst. Gleichzeitig entstanden auch einerseits Gefäßkeramik mit Ritzornamentik, andererseits Gefäßformen, in deren prähistorischen Aufbau sich jugendstilische Elemente einschoben. Zunehmend spielte jetzt auch die Farbe im Dekor eine gliedernde Rolle.

Über mehrere Jahrzehnte vertrat Elisabeth Winter-Bonn eine nahezu singuläre Position in der Keramik der siebziger und achtziger Jahre des 20. Jahrhunderts. Unzeitgemäß, gerade naiv erschien zunächst vielen Betrachtern der Charakter ihrer Figurengruppen, die sie aus den Leben und Alltag ihrer Zeit schöpfte. Erst mit einem wachsenden zeitlichen Abstand wurde bewusst, wie treffend, in besonderem Maße authentisch und unverwechselbar Elisabeth Winter-Bonn auf ihre Weise den Geist der Zeit, die Menschen jener Jahrzehnte der Nach-68er-Bundesrepublik Deutschland mit der Betrachtungsweise einer älteren Frau um die 60, die Elisabeth Winter-Bonn damals schon war, getroffen hat. Mit ihren aktuellen gesellschaftlichen und politischen Themen vom § 218 bis zur „Macho"-Kritik, von der Kunst- und Ausstellungsszene, aber auch mit Themen menschlicher Grundbefindlichkeiten, Alltagshandlungen und -haltungen.

Die Künstlerin wollte ihr Schaffen auch als Zeitkritik verstanden wissen. Es gibt kaum eine Beziehung zwischen den Menschen, die sie nicht in Szene gesetzt hat. Die Menschen sind Großstadtmenschen. Das ist nicht nur Hektik, sondern auch Shopping und Nachbarschaft. Kleine alltägliche Stories werden erzählt. Der Betrachter kann sich wiederfinden. Die Farben machen die Psyche der Figuren transparent, verraten Stimmung und Temperament.

Ab 1986 wandelte sich das Schaffen von Elisabeth Winter-Bonn weg von der Farbe hin zum Bronzeguss. Ihre Figuren wurden größer, wenn sie auch maßstäblich immer noch zur Kleinplastik zu rechnen sind. Durch den Wegfall der Farben sind die Figuren weniger detailliert und damit auch weniger anekdotisch. Sie wirken mehr durch die Modellierung der Volumina und durch ihre Silhouetten. Klarer zum Ausdruck als bisher kommt das künstlerische Vermögen der Bildschöpferin; das ist ein Gewinn im neuen Werk der Künstlerin.

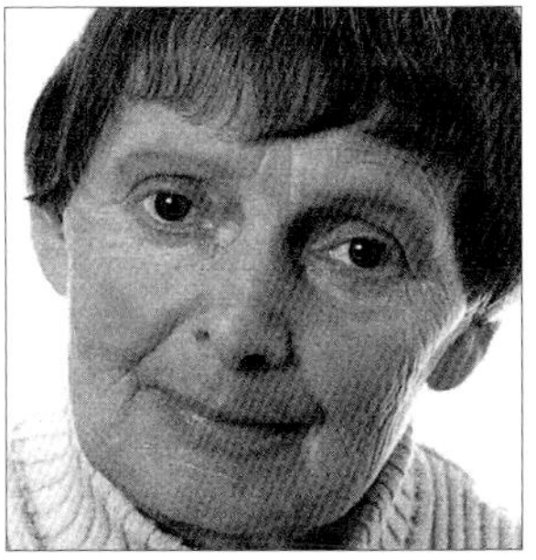

Elisabeth Winter-Bonn

Keramikmuseum Staufen

2003 verstarb die Künstlerin in Bad Krozingen. Aus einer zu ihrem 90. Geburtstag im Jahr 2004 im Keramikmuseum Staufen geplanten Retrospektive wurde eine Gedächtnisausstellung.

GERTRUD KORTENBACH (1924–1960)

Eine der herausragendsten Künstlerpersönlichkeiten Solingens war Gertrud Kortenbach. Durch ein tragisches Unglück im Alter von nur 36 Jahren verstorben, hinterließ sie trotz ihrer relativ kurzen Schaffenszeit ein beeindruckendes Werk.

Gertrud Kortenbach kam am 2. Februar 1924 in Wald am Weyer als Tochter des Fabrikanten August Kortenbach und seiner Frau Henriette Pauline, geborene Maris, zur Welt. Wohl behütet wuchs sie mit ihren zwei Schwestern in einer eigenen Welt in der Villa ihrer Eltern auf. Der Vater achtete streng auf Ordnung, Disziplin und Sparsamkeit. Mit ihrem temperamentvollen, sehr offenen und neugierigen Wesen, das schon früh andere Menschen anzog, passte Gertrud nicht immer in diesen engen Rahmen. Die Mutter, eine gebürtige Niederländerin, war für sie stets und in jeder Seelenlage eine verständnisvolle und ausgleichende Gesprächspartnerin und Helferin. Ihre Schwestern waren von ganz anderer Wesensart geprägt.

Mit Beginn der Schulzeit trat Gertrud Kortenbach aus der privaten Welt hinaus. 1930 kam sie für vier Jahre zur Volksschule Weyer – für sie eine intensive Lern- und Lehrzeit sozialer Eingliederung. Der Betrieb des Vaters war schon immer sehr sozial ausgerichtet; für das Unternehmen und seine Mitarbeiter immer ein wesentlicher Faktor.

Von 1934 bis zur mittleren Reife besuchte sie das städtische Mädchen-Lyzeum Ohligs und absolvierte dann noch drei Jahre auf der staatlichen Oberschule für Mädchen, der August-Dicke-Schule. Dort zeigte sich die künstlerische Begabung, die Gertrud von ihrer Mutter geerbt hatte. Der aus einer künstlerischen Familie stammende Deutschlehrer Studienrat Dr. Stamm erlaubte ihr, im Unterricht zu zeichnen, auch dann noch, als er selbst Objekt ihres Schaffens kleiner Karikaturen wurde. Er erkannte ihr Talent, das es zu fördern galt, und legte Gertrud Kortenbachs Eltern nahe, die Tochter künstlerisch ausbilden zu lassen. Und diese befolgten seinen intensiven Rat und sagten zu. Der Vater war offen für alles, auch wenn er mit etwas vielleicht nicht sofort einverstanden war.

Nach dem Abitur im Jahr 1942 musste Gertrud zunächst ihren Arbeits- und Kriegshilfsdienst absolvieren. Für kurze Zeit arbeitete sie in einer Munitionsfabrik in Aschersleben in der Nachtschicht, doch auf Veranlassung der Lagerleiterin wurde sie freigestellt, um die Lagerräume künstlerisch auszugestalten.

Von dort zurückgekehrt nach Solingen, durfte sie von 1943 bis 1948 die Kunstakademie in Düsseldorf besuchen. Für die Aufnahmeprüfung stand ihr im Februar 1943 in der Düsseldorfer Altstadt ein junges Mädchen Model, das sich damit etwas Geld verdiente. Gertrud Kortenbach nahm zunächst

Unterricht in Zeichnen und Malen bei den Professoren Enseling und Schmitz-Wiedenbrück und besuchte dann die erste Meisterklasse nach 1945 bei Professor Ewald Mataré, letztere gemeinsam mit Joseph Beuys, der auch mehrfach zu Besuch in Solingen bei der Familie Kortenbach war.

Ewald Mataré war von der Studentin ganz angetan und wurde ihr entscheidender Förderer und Inspirator für ihren Weg als Bildhauerin. Er schrieb später über sie: „Unter meinen Studierenden bildete sie eine Ausnahme. Sie brachte von Natur aus die Fähigkeit mit, die Ornamentik einer plastischen Arbeit zu begreifen. Unter Ornamentik ist nicht das Schmückende an einem Kunstwerk zu verstehen, sondern der organische Zusammenhang der einzelnen Glieder zum Ganzen." Sie beherrschte den Umgang mit schwierigsten Materialien in Perfektion. Gemeinsam mit ihrem Mitschüler Beuys stellte sie

Gertrud Kortenbach in ihrem Atelier

Hildegard Terp

Gertrud Kortenbach, Selbstbildnis, aquarellierte Bleistiftzeichnung, 1949

Hildegard Terp

Gertrud Kortenbach, 1953 *Hildegard Terp*

1948 Arbeiten am Südportal des Kölner Doms nach Entwürfen ihres Lehrers fertig.

Nach Abschluss des Studiums 1948 arbeitete Gertrud Kortenbach als freischaffende Künstlerin in Solingen. Sie musste ihr eigenes Geld verdienen; der Vater half den Töchtern zwar stets, dies war jedoch keine Selbstverständlichkeit. Ihr Atelier befand sich in einem Raum der Firma Kortenbach & Rauh, mitten im Treiben der Firma des Vaters, dort wo zuvor die Betriebsbuchhaltung in einfachen Räumen untergebracht war. Zahlreiche Zeichnungen, Gebrauchsgrafiken, Skulpturen aus Holz, Gips und Bronze entstanden hier in den 1950er Jahren und zeugen von ihrem künstlerischen und handwerklichen Talent. Dieser Raum diente ihr lange Zeit auch als Wohnung, bis sie später an der Altenhofer Straße eine Dachwohnung anmietete.

Wie die Aufzeichnungen in ihrem Nachlass offenlegen, arbeitete Gertrud Kortenbach mit einem hohen Anspruch an sich selbst. Oft verzweifelte sie an einer Arbeit, wenn ihr das Material Widerstand leistete, sie nicht so vorankam, wie sie es sich vorstellte. Selbstporträts, Masken, filigrane Schnitzereien in einer Kokusnuss-Schale, Metall-Intarsien in Möbelstücken, Glasbilder, Bronzeskulpturen und Relief-Arbeiten bilden ihr Spektrum.

Gertrud Kortenbachs früheste Zeichnungen hatten neben treffenden Karikaturen und Porträtskizzen vornehmlich das Pferd zum Gegenstand. Reiten war ihre höchste Freude. Aus ihren Erlebnissen und Naturbeobachtungen entstanden ab 1952 Holzplastiken und Reliefs von Pferden und schließlich 1958 eine reife Arbeit, das „Liegende Pferd“ in Bronze. Noch mehr als Pferde liebte sie das Meer, wo sie Kraft und Ruhe fand. Am Meer entstanden viele Konzeptionen, mehr als vergönnt war auszuführen.

Als Mitglied des Ringes bildender Künstler in Wuppertal-Barmen war sie an diversen Kunstausstellungen in Solingen, Bensberg, Wuppertal und Remscheid beteiligt. Beständige Förderer ihrer Arbeit waren die Solinger Freunde wie Willi Deutzmann und F. Otto Hoppe. Mit letzterem stand sie in einem umfassenden Briefwechsel. Er „verehrte sie unglaublich", so ihre Schwester heute, und hat auch Gedichte an sie geschrieben. Er war es auch, der sie in die Gießereitechnik eingewiesen hatte und ihr bei Abgüssen zur Seite stand. Willi Deutzmann begleitete sie als Mensch und Künstler. Ihm legte sie Arbeiten vor, um seine Meinung einzuholen.

In den zehn Jahren ihres Schaffens hat Gertrud Kortenbach eine vielseitige Produktivität entfaltet, die öfters ihre Kräfte überstieg. Sie beteiligte sich an mehreren großen Wettbewerben, die zu Anreizen für weitere Eigenschöpfungen wurden. Eine Fülle von Zeichnungen und Vorstudien zeugt von unablässiger Arbeit. „Wie viele sensible Hochbegabte verzweifelte sie immer wieder auch am Leben", erinnert sich ihre Schwester. Auch Objekte aus ihrer dunklen Zeit, in der sie Anfang der 1950er Jahre und nochmals 1957/58 in psychiatrischer Behandlung war, sind Bestandteil ihres Werkes.

Gertrud Kortenbach *Hildegard Terp*

Die Problematik von Leben und Tod wurde später zum Kernpunkt ihrer künstlerischen Auseinandersetzung, die ihren Ausdruck fand in der Gefallenen-Gedenktafel im Humboldt-Gymnasium in Solingen-Ohligs und in dem für die Familie Konejung angefertigten Grabmal „Engel" auf dem Gräfrather Friedhof. Für den Engel, ihr letztes großes Werk, hatte sie viel Kraft aufgewendet. Er befindet sich seit 2009 vor dem Kunstmuseum Baden in Solingen-Gräfrath.

Weitere bekannte öffentliche Arbeiten von Gertrud Kortenbach sind die geschnitzte Haustür mit Bronzegriff an der Weyerstraße und das Bronzeportrait von Prof. Paul Woenne. Tierstudien, Möbelgestaltungen und Glasfenster in privaten Sammlungen ergänzen ihr Werk.

Viel zu früh starb die Künstlerin nach einem tragischen Unfall am 8. April 1960 in Solingen. Ein schweres schmiedeeisernes Tor löste sich im Park ihres

Elternhauses an der Weyerstraße plötzlich aus der Verankerung und begrub die Bildhauerin unter sich.

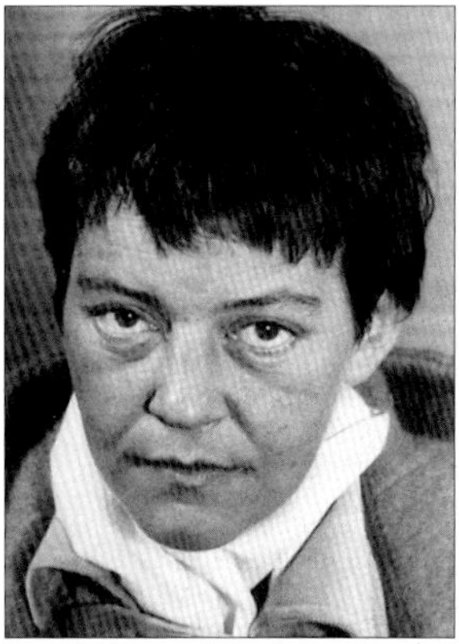

Gertrud Kortenbach

Stadtarchiv Solingen

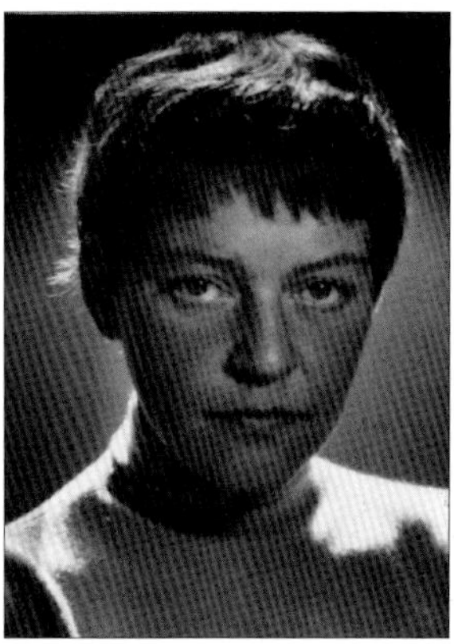

Gertrud Kortenbach

Hildegard Terp

In Gedenken an die Verstorbene zeigte das Deutsche Klingenmuseum im Sommer 1961 die Ausstellung „Aus Solinger Privatbesitz. Werke verstorbener Künstler“, wobei das Schwergewicht auf Gertrud Kortenbachs Schaffen lag. Bei der Eröffnung prägte Dr. Heinz Meckenstock, ein guter Freund aus Wuppertal, aus persönlicher Vertrautheit mit Leben und künstlerischer Überzeugung der Verstorbenen das Charakterbild einer Schaffenden, deren Ernst, komplizierte Gläubigkeit und unerbittliche Selbstkritik den Erfolg als Kriterium der Leistung gar nicht erst in Betracht gezogen habe. An seine Stelle habe sie eine Arbeitsleistung gesetzt, die eines robusten Mannes würdig gewesen wäre und deren Ausmaß selbst den Freunden verborgen blieb. Die andere Seite war der Mensch mit einer zerbrechlichen Seele. Ihr Selbstschutz war sehr speziell: Ihr apartes Äußeres, ihre gepflegte Erscheinung hörte dazu wie der treue rassige Hund. Was in Wirklichkeit Schutz der eigenen Persönlichkeit bedeutete, wurde irrtümlicherweise von manchem für Arroganz gehalten. Wer sie kannte, weiß von ihrer Liebe zum wahrhaft Menschlichen, zum Tier, zur ursprünglichen Natur, zum Meer.

Den schriftlichen und fotografischen Nachlass, den die Mutter bewahrte, pflegt bis heute die Schwester der Künstlerin, Hildegard Terp. Mit ihrer Hilfe entstand 2009 erstmals eine umfassendere Publikation zum Leben und Werk Gertrud Kortenbachs. Zur Präsentation der Ausstellung „Form vollendet“ mit Skulpturen, Zeichnungen und Grafiken der Künstlerin im Museum Baden im Februar 2009 erschienen, dokumentiert sie nachhaltig die Bedeutung Kortenbachs. Die Unterlagen offenbaren das Leben einer hochintelligenten, geistreichen jungen Frau, die ihre kluge Sicht auf die Welt auch in Aphorismen und philosophischen Aufzeichnungen festgehalten hat.

INGEBORG ZENKER (1926–2010)

Der Wunsch der Künstler nach Aufhebung der Isolation durch die Einrichtung eines gemeinsamen Ateliers mit anderen Künstlern, die sich durch ein gemeinsames Formempfinden verbunden fühlen, fand in Solingen eine erfüllende Umsetzung.

Am 9. Juli 1926 kam Ingborg Zenker als Tochter von Margarethe Zenker in Hannover zur Welt. Der Vater verstarb sehr früh. Nach der Schulausbildung begann Ingeborg 1942 in der Werkstatt Richard Uhlemeyers in Hannover eine Töpferlehre. Sie verbrachte insgesamt zehn Jahre in ihrer Heimatstadt und arbeitete nach der Ausbildung bis 1960 in verschiedenen Werkstätten.

Von Mülheim aus war sie 1957 zur Firma Zippa-Klinker in Wermelskirchen gewechselt. Hier empfahl sie Gerburg Karthausen, die sie 1954 als Lehrling kennen gelernt hatte, für eine frei gewordene Arbeitsstelle.

Die beruflichen Lebenswege der beiden Frauen hatten sich immer wieder gekreuzt, so dass eine gemeinsame Tätigkeit nahe lag.

Ingeborg Zenker als Gesellin in der Dreherei der Werkstatt Richard Uhlemeyer Gerburg Karthausen

Zunächst drückte Ingeborg Zenker noch einmal die Schulbank und legte 1961 an der Werkkunstschule in Köln die Meisterprüfung für das Töpferhandwerk ab. Kurz darauf folgte der endgültige Entschluss zur Gründung einer gemeinsamen Werkstatt mit Gerburg Karthausen.

Seit 1963 betrieben die beiden Frauen eine Keramikwerkstatt im Wipperkotten in der Wipperaue. Viele der dort entstandenen Werke finden sich in öffentlichen Sammlungen, etwa im Düsseldorfer Hetjensmuseum, im Keramion in Frechen, im Kölner Museum für angewandte Kunst und in der Münchener Neuen Pinakothek. Aber auch in unzähligen Privatsammlungen sind sie zu finden.

Am 6. Mai 1971 erhielt Ingeborg Zenker aus der Hand des damaligen Wissenschaftsministers Rau den Staatspreis des Landes Nordrhein-Westfalen für kunsthandwerkliches Schaffen im Werkbereich Keramik. Sieben Arbeiten hatte sie für die Ausstellung „manufactum 1971“ eingereicht, von denen die Jury vier auswählte. Mit dem Preisgeld von 5.000 Mark als Basis errichtete sie

Ingeborg Zenker titelte das Foto 1966: „Meine größte Vase“ *Gerburg Karthausen*

Ingeborg Zenker *Gerburg Karthausen*

gemeinsam mit Gerburg Karthausen eine eigene Werkstatt in der Nähe des Wipperkottens.

Im Mai 1973 luden die beiden Künstlerinnen in ihr neues Haus am Hang in der Wipperaue ein, in dem sie Wohnen und Arbeiten wunderbar vereint hatten. Zur Einweihung der Räumlichkeiten stellten sie 200 neue Keramiken vor, die modernen Tendenzen entgegenkamen und künstlerisches Kolorit zur Technik gaben. Die Keramikerinnen hatten eigenwillige Arbeiten mit schönen Glasuren geschaffen. Ingeborg Zenker bekam im gleichen Jahr den 1. Preis für „Junges Handwerk“ .

Einzeln und gemeinsam mit Gerburg Karthausen stellte Ingeborg Zenker ihre über die Jahre geschaffenen Werke im In- und Ausland aus. Seit der Eröffnung der Werkstatt in Solingen fanden zudem jedes Jahr Ausstellungen statt, an denen zahlreiche Besucher zu den bundesweit bekannten Keramikerinnen kamen. Die Werkstatt- und Winter-Ausstellungen im Hause Zenker-Karthausen gehören zum Kulturgeschehen Solingens und der umliegenden Städte hinzu.

Künstlerischer Stillstand war für Ingeborg Zenker ein Fremdwort. Jedes Jahr wurden die Besucher mit neuen Formen von ihr überrascht. Doch bei aller künstlerischen Variation war ihre ganz eigene Formensprache stets in ihren Werken präsent. 2002 erhielt sie in Köln den Preis für Gefäßkeramik.

Ingeborg Zenker verstarb am 27. März 2010 in Solingen und hinterließ ein umfangreiches Werk keramischer Gefäße und Plastiken.

GERBURG KARTHAUSEN (geb. 1937)

Unter Keramikfreunden sind ihre Werkstattausstellungen in der Wipperaue ein Begriff. Mit feinen Glasuren von Gerburg Karthausen erhielten viele Räumlichkeiten eine besondere Note.

Am 19. April 1937 kam Gerburg Karthausen in Mühlheim an der Ruhr als Tochter des technischen Zeichners Friedrich Karthausen und seiner Frau Helene, geborene Maassen, zur Welt. Sie war das älteste von acht Kindern. Nach der Schule wollte Gerburg eigentlich eine Musikausbildung absolvieren, machte jedoch, angeregt durch ein Angebot des Arbeitsamtes, von 1954 bis 1957 eine Töpferlehre in der Mülheimer Werkstatt Karrenberg-Dresler. Zur Ausbildung wurde sie der Gesellin Ingeborg Zenker anvertraut.

In einem Gespräch 1987 lobte Gerburg Karthausen Ingeborg Zenker, die ihr eine gute handwerkliche Formqualität vermittelt hatte. Und Ingeborg Zenker lobte Gerburg Karthausen für ihre bereits früh entwickelte Fähigkeit, gegebene Formen schnell zu erfassen und nacharbeiten zu können. Nacharbeiten deshalb, weil es in der Werkstatt Karrenberg-Dresler nicht möglich war, eigene Formen zu entwickeln. Zur Erlangung weiterer Kenntnisse über die Möglichkeiten künstlerischer Bearbeitung von Keramiken besuchten die beiden Frauen 1957 Kurse über Glasuren an der Werkkunstschule Krefeld.

Gerburg Karthausen im Ausstellungsraum der eigenen Werkstatt, 1965

Gerburg Karthausen

Nach der Lehre verließ Gerburg Karthausen Mülheim und absolvierte ein Gesellenjahr bei der Firma Lenders in Sevelen am Niederrhein. Auch Ingeborg Zenker hatte Mülheim verlassen und arbeitete seit 1957 bei der Firma Zippa-Klinker in Wermelskirchen. Hier empfahl sie Gerburg Karthausen für eine frei gewordene Arbeitsstelle, die sie auch bekam.

In Wermelskirchen entstand der Entschluss, eine gemeinsame Werkstatt einzurichten. Der Plan wurde 1963 in Solingen verwirklicht. Bald nach der Eröffnung der eigenen Werkstatt im Wipperkotten absolvierte Gerburg

Gerburg Karthausen am Brennofen
Stadtarchiv Solingen

Modellieren eines Porzellanunikats, 1990 *Gerburg Karthausen*

Karthausen 1964 in Köln die Meisterprüfung. Es folgten zahlreiche Einzelausstellungen und Ausstellungsbeteiligungen im In- und Ausland. Diverse Arbeiten befinden sich in öffentlichen Sammlungen.

Viele Auszeichnungen wurden der Keramikerin zuteil: 1963 und 1966 erhielt sie in Köln jeweils den 1. Preis für „Junges Handwerk" und 1967 in Essen den Staatspreis des Landes Nordrhein-Westfalen. Im Jahr darauf bekam sie in Cervia/Italien ein Ehrendiplom.

1971 errichteten die beiden Töpferinnnen ein eigenes Wohnhaus mit Werkstatt in der Nähe des Wipperkottens. 1973 eröffneten sie das Haus und stellten den Besuchern 200 neue Werk vor.

Schon früh setzte sich Gerburg Karthausen mit den Möglichkeiten der Formgebung in der Keramik auseinander. Die Künstlerin arbeitete bei ihrer Suche nach der für sie vollendeten Form oft in Serien. Stück für Stück veränderte sich die Ausgangsform der von ihr geformten Objekte zur Wandgestaltung auf dem Weg zu der ihr eigenen Harmonie.

Bei ihrem Material reizte sie einerseits die Schwere, das Formenschaffen aus Erde, andererseits aber auch die Wiederauflösung dieser Formen. So hat es die Künstlerin bereits früh fasziniert, die runden Gefäße, die auf der Töpferscheibe entstehen, durch Verformungen und Durchbrüche wieder aufzuheben. In eine Form gleichzeitig Ruhe und Bewegung hineinzubringen, ist das künstlerische Ziel, dem sich Gerburg Karthausen verschrieben hat. 2001 erhielt sie in Köln den Preis für Gefäßkeramik.

BETTINA HEINEN-AYECH (geb. 1937)
geborene Heinen

In Algerien lebt eine Künstlerin, die bereits im Alter von 17 Jahren gemeinsam mit den großen deutschen Malern der damaligen Zeit an einer Ausstellung beteiligt war, die in Nord- und Südamerika sowie Südafrika und Indien zu sehen war.

Bettina Heinen wurde am 3. September 1937 als viertes Kind des Journalisten und Lyrikers Hanns Heinen und seiner Frau Erna, geborene Steinhoff, in Solingen geboren. Der Vater kam gebürtig aus Bauchem/Kreis Geilenkirchen und die Mutter aus Düsseldorf. Beide waren in Solingen aufgewachsen, wo Hanns Heinen viele Jahre als Chefredakteur des Solinger Tageblatts arbeitete.

Am Stadtrand von Solingen-Höhscheid hatten Hanns und Erna Heinen um 1925 ein altes verschiefertes Fachwerkhaus erworben, in dem Bettina aufwuchs. Hier war alles Gedachte, alles künstlerisch Gestaltete wichtiger als das Materielle. 1942 flüchtete die Familie Heinen nach Kreuzthal im Allgäu, wo Bettina in der Dorfschule Unterricht erhielt.

Die erste und für sie wichtigste künstlerische Ausbildung ermöglichten die Eltern ihrer Tochter durch den engen Familienfreund und Maler Erwin Bowien. Er hatte schon früh das Talent des Mädchens erkannt, das ab 1946 in Solingen zur Volksschule Wiener Straße ging. Er ermutigte sie zum großen Format und zur Erfassung starker Farbe in ihrer zum Sinnbildhaften führenden Möglichkeit.

Am Gymnasium August-Dicke-Schule, dessen Schülerin Bettina Heinen von 1948 bis 1954 war, erhielt sie fruchtbaren Kunstunterricht bei Johanne Büßer. Im Alter von zwölf Jahren verkaufte sie erstmals ein Bild – an ihre Lehrerin Dorothea Rusch. Erste wichtige Arbeiten, Brandungsbilder und großformatige Menschendarstellungen, entstanden auf den regelmäßig in den Ferien unternommenen Malreisen, hauptsächlich nach Sylt.

Von 1954 bis 1957 besuchte Bettina Heinen die Klasse für monumentale Wandmalereien der Kölner Werkschule. Drei Vorklassen hatte man ihr erlassen. In diese Lehrzeit fiel 1955 die erste Ausstellung von 20 Aquarellen und Zeichnungen im Kurhaus von Bad Homburg, für die sie eine hervorragende Presse erhielt. Hier wurde sie, die ihre Werke seitdem mit „Bettina" signiert, der Öffentlichkeit bekannt.

Trotz der Jugend der Malerin nahm die Frankfurter Galeristin Hanna Becker vom Rath, auf das stürmische Talent aufmerksam geworden, ihre Bilder mit in eine in alle Welt geschickte Repräsentationsausstellung moderner deutscher Kunst. So stand Bettina Heinen aus Solingen zugleich mit den damals großen deutschen Malern wie Paul Klee, Max Beckmann, Max Ernst und Käthe Kollwitz im Katalog. Kein Kritiker nahm Anstoss daran, sondern „... man hätte von ihr gern mehr gesehen“, hieß es in der Presse.

Während des Studiums der monumentalen Wandmalerei und Portrait an der Kunstakademie München 1957 entstanden auf Reisen ins Tessin Darstellungen von subtropischer Flora und Landschaften. Ein Jahr später studierte Bettina freie Malerei und Figurenzeichnen an der Königlichen Kunstakademie Kopenhagen. Bis Mitternacht standen ihr, der ersten deutschen Studentin dieser Schule nach dem Krieg, die Akademiesäle offen. Hier begegnete sie der nordischen Kunst und wurde inspiriert zur ersten von zahlreichen Norwegenreisen mit Erwin Bowien. Begeistert von der unverwechselbaren Landschaft erwarb sie später eine Hütte am Fuß des Sieben-Schwestern-Gebirges.

Bettina Heinen-Ayech ist eine gegenständliche „Pleinair“-Malerin. Ihr Medium ist das Aquarell, welches sie in einer für diese Technik ungewöhnlichen Art verwendet. „Natürlich war Bettina im akademischen Betrieb mit ihren Anschauungen und ihrer unorthodoxen Handhabung des Aquarells das, was man eine schwierige Schülerin nennt; und manches von dem, was die Akademie bei ihr bewirkte, dürfte sich eher aus dem Widerspruch gegenüber strenger Regelhaftigkeit denn aus der Annahme der Lehre erklären“, so Hans Karl Pesch über die Solingerin.

Nach einer kurzen Ehe unternahm Bettina in den Jahren 1959 und 1960 wichtige Malreisen auf die Insel Sylt, ins Tessin, nach Norwegen und Paris. Für 1959 und 1962 erhielt sie aufgrund ihres Schaffens zwei Stipendien des Kultusministeriums Nordrhein-Westfalen, die ihr Reisen und Ausstellungen ermöglichten. In Paris begegnete sie Abdelhamid Ayech und kam in Berührung mit dem Maghrebinischen Emigrantenmilieu. 1961 wurde die gemeinsame Tochter Diana Cornelia geboren. Schon ein Jahr später – das Deutsche Kulturinstitut Kairo hatte sie zu einer Ausstellung nach Kairo eingeladen – ging die Künstlerin von dort auf eine große Ägyptenreise. Die gemalten Bilder, die sie mit nach Hause brachte, wichen so sehr vom Gewohnten ab, dass Bowien damals von „neuen Augen und neuen Wertungen“ sprach, da wolle eine junge Kunstmalerin „persönlich teilhaben an der Last und Würde des Menschen dort“. Damit traf er, was Bettinas spätere Kunst in Algerien innerlich bewegt.

In Bern, wo sie u. a. 1961 und 1962 in der Galerie Cachet ausstellte, bewunderte man ihren Stil und ihre ausgezeichneten Bilder sowie die Verbesserung ihrer Ausdrucksfähigkeit, des künstlerischen Denkens und Schaffens in nur fünfzehn Monaten. Sie „stürmt in einem jugendlichen Farbenrausch sozusagen über die Breitengrade unseres Planeten und fängt die Fülle aller Eindrücke zwischen der nordischen Mitternachtssonne und den Sandstürmen Aegyptens ein.“

Am 3. Februar 1963 verließ Bettina ihre Heimatstadt Solingen und ließ sich in Hamids Geburtsstadt Guelma, einer damals kleinen Stadt im Nordosten von Algerien, nieder. Seither unternimmt sie jährliche Reisen nach Solingen und bemüht sich intensiv, künstlerische und menschliche Brücken zwischen Europa und dem Maghreb zu bauen. Mit ihrer 1969 verstorbenen Mutter, Tochter Diana und Erwin Bowien unternahm sie weitere Reisen, von denen sie stets neue Werke mitbrachte. Ein erster Ankauf durch das Nationalmuseum von Algier erfolgte 1968. Im Jahr darauf wurde Sohn Haroun geboren.

1965 war Bettina zum Wesentlichen ihrer Malerei vorgestoßen. Diese begann, sich in weiterem Fortschreiten an Qualität zum Persönlichen zu verfeinern. Das galt gleichermaßen für die Landschaft wie für das Bildnis. Den Zeitbegriff im europäischen Sinne kennt sie in ihrem Leben in Algerien nicht. Sie kann das Wesen des Augenblicks erfassen, was ihr die natürliche Würde gerade der einfachen Menschen erschließt.

1970 unternahm Bettina Heinen-Ayech die letzte Reise mit Erwin Bowien, der 1972 starb. Erst nach seinem Tod begann sie bewusst von seinen Werken zu lernen, wie sie selbst sagt. 1976 erhielt sie den „Grand Prix de la ville d'Alger" und gründete in Solingen den Freundeskreis Erwin Bowien e. V., wurde

Bettina Heinen-Ayech, 1967

Solinger Tageblatt, Archiv

Bettina Heinen-Ayech mit ihren Kindern, 1969 *Solinger Tageblatt, Archiv*

dessen stellvertretende Vorsitzende und 1978 Vorsitzende. Über ihren Lehrer Bowien und über sie selbst erschienen in den folgenden Jahren diverse Monographien sowie 1992 und 2002 je ein Kulturfilm. In ihrer Funktion als Vorsitzende des Freundeskreises gab die Kunstmalerin eine Reihe von Bildbänden über Erwin Bowien heraus und als Engagement für das Werk ihres 1961 verstorbenen Vaters Hanns Heinen einige seiner Schriften.

Bettina Heinen-Ayech, Selbstbildnis, 1977 *Solinger Tageblatt, Archiv*

Am 11. Dezember 1993 erhielt die berühmte Künstlerin in ihrer Geburtsstadt Solingen den Kulturpreis der Bürgerstiftung Baden verliehen. Fünf Jahre später ehrte die Stadt Constantine in Algerien die Kunstmalerin durch einen „Prix d'honneur". Es folgten jeweils der Algerische Staatspreis als Ehrung für das gesamte künstlerische Schaffen 2003 und 2006 sowie im Jahr 2008 die offizielle Ehrung durch das algerische Kulturministerium für ihren Beitrag zur algerischen Kunst. 1993 und 2004 hatte es eine große Retrospektive im Nationalmuseum von Algier mit umfangreichen Katalogen und Ankäufe ihrer Werke durch das Museum gegeben.

In den 1990er Jahren wandte sie sich mehr Blumen, Stadtlandschaften und Porträts zu. Die Stadt Guelma ist ein häufig wiederkehrendes Motiv. So glühend wie die Hitze in Algerien sein kann, so intensiv sind die satten Farben. Sie fließen auch bei den Aquarellen nicht ineinander, sondern sind nebeneinander gesetzt, heben sich voneinander ab.

Mit den Jahren wurde die Kreativität Bettinas durch das ruhige Wesen ihres Mannes noch stärker. Um für ihn mehr da zu sein, schränkte sie ihre Ausstellungstätigkeit ein, als er schwer erkrankte.

Bettina Heinen-Ayech, 2009

Bettina Heinen-Ayech nahm seit 1955 an Kunstmessen sowie Wanderausstellungen teil und zeigte ihre Werke in unzähligen Einzelausstellungen. Ihre Arbeiten befinden sich im privaten und öffentlichen Besitz, vor allem sowohl in Deutschland als auch in Algerien. Nach dem Tod ihres Mannes im Juni 2010 plant Bettina, wieder neue Ausstellungen zu machen, die ersten in Algier und in Solingen.

In ihrem Spätwerk verinnerlicht Bettina Heinen-Ayech ihre Kunst. Sie kämpfe nicht mehr mit der starken Farbe, sagte sie kurz vor ihrer Abreise aus Solingen im September 2010, sondern fühle sich in ihr zu Hause.

STIMME UND TÖNE

Solingen ist eine Stadt, in der nicht nur der Gesang und die schöne Stimme ganz besondere Begeisterung weckt, sondern in der auch seit eh und je auffallend große und schöne Stimmen heranwachsen. Bei Musikfreunden sehr bekannte und angesehene Frauen wurden in Solingen geboren, andere kamen nach Solingen, um hier zu arbeiten.

Die Sängerin Grete Merrem-Nikisch (1887–1970), in Düren geboren, hat einige Jahre bei Familienangehörigen in Solingen verbracht. Anschließend absolvierte sie ihre musikalische Ausbildung in Köln und Leipzig. Im Jahr 1913 wechselte die Sängerin an die Dresdner Staatsoper, wo sie bis zu ihrem Bühnenabschied blieb.

Die angesehene Geigerin Johanna Watzke, die in Wuppertal das Kammerorchester leitet, kam 1973 als Leiterin des Solinger Jugendkammerorchesters nach Solingen. Sie setzte das Werk ihrer Vorgängerin Elli Vogt fort, die das Orchester ins Leben gerufen hatte.

Von 1977 bis 1986 wirkte die berühmte Dirigentin Sylvia Caduff (geb. 1937 in Chur) in Solingen. Als sie Anfang 1977 zur Generalmusikdirektorin des Städtischen Orchesters gewählt wurde, schlug dies nicht nur in der Fachwelt wie eine Bombe ein. Sie war die einzige Frau in Deutschland, die dieses Amt inne hatte, was von unzähligen Zeitungen als außerordentliche Sensation gewertet wurde. Unter den auswählenden Fachleuten gab es aber keinen Zweifel: Die Referenzen der Dirigentin aus der Schweizerin waren bestechend. Seit 1955 hatte sie Meisterkurse für Dirigieren bei den bekanntesten Dirigenten absolviert. Von 1958 bis 1961 studierte sie am Konservatorium in Luzern, danach war sie an der Oper Frankfurt und 1966/67 bei den New Yorker Philharmonikern. Seit 1967 konnte man sie als Gastdirigentin bei zahlreichen Orchestern überall in Europa, den USA, in Asien und Afrika erleben. In den Jahren 1972 bis 1976 leitete Sylvia Caduff die Dirigentenklasse und die Orchesterschule am Konservatorium Bern. 1978 wurde sie erste Dirigentin der Berliner Philharmoniker. Seit der Beendigung ihrer Tätigkeit in Solingen 1986 übernahm sie freie Tätigkeiten als Gastdirigentin auf den internationalen Konzertpodien.

Sylvia Caduff bei einer Probe mit dem Städtischen Orchester Solingen *Stadtarchiv Solingen*

HELENE STERNSDORFF (1881–1951)

Zu den bedeutenden Solingerinnen im Bereich der Musik gehört auch Helene Sternsdorff. Sie war Musiklehrerin und Organistin der evangelischen sowie der jüdischen Gemeinde.

Martha Helene Emma Mathilde Sternsdorff wurde am 16. Mai 1881 an der Brunnenstraße in Solingen als Tochter des selbstständigen Friseurs Hugo Gustav Otto Sternsdorff und seiner Frau Mathilde Helene, geborene Neeff, geboren. Der Vater war als Witwer nach Solingen gekommen und hatte die Solingerin geheiratet. Zwei weitere Töchter, Maria und Paula, kamen später zur Welt.

Helene Sternsdorff besuchte die städtische höhere Töchterschule und schloss sie mit der Mittleren Reife ab. Am 1. Mai 1899 zog sie zu ihrer Tante Alwine Zinnert, geborene Neeff, nach Potsdam, wo auch die Großeltern väterlicherseits gelebt hatten, um an dem berühmten Stern'schen Konservatorium in Berlin Musik im Fach Klavier zu studieren. Sie lebte im Hause einer älteren Schwester ihrer Mutter. 1905 kehrte sie nach Solingen zurück und erteilte bis in die 1940er Jahre Musikunterricht nicht nur im Hause Sternsdorff, sondern auch im Haushalt der Schülerinnen.

Helene Sternsdorff, 1911

Stadtarchiv Solingen

Helene Sternsdorff wurde *die* Klavierlehrerin in Solingen; sie hatte einen derart guten Ruf, dass sie sich vor Schülern nicht retten konnte. Der Unterricht, der bei anderen Klavierlehrern eine volle Stunde dauerte, dauerte bei ihr 40 Minuten. Schüleräußerungen besagen: Helene Sternsdorff behandelte ihre Schülerinnen sehr nett; sie war umgänglich und angenehm. Sie hatte einen Sinn für Freundschaft. Man konnte sehr privat mit ihr werden. Klavier – mit den verwandten Instrumenten Cembalo, Harmonium und Orgel – war ihr eigentliches Fach, aber daneben unterrichtete sie ihre Schüler auch in Theorie, Geige und Blockflöte. Aber auch bei ihr musste man Etüden üben, viel lernen und viele technische Fähigkeiten erwerben. Auch wenn sie gegenüber ihren Schülerinnen energisch auf Übungen und Korrekturen bestand, hatten sie durchweg ein gutes Verhältnis zu ihr.

Immer wieder arbeitete Helene Sternsdorff auch an ihrer fachlichen Weiterbildung. Wohl gegen Ende des Ersten Weltkriegs nahm sie Kompositionsunterricht bei dem renommierten Professor Ewald Sträßer aus Burscheid, Professor für Harmonielehre und Kontrapunkt an der Musikhochschule in

Köln, dem sie auch fünf gedruckte Lieder widmete. Sie komponierte einfache, nette Lieder, die gedruckt und von der Musikalienhandlung Hermann Assmann verkauft wurden. Später erhielt sie eine Zeitlang Kompositionsunterricht bei dem bedeutenden Professor Hermann Abendroth an der Kölner Musikhochschule.

Seit 1906 versah Helene Sternsdorff, die evangelisch getauft war, den Orgeldienst in der Synagoge und leitete selbst den Frauenchor der Synagogengemeinde. 1911 wurde sie Hilfsorganistin für die Nebengottesdienste in der Alten Kirche und in der Lutherkirche und war damit die erste vertraglich angestellte Kirchenorganistin in Deutschland. Da erstmals die Bewerbung einer Frau auf die ausgeschriebene Stelle eingegangen war, hatte es diverse Diskussionen der Entscheidungsträger gegeben. 1914 rückte sie in die Stellung einer Nebenorganistin auf.

Schon bald nach ihrer Einstellung als Hilfsorganistin der Evangelischen Kirchengemeinde Solingen arbeitete Helene Sternsdorff auch mit dem Kirchenchor zusammen. Etwa 1918 übernahm sie die Leitung des Mädchenchores, der sich in dem von Pfarrer Roese geleiteten Mädchenbund „Edeltraut“ im Pfarrbezirk Weeg gebildet hatte. Auch ihr 1918 gegründeter Madrigalchor wirkte an den Gottesdiensten in den drei Solinger Kirchen mit. Zu Ostern und zu Pfingsten machte der Chor Ausflüge. Auch Sternsdorffs Wochenendhäuschen an dem Hang zwischen Rölscheid und Rüden diente als Ausflugsziel für viele Schüler. Um 1933 löste sich der Madrigalchor auf.

Die drei Schwestern Sternsdorff blieben ihr Leben lang zusammen wohnen; Helene als Musiklehrerin und Maria als Sekretärin und Bibliothekarin an der Fachschule für Schneidwaren sorgten für den Unterhalt, während die verwachsene Schwester Paula ihnen den Haushalt führte. Am 11. Juli 1932 zogen die Schwestern zur Brüderstraße 7, die bald in Mummstraße umgenannt wurde, in ein verschiefertes Fachwerkhaus. Das Haus war voller Instrumente: Flügel, Klavier, Cembalo, Geige, Cello, Laute und Blockflöten. Im Flügelzimmer des Hauses fanden gelegentlich Schülerabende statt, auf denen die Schülerinnen und Schüler ihre Fähigkeiten präsentierten.

Mit der Machtergreifung Hitlers 1933 begann für Helene Sternsdorff eine schwierige Zeit um den Erhalt ihrer beiden Arbeitsplätze. Wenn es eine Symbolfigur für die christlich-jüdische Zusammenarbeit in Solingen gab, dann war sie es, die Sabbath für Sabbath das Harmonium in der Synagoge spielte und Sonntag für Sonntag den Orgeldienst in einer der drei Solinger evangelischen Kirchen versah. Der zuständige Ausschuss für Liturgie und Kirchenmusik der Evangelischen Gemeinde Solingen empfahl dem Presbyterium am 23. Oktober 1933, den Anstellungsvertrag mit Fräulein Sternsdorff umgehend zu kündigen, weil der Organistendienst in der Synagoge „sich nicht mit der Ehre und dem Wesen der Ev. Kirchengemeinde“ vertrage.

Um eine Klärung dieser unübersichtlichen Problematik voranzutreiben, ging sie zu dem mit der Wahrnehmung der Geschäfte des Solinger Oberbürgermeisters beauftragten Dr. Otto und fragte ihn um Rat. Er unterschied klar zwischen dem Rassenantisemitismus der Nazis und den wirtschaftlichen Zielen des Boykotts vom 1. April einerseits und der Anstellung in der Synagoge andererseits; beides habe nichts miteinander zu tun; Fräulein Sternsdorff könne weiter dort arbeiten. Trotz der üblen Verfolgungspraxis hatte Helene Sternsdorff einen persönlichen Sieg, aber auch einen Sieg im Sinne der christlich-jüdischen Zusammenarbeit davongetragen.

Organistin Helene Sternsdorff

Stadtarchiv Solingen

Das Presbyterium beriet in seiner nächsten Sitzung über den Fall. Dabei konnten die bekenntnistreuen Presbyter ein gewichtiges Argument vorbringen, dass nämlich das Presbyterium selbst „Fräulein Sternsdorff s. Zt. ... für den Dienst bei der Synagogengemeinde empfohlen“ hatte. Weitere Schriftwechsel folgten; Helene Sternsdorff lenkte die Diskussion auf die wirtschaftliche Notwendigkeit ihrer beiden Arbeitsstellen. Auch wenn sie vier Monate Verdienstausfall an der Synagoge nicht erstattet bekam, trug sie in dem sieben Monate währenden Streit einen wichtigen, kaum mehr zu erwarten gewesenen Sieg für sich persönlich, aber auch für die christlich-jüdische Sache davon. Bis zu dem Pogrom vom November 1938 konnte sie den Dienst in der Synagoge nun versehen, ohne erneut in grundsätzliche Konflikte verwickelt zu werden.

Helene Sternsdorff

Stadtarchiv Solingen

Nach 1945 war es für die Organistin schwer, wieder zu einer geregelten Tätigkeit zurückzufinden. Anfang 1946 hatte Helene Sternsdorff einen Unfall mit Knieverletzung und anhaltenden Beschwerden, die sie zwangen, auf Anraten ihres Arztes ihre „musikalische Tätigkeit, mit der irgendwelche Pedaltätigkeit verbunden ist, aufzugeben“ und damit auch auf ihr Organistenamt zu verzichten. Das Presbyterium entband sie mit Wirkung vom 1. Juli 1946 vom Orgeldienst.

Am 15. September 1948 zogen die Schwestern Sternsdorff an die Kurfürstenstraße, wo Helene Sternsdorff am 28. Februar 1951 die Treppe hinunterstürzte und kurz darauf verstarb.

COELESTINE SCHEIDMANN-HERMKES (1893–1954)
geborene Hermkes

Allgemein geschätzt und geliebt sowie vor allem von ihren Schülern verehrt wurde eine bekannte Sängerin. Nach vielen erfolgreichen Jahren im Sologesang auf der Bühne wirkte sie als Gesangspädagogin in Solingen und war lange Jahre hindurch mit dem kulturellen Leben der Stadt verbunden.

Am 16. April 1893 kam Coelestine Gertrud Margaretha Hermkes in Viersen zur Welt. Ihre Eltern waren der Kaufmann Hermann Hermkes und seine Frau Johanna, geborene Rütten, die ein Schuhgeschäft führten. Ein Bekannter, der später die schöne Stimme der jungen Frau erkannte, sagte den Eltern, Coelestine müsse unbedingt Gesang studieren. Sie beherzigten diese Meinung und ermöglichten ihrer Tochter eine Ausbildung am Konservatorium der Musik in Köln, wo sie fünf Jahre lang studierte. Ihr Hauptfach war der Sologesang, als Nebenfach hatte sie das Klavier gewählt. Zum Abschluss ihres Studiums gab sie ein Konzert im Gürzenich.

Anschließend erhielt Coelestine Hermkes eine Verpflichtung als lyrischer Sopran an der Kölner Oper, wo sie, von dem bekannten Dirigenten Professor Hermann Abendroth gefördert, in zahlreichen Opernrollen unter dem Namen Coeleste Hermes erfolgreich war. Im Ersten Weltkrieg ging sie mit ihrer Freundin Mimi Masselter zur Truppenbetreuung „auf Tournee". Sie gaben Konzerte und kleine Aufführungen für die Soldaten.

Nach dieser Zeit nahm sie weitere Gesangsstunden bei der großen deutschen Sopranistin Lilli Lehmann, die als eine der größten Gestalten in der Geschichte der Gesangskunst gilt. Mit Lilli Lehmann, die Coelestine als Meisterschülern würdigte, verband sie eine innige Freundschaft. In der Familie ist eine Anekdote bekannt, die auf das herrlich lebhafte Wesen von Coeleste Hermkes weist: Mit ihrer Freundin ging sie eines Tages auf dem Venusberg bei Bonn spazieren. Als sie zwei Soldaten der damaligen französischen Besatzungsmacht etwas unterhalb auf einem Weg sahen und sich durch diese bedroht fühlten, schmetterte Coelestine den „Walkürenruf" aus der Wagner-Oper ins Rheinland, der die Männer erschrocken weglaufen ließ.

Die Sopranistin gab damals mit großem Erfolg verschiedene Konzerte, so auch in ihrer Heimatstadt Viersen. Dann ging sie an das Stadttheater Barmen, wo sie sich dem jugendlich-dramatischen Fach zuwandte.

Von Barmen aus gastierte Coelestine Hermkes mehrfach in Solingen, so war sie 1922 im Kaisersaal als Elisabeth im Tannhäuser zu erleben. Hier hat sich vermutlich ihr zukünftiger Lebensweg entschieden, indem sie Franz Theodor Scheidmann kennenlernte. Das Angebot von Saladin Schmitt, Intendant des Schauspielhauses Bochum und zugleich der Duisburger Oper,

Coeleste Scheidmann-Hermkes

Franz Josef Scheidmann

in sein Ensemble zu kommen, nahm sie nicht mehr an.

Stattdessen heiratete sie am 14. November 1922 in Viersen den Solinger Franz Scheidmann und zog zu ihm nach Solingen an die Mainstraße. Dort war das Elternhaus ihres Mannes und dessen kleine Stahlwarenfabrik. In den folgenden Jahren hatte sie noch einige Auftritte in Konzertsälen der Umgebung, doch zog sie sich dann von der Bühne zurück.

Inzwischen war 1924 ihre erste Tochter geboren, die eines Abends, als sich ihre Mutter zum Konzert verabschiedete, ihrem Nachtgebet die persönlich Bitte anhängte: „Lieber Gott, bitte, lass die Mama schön singen!“ Da wusste die Mutter, wo sie hingehörte, und begann zu Hause mit der Erteilung von Privatunterricht im Sologesang. Im eigenen Musikzimmer stand ein Flügel und im Wohnzimmer ein Klavier, obwohl Coelestine Scheidmann-Hermkes nicht gut spielen konnte, was jedoch ihre hervorragenden Qualitäten als Gesangspädagogin nicht schmälerte. Einen großen und zum Teil sehr bedeutsamen Schülerkreis weihte sie in die Geheimnisse der Musik und des Gesangs ein. Zu ihren Schülern gehörten u. a. Max Fleck und Rudolf Trott.

Als eine längere Herzkrankheit ihrer Gesundheit schadete, beendete die bekannte Sopranistin ihre Unterrichtstätigkeit Ende der 1940er Jahre. Sie widmete sich nun ganz ihren drei Kindern, von denen die älteste Tochter Gertrud ihre wunderschöne Stimme und ihr Talent erbte. 1930 war ihr Sohn Franz Josef und 1932 Maria, eine weitere Tochter, geboren.

Wenn sie auch selbst nicht mehr auf der Bühne stand und singen konnte, so erfreute sich Coelestine Scheidmann-Hermkes doch am Erfolg ihrer Schüler. Die meisten Solisten des eigenen Ensembles am Solinger Theater, das 1947/48 begann, hatten bei ihr Gesangsunterricht bekommen.

Viel zu früh erlag die bekannte Gesangspädagogin am 5. April 1954 in Solingen ihrem Herzleiden. „Nicht nur eine wichtige und fein empfindende Künstlerin ist mit ihr dahingegangen“, stand in einem Nachruf, „sondern auch ein aufgeschlossen intelligenter Mensch mit einer Fülle herzlich warmen Humors.“

KLARA MEIS (1898–1983)

Über 40 Jahre Bratschistin und die erste Frau im Städtischen Orchester war Klara Meis. Sie erlebte den Aufbau des kulturellen Lebens in Solingen nach 1945. Musik spielte eine große Rolle in ihrem Leben.

Als Tochter des Scherenschleifers Friedrich Wilhelm Meis und seiner Ehefrau Auguste, geborene Ketter, wurde Klara Meis am 2. Februar 1898 in Solingen geboren. Von 1904 bis 1912 besuchte sie die Volksschule Böckerhof und begann bereits während der Schulzeit mit der Musikausbildung.

Nach eigenen Angaben erhielt sie von 1911 bis 1914 Unterricht an den Konservatorien in Solingen und Elberfeld, 1914 bis 1920 war sie am Konservatorium in Düsseldorf, anschließend bis 1923 an der Musikhochschule in Köln eingeschrieben. Von 1925 bis 1928 nahm Klara Meis Privatstunden bei einem Violinpädagogen in Krefeld und 1930 bis 1931 desgleichen in Bonn. Durch Selbststudium erwarb sie am 5. Mai 1933 die Mittlere Reife und legte in Düsseldorf die Musiklehrerinnenprüfung ab.

Klara Meis

Stadtarchiv Solingen

Bei der Bergischen Bühne Remscheid-Solingen war „Fidelio" die erste Opernaufführung, in der sie mitwirkte. Doch gleich in der ersten Probe hierzu befürchtete sie Schlimmes. Bei diesem Debüt im Jahr 1921 hinkte sie bei der Ouvertüren-Probe hinterher und lernte zugleich den Humor und die Kollegialität ihrer Kollegen kennen. Einer von ihnen warf ihr einen Radiergummi zu und meinte, auf das Notenblatt weisend: „Radier das mal weg. Das steht falsch da!". Bis 1923 war sie in Solingen, dann bis 1925 Mitglied des Orchesters „Komische Oper".

Klara Meis wirkte von 1925 bis 1929 als Geigerin und Bratschistin in Orchestern verschiedener Städte wie Remscheid, Krefeld und Oberhausen als Aushilfe. Zeitweise arbeitete sie in den 1920er Jahren auch in einem Kino-Orchester, das damals die noch stummen Filme musikalisch begleitete. „Es war ein hartes Brot", erinnerte sie sich später. „Sieben Stunden vollkommen im Dunkeln zu spielen, ist nicht einfach. Auch die Unterhaltungsmusik war für mich ein vollkommen neues Metier. Vor der ersten Aufführung wurde uns der neue Film vorgeführt, wobei der erste Geiger sich Notizen machte und dann aus dem Repertoire die Musik für die einzelnen Szenen aussuchte. Man sollte diese Musiker nicht geringachten. Ich habe bei ihnen viel gelernt." Mit dem Aufkommen des Tonfilms hörte diese Tätigkeit auf. Werner Saam gründete in jenen Jahren zum Teil mit den durch den Tonfilm erwerbslos gewordenen Musikern einen neuen Klangkörper, aus dem sich später das Städtische Orchester entwickelte.

Von 1929 bis 1939 war Klara Meis Mitglied in den Orchestern in Solingen und Remscheid. Zum 1. Juni 1939 erhielt sie einen Vertrag als Bratschistin im neu gegründeten Städtischen Orchester Solingen. Dass sich unter den Orchestermitgliedern auch eine Frau befand, war in jenen Jahren durchaus eine Seltenheit. Klara Meis war eine der ersten Frauen überhaupt, die in ein Symphonieorchester aufgenommen wurden. Und in Solingen blieb sie bis zu ihrem Ruhestand 1963 das einzige weibliche Mitglied. Erst danach änderte sich dies nach und nach, worüber sie sich später sehr freute.

Ab Dezember 1940 war sie die 1. Solo-Bratschistin und übernahm vertretungsweise die Konzertmeistertätigkeit. Infolge des Krieges wurde sie Anfang September 1944 zur Bezirksstelle Altstadt des Ernährungs- und Wirtschaftsamtes versetzt. Zu Ende Juli 1950 erhielt sie die Kündigung, weil das Orchester aufgelöst wurde. Ab dem 16. August des Jahres war sie dann als Mitglied des Orchesters im Dienst der städtischen Bühnen Wuppertal/Solingen eingestellt. Ein Jahr später erhielt sie ihren Vertrag als Orchestermusiker beim Städtischen Orchester Solingen. Und dort blieb sie bis Ende des Jahres 1963. Dann ging sie zwar in Rente, erhielt für die Jahre 1964 und 1965 jedoch jeweils einen Vertrag als Aushilfe im Orchester.

Viele Jahre lang war die Bratscherin auch als Pädagogin an der Solinger Musikschule tätig. Sie erteilte unzähligen Schülerinnen und Schülern Violinunterricht. Und das bis Ende 1977, kurz vor ihrem 80. Geburtstag.

Auch über ihre Pensionierung Ende August 1963 hinaus nahm sie an der Entwicklung „ihres" Orchesters teil. Sie ließ, soweit es ihr möglich war, kein Konzert aus. Eine besondere Freude war es für Klara Meis, als mit Sylvia Caduff das Solinger Orchester, in dem sie „groß geworden" war, erstmals eine Generalmusikdirektorin als „Chefin" bekam.

Im Alter von 83 Jahren verstarb Klara Meis nach langem schweren Leiden am 26. August 1981.

GERTRUD ASTEROTH (1904–2003)

Weit über Solingen und das Bergische Land hinaus hatte Gertrud Asteroth den Ruf einer ausgezeichneten Gesangspädagogin. In langjähriger Lehrtätigkeit bildete sie viele Stimmen zur Bühnenreife für das Solofach heran.

Am 7. Dezember 1904 in Alstaden/Oberhausen geboren, kam Gertrud Asteroth mit ihren Eltern 1910 nach Solingen. Ihr Vater Julius arbeitete als Lehrer an der Schule Stöcken, die Mutter Elise, geborene Bruß, ebenfalls in Alstaden zur Welt gekommen, sorgte für den Haushalt und die Kinder.

Schon mit neun Jahren begann Gertrud mit dem Klavierspielen, und von da an war das Reich der Musik ihr eigentliches Zuhause. Sie durfte die höhere Schule besuchen, doch als ihre Mutter schwer erkrankte, musste sie ein Jahr vor dem Abitur das Lyzeum verlassen, um die Krankenpflege und die Führung des Haushaltes zu übernehmen.

Gertrud Asteroth *Stadtarchiv Solingen*

Dennoch gelang es der jungen Frau, Musik zu studieren. Schnell kam Gertrud Asteroth mit einem Vorläufer der heutigen Bergischen Musikschule, dem Privat-Konservatorium Potthoff-Zimmermann, in Kontakt und bekam hier ihre Ausbildung. Die Lehrer entdeckten ihre schöne Stimme und neben dem Klavierunterricht stand seitdem auch die Gesangsausbildung. Schon während der Studienzeit pflegten sich die Mitschüler häufig Rat bei ihr einzuholen. Spätestens hier entschied sich der zukünftige Weg der Solingerin – auch vorbelastet durch ihren Vater und dessen Vorfahren – für den Lehrberuf.

Im Jahr 1933 legte Gertrud Asteroth in Düsseldorf in den Fächern Klavier und Gesang das Staatsexamen mit Auszeichnung ab. Die permanente Sorge um die kranke Mutter ließ eine Karriere als Sängerin oder Pianistin nicht zu. So eröffnete sie im elterlichen Haus an der Peter-Rasspe-Straße eine Gesangsschule. Ihr Vater starb 77-jährig im Jahr 1949 und ihre Mutter im Alter von 86 Jahren 1968.

Seit 1933 hat die Gesangspädagogin ständig unterrichtet, anfänglich auch Klavierunterricht gegeben. Sie war vor allem in Solingen tätig, doch hatte sie manchmal noch mehr in Düsseldorf zu tun und fuhr an vier Tagen der Woche dorthin. Auch in Wuppertal wurde man auf sie aufmerksam: Das Potthoff-Zimmermannsche Konservatorium holte sie als Leiterin der Ausbildungsklasse. Bis zur Zerstörung des Hauses war sie dort tätig und sang auch selbst in den Lehrerkonzerten des Instituts.

Seit Beginn ihrer Lehrtätigkeit brachte die Solingerin eine Anzahl Meisterschüler hervor, die alle in den höchsten Tönen von ihrer „Meisterin" schwärmten. Mit einem ungewöhnlichen Talent, jemandem etwas beizubringen, sang sie alles vor – auch in fremden Sprachen – und ließ nicht locker, bis die Sache saß.

Neben dem Unterricht der Schüler dachte Gertrud Asteroth ständig an die eigene Weitervervollkommnung. Nicht Lehrer halfen ihr weiter, sondern das selbst Erlebte und Gehörte: Der Besuch unzähliger Opern und Konzerte war für sie in reichem Maße Anschauungsunterricht. Wie viel sie durch diese Methode profitiert hat, bewiesen die sich von Jahr zu Jahr mehrenden Erfolge ihrer Schüler. Nicht nur Anfänger, sondern auch namhafte Opernkräfte fanden den Weg zu ihr. Ihre Fähigkeiten wurden so bekannt, dass sie mehr Schüler hatte als alle Ausbildungsklassen des Düsseldorfer Konservatoriums. Ein Angebot des Bergischen Landeskonservatoriums – sie sollte dort Dozentin werden – musste sie wegen Überlastung ablehnen.

Die stimmliche Kontrolle ist für den Sänger von größter Wichtigkeit. Nur zu leicht schleichen sich bei starker stimmlicher Beanspruchung gesangstechnische Fehler ein. In so einer Lage ist es entscheidend, dass ein erfahrenen Pädagoge die richtige stimmliche Diagnose stellt, damit eine wirksame Therapie die Funktionen des äußerst komplizierten und empfindlichen Gesangs-Apparates wieder ins Gleichgewicht bringt. Offenbar hatte Gertrud Asteroth dafür eine außerordentliche Begabung, denn auch aus Wuppertal und Düsseldorf kamen Sänger zu ihr, deren Ruf die bundesdeutsche Grenze überschritten hatte. Nicht weniger als 16 ihrer Schüler hatten bis 1955 die Bühnenreifeprüfung im Solofach gemacht. Von ihnen im engeren Raum am bekanntesten Alfons Holte, der begabte Bariton der Düsseldorfer Oper. Nachdem Alfons Holte von Wuppertal nach Berlin gewechselt hatte, holte er seine Solinger Gesangsmeisterin im Flugzeug, um seine Stimme zu therapieren. Viele, die bei ihr studierten, eroberten die Bühnen der Welt. Die Hamburger Staatsoper schickte Schüler nach Solingen, nachdem Holte bei ihr gesungen hatte.

Gertrud Asteroth (l.) und ihre Schwägerin Anneliese, München 1961 Heike Weber

Gertrud Asteroth mit ihrer Nichte Heike in Solingen, 1951 Heike Weber

Von ihren Schülern forderte Gertrud Asteroth Präzision und Fleiß, hatte aber stets auch ein offenes Ohr für persönliche Probleme. Sonntags versammelte sie die ganze Gruppe um sich, sprach über Musiktheorie und gab wertvolle Hinweise. Auch in Remscheid kannte man ihr Gesangsstudio und verwendete diese Kenntnis in besonderer Weise. Seit 1949 wurde sie mit ihren Schülern regelmäßig für städtische Konzerte engagiert und bekam dafür das städtische Orchester für anderweitige Veranstaltungen ihres Studios zur Verfügung gestellt.

Gertrud Asteroth unterrichtete noch im 90. Lebensjahr. Immer noch war ihr Klavierspiel ohne Tadel und ihre Stimme hatte etwas vom jugendlichen Klang behalten. Ihre letzten Lebensjahre verbrachte sie im Altenheim St. Josef an der Krahenhöhe. Hochgeachtet verstarb die populäre Gesangspädagogin, die sich um den Solinger Solo-Gesang verdient gemacht hatte, kurz vor ihrem 99. Geburtstag am 20. November 2003.

ELLI VOGT (1909–1973)

Durch ihre jahrzehntelange Tätigkeit als private Musiklehrerin erwarb sich Elli Vogt einen guten Namen. Der Stadt Solingen war sie als Leiterin des Jugendkammerorchesters im Haus der Jugend besonders verbunden.

Schon früh machte sich die musikalische Begabung der am 1. Mai 1909 in Wald geborenen Elli Vogt bemerkbar. Ihre Eltern, der Gießereiarbeiter Max Vogt und seine Frau Adele, geborene Beckers, ermöglichten ihr eine entsprechende Ausbildung. Fünf Jahre nahm sie Violinunterricht bei Erich Bornemann, dem Konzertmeister des Elberfelder Städtischen Orchesters, um dann bei Prof. Brahm-Eldering an der Kölner Musikhochschule weiterzustudieren.

Nach erfolgreicher Abschlussprüfung machte sich Elli Vogt als Musikpädagogin selbstständig. Viele begabte Solinger Jugendliche nahmen bei ihr Unterricht und waren später als Bratschisten und Violinisten oder gar als Konzertmeister tätig. Schon früh war Elli Vogt mit ihrer musikfreudigen Schar im Schulfunk, in Recklinghausen bei den Abenden für junge Hörer oder bei internationalen Jugendtreffen gerngesehener Gast. Sie gab zahlreiche eigene Konzerte mit ihren Schülern und als Geigenvirtuosin. Auch mit Musikdirektor Hans Herwig und Werner Saam musizierte sie zusammen.

Elli Vogt, deren Vater 1943 im Alter von 73 Jahren verstorben war, wohnte an der Gartenstraße, zog jedoch dann zu ihrer Mutter an die Sandstraße, wo diese 1958 starb. Sie blieb in der elterlichen Wohnung und unterrichtete dort auch ihre Schüler.

Das Schülerorchester von Elli Vogt bildete schließlich den Grundstock für das neugegründete Jugendkammerorchester des Hauses der Jugend in Solingen. Später spielte sie häufig mit diesem Orchester bei vielen städtischen Veranstaltungen und war mit ihm Sendbote der Klingenstadt in ihren ausländischen Partnerstädten. Je zweimal war sie in Gouda, Blyth, Berlin und Norwegen, einmal in Chalon. Überall wusste sie zu begeistern und fand Anerkennung in den Zeitungen sowie in Funk und Fernsehen der Gastländer. Nicht zuletzt hat Elli Vogt dazu beigetragen, den Kontakt Solingens zu seinen Partnerstädten zu festigen.

Als Zeichen öffentlicher Anerkennung für ihre unermüdliche Tätigkeit bekam die Solinger Musikpädagogin im Jahr 1972 die Verdienstmedaille des Bundesverdienstordens verliehen. Nur einige Monate später, am 2. Mai 1973, verstarb die Musikpädagogin nach kurzer Krankheit. Durch ihren frühen Tod hatte Elli Vogt nicht alle ihre Pläne verwirklichen können, die ihr am Herzen lagen.

HETTY PLÜMACHER (1919–2005)
verheiratete Plümacher-Lipp

Hetty Plümacher war ein leuchtender Beweis Solinger Sangeskunst, die sie in alle Welt trug. Neben Ilse Hollweg eroberte sie parallel zu einer stattlichen Männerriege seit den 1930er Jahren die Opernwelt.

Am 3. Dezember 1919 kam Hedwig Mathilde Plümacher als Tochter der Eheleute Oskar und Mathilde Plümacher, geborene Merten, in Höhscheid zur Welt. Als Kind wünschte sich Hetty, wie sie alle nannten, später einmal Sängerin zu werden. Sie hatte das Glück, in einem musikbegeisterten Elternhaus aufzuwachsen. Ihr Vater, Scherenschleifer von Beruf, hatte eine sehr schöne Tenorstimme und sang häufig mit ihrer Mutter zusammen. Die kleine Tochter eiferte ihnen nach und stand schon mit drei Jahren bei Familienfeiern unbefangen auf dem Tisch und trug zum Erstaunen und zur Begeisterung von Verwandten und Freunden ihre Liedchen vor.

Die musikalische Begabung des Kindes war so unverkennbar, dass die Eltern sich ein Klavier vom Mund absparten, auf dem Hetty bald die erstaunlichsten Fortschritte machte. Die Eltern waren für ihre Tochter um die bestmögliche Ausbildung bemüht und schickten sie nach der Volksschule aufs Lyzeum. Hier, auf der August-Dicke-Schule, fand sie in dem Musiklehrer Dr. Haas einen warmherzigen Förderer ihrer gesanglichen Ambitionen. Er und vor allen der junge Talente fördernde städtische Musikdirektor Werner Saam drängten die junge Hetty Plümacher vom Wunsch, Pianistin zu werden, zum Gesang. Bereits mit 14 erhielt sie den ersten Gesangsunterricht bei Eva Jürgens in Wuppertal und studierte mit Leidenschaft alle Klavierauszüge, deren sie habhaft werden konnte. So beherrschte sie musikalisch bald das gesamte gängige Konzertrepertoire und überdies eine Fülle von Liedern.

Nach dem Abitur besuchte Hetty Plümacher die Musikhochschule in Köln. Hier lernte sie eine junge Studentin kennen, mit der sie später oft auf der Bühne stand und ein Leben lang befreundet blieb – es war Ilse Hollweg. Zwar erhielt Hetty ein Stipendium, dennoch musste sie für ihren Lebensunterhalt arbeiten. So konnte man sie eine Zeitlang hinter dem Schalter der Deutschen Bank antreffen, wo sie Vordrucke ausfüllte und Unterschriften beglaubigte.

Nach und nach mehrten sich ihre Auftritte im Konzertsaal. 1942 stellte Werner Saam sie in einem großen Opernkonzert des Städtischen Orchesters heraus, in dem neben ihr der damals schon berühmte Carl Kronenberg auftrat. Im selben Jahr schloss sie ihre Ausbildung an der Kölner Musikhochschule ab und wurde sogleich an das Deutsche Theater in Oslo verpflichtet. Das war eine Bühne, wo sich in jener Zeit viele deutsche Sänger die ersten Sporen verdienten, einigermaßen sicher vor Kriegslärm und Bombenangriffen.

Kurz nachdem ihr Vater am 1. Juli 1942 nach schwerer Krankheit im Alter von 55 Jahren verstorben war, verzog Hetty Plümacher am 28. Juli nach Oslo. Dort debütierte sie erfolgreich als Brautjungfer im „Freischütz“ und sang bald weitere größere Rollen wie Cherubino in „Die Hochzeit des Figaro“ von Mozart und Maddalena in Verdis „Rigoletto“. War ihr die musikalische und gesangliche Bewältigung ihrer Rollen von Beginn an eigen, so wurden jetzt auch Darstellung und Bühnenpräsenz von Rolle zu Rolle besser. Ein angeborenes komödiantisches Talent und ihre Erscheinung taten ein übriges. Davon blieb auch ein vielversprechender junger Bassist namens Franz Lipp nicht unbeeindruckt, den sie schließlich heiratete.

Im Jahr 1944 wurden die Theater, auch die Deutsche Oper in Oslo, geschlossen. Die elterliche Wohnung in Solingen an der Neustraße fiel den Bomben zum Opfer.

Hetty Plümacher *Solinger Tageblatt, Archiv*

Hetty Plümacher-Lipp erlebte das Kriegsende und denWiederanfang bei der Familie ihres Mannes in Bayern.

1946 wurde sie als 1. Mezzosopranistin an die Württembergische Staatsoper in Stuttgart verpflichtet, eines der wenigen Opernhäuser, die einigermaßen intakt geblieben waren. Hier blieb Hetty Plümacher bis zum Abschluss ihrer Karriere und gehört damit zu jenem Sängerkreis, der einem Opernhaus die Treue hielt, was sie aber nicht daran hinderte, einer umfangreichen und glanzvollen Gastspieltätigkeit nachzugehen.

Als Konzert- und Oratoriensängerin und auch als Liedersängerin war Hetty Plümacher ebenso geschätzt wie auf der Opernbühne. Ihre Rollenschwerpunkte lagen zunächst in Opern von Mozart und Richard Strauss, später spielte sie auch dramatische Rollen in Wagner-Opern. Daneben war sie für die Passionen von Johann Sebastian Bach, die Oratorien von Händel und Mendelssohn und das Requiem von Giuseppe Verdi eine gefragte Konzertsolistin. Sie sang über Jahre hindurch sowohl bei den Salzburger- als auch bei den Bayreuther

Festspielen. Im Jahr 1959 erfolgte ihre Ernennung zur Kammersängerin.

Hetty Plümacher, 1956

Stadtarchiv Solingen

Wegen ihrer stimmlichen Souveränität und ihrer unfehlbaren musikalischen Sicherheit erfreute sich Hetty Plümacher stets der höchsten Wertschätzung der Dirigenten. Gerade der so überaus kritische und von allen Sängern gefürchtete Karl Böhm war von ihr so angetan, dass er sie an die Münchener Staatsoper brachte, wo sie bis in die 1970er Jahre regelmäßig gastierte. Gastspiele führten sie an die Opernhäuser und auf die Konzertpodien von Barcelona, Lissabon, Paris, Rom, London, Edinburgh und Berlin.

1964 wurde Hetty Plümacher als Dozentin für Gesang an die Staatliche Musikhochschule Stuttgart berufen und unterrichtete dort bis 1977. Seit 1970 war sie Professorin. 1977 verabschiedete sie sich auch von der Opernbühne und wurde Ehrenmitglied der Stuttgarter Staatsoper.

Hetty Plümacher, 1960

Stadtarchiv Solingen

Ihre langjährige Ehe mit Franz Lipp, aus der eine Tochter hervorging, endete mit dessen Tod im Alter von 89 Jahren Ende 2000. Hetty Plümacher-Lipp überlebte ihn um einige Zeit. Ein halbes Jahr nach ihrem 85. Geburtstag starb die berühmte Kammersängerin am 3. Juni 2005 an ihrem langjährigen Wohnsitz Steinenbronn.

Hetty Plümacher, 1994

Solinger Morgenpost, 1994

ILSE HOLLWEG (1922–1990)

Aus einer bergischen Familie stammend, in der das Singen selbstverständlich war, kam Ilse Hollweg. Sie sang schon als kleines Mädchen im Volkschor Wald und war 1938 die jüngste Studentin an der Kölner Musikhochschule.

Ilse Hollweg wurde am 23. Februar 1922 als Tochter von Rudolf und Johanne Emilie Hollweg, geborene Schneider, am Weyer in Wald geboren. Der Vater war bei den Ohligser Röhrenwerken beschäftigt und wurde später nach Siegburg versetzt, wo Ilse Hollweg ihre Jugendzeit verbrachte.

Gesungen hat sie schon als kleines Mädchen mit ihrer Mutter, die eine schöne Altstimme hatte, und später auch im Kirchenchor, wo sie mit sieben Jahren Soli in der Kirche sang. Tänzerin wollte sie werden oder Pianistin. Ersteres fand die Mutter zu unsolide, mit Klavierlehrerin war sie dann einverstanden. Doch ihre Hände blieben zu klein, um die Oktaven- und Dezimengriffe des virtuosen Repertoires bewältigen zu können. Gerne ging sie auch zur Ballettstunde und die dort erlernte Grazie der Bewegung kam ihr später sehr zu statten.

In Siegburg gab es keinen Kinderchor, aber dafür eine ausgezeichnete Klavierlehrerin. Der Vater schickte seine damals achtjährige Tochter zu Elise Euler, die sie später ermutigte, sich einer Aufnahmeprüfung an der Kölner Musikhochschule zu unterziehen. Zuvor war Ilse Hollweg einige Jahre klavierspielend und singend das „Bonbon“ aller Schülerkonzerte. Schon mit neun sang sie in einem Schulkonzert das „Veilchen“ von Mozart, wobei sie sich selbst am Flügel begleitete.

In Köln durfte die 16-jährige vorspielen und vorsingen, doch annehmen wollte man sie nicht: „Kommen Sie in zwei Jahren wieder, Sie sind noch zu jung!“ Da meldete sich eine Dame aus dem Prüfungskomitee zu Wort und sagte: „Die Kleine kann ja nicht anders, die muss ja singen!“ Die Dame war Gertrud Foestel, einst einer der großen Stars der Wiener Hofoper. Das überzeugte schließlich auch die übrigen Mitglieder der Kommission und so wurde 1938 Ilse Hollweg die jüngste Studentin an der Kölner Musikhochschule. Gertrud Foestel begleitete die große Karriere von Ilse Hollweg als Lehrerin.

1942 legte die Solingerin mit Auszeichnung ihre Examen in Gesang und Klavier ab und wurde bald darauf an das Theater in Saarbrücken engagiert. Sie debütierte als Blondchen in Mozarts „Die Entführung aus dem Serail“. Als die Theater schlossen, wurde sie dienstverpflichtet und musste eine Weile im Rathaus von Siegburg Bezugscheine ausstellen. Nach dem Krieg konnte sie zunächst nur vor den Besatzungstruppen singen, doch schon 1946 holte man sie nach Düsseldorf, einem der wenigen, noch bespielbaren Operntheater in Westdeutschland.

Ilse Hollweg *Privat*

Auf Düsseldorf folgte die Hamburger Staatsoper und 1950 Edinburgh. Ilse Hollweg gelang in Edinburgh geradezu eine Sensation, weil sie die große Arie „Allmächtige Prinzessin" in der extrem schwierigen ersten Fassung sang, was erst dreißig Jahre später Editha Gruberova wieder gelang.

Als sie dies Kunststück an der Wiener Statsoper wiederholte, legte Clemens Krauss, der Dirigent des Abends, den Taktstock aus der Hand und beteiligte sich am Applaus.

Ein weiterer Schritt zur großen Karriere war 1950 ihr Auftritt bei den Festspielen in Glyndebourne als Konstanze in der „Entführung aus dem Serail" von Mozart.

Es folgten Jahre des Aufstiegs und großer Erfolge. 1951 kam sie nach Berlin, im Jahr 1952 holte Clemens Krauss sie an die Wiener Staatsoper, von wo sie der Ehe wegen ins Rheinland zurückkehrte. Sie heiratete im Jahr 1952 den Arzt Platon Petrides, später Professor in Düsseldorf und Chefarzt in Duisburg.

Ilse Hollweg in ihrem Musikzimmer Privat

Ilse Hollweg mit ihren Eltern und ihrem Bruder, 1962 Privat

Ilse Hollweg als Oscar in Verdis Oper „Ein Maskenball", 1956 Privat

Ilse Hollweg als Madame Felice in „Die vier Grobiane" Privat

1954 sang Ilse Hollweg zum ersten Male bei den Bayreuther Festspielen. Als Blumenmädchen im Parzival traf sie auf eine Kollegin, die sie von der Musikhochschule kannte und mit der sie eine jahrzehntelange Freundschaft verband: die bedeutende Solinger Sängerin Hetty Plümacher. 1955 erschien sie als Konstanze bei den Salzburger Festspielen.

Ilse Hollweg *Solinger Tageblatt, Archiv*

Ilse Hollweg sang alles: alte Musik, Klassik und Moderne, Lied und Oratorium. Sie gab Operngastspiele und Konzerte in ganz Europa und Südafrika. Ihr Opernrepertoire umfasste weit mehr als 30 Partien. In den 1970er Jahren konnte man Ilse Hollweg noch häufig am Opernhaus Düsseldorf und im Konzertsaal hören. Seit 1973 wirkte sie an der Musikhochschule in Köln und leitete dort eine Meisterklasse für Gesangsolisten.

„Ich singe nicht, um zu leben, ich lebe, um zu singen!" Das war die Devise, der Ilse Hollweg ein ganzes Leben lang gefolgt ist. Nach ihrer Scheidung lebte sie seit 1972 im Haus ihrer Nichte am Rand von Solingen. Seitdem war ihre Stimme auch wieder in Solingen zu hören. 1977 sprang sie z. B. für einen erkrankten Sänger ein und gab gemeinsam mit den Wupperhofern ein Konzert in der Lutherkirche. Älteren Mitbürgern bereitete sie mit Liedernachmittagen eine Freude.

Im September 1989 war ein Abschiedskonzert in Wien vorgesehen. Dazu kam es nicht mehr. Die Sängerin erkrankte an einer Lungenentzündung, durch deren Spätfolgen sie am 9. Februar 1990 verstarb. Ministerpräsident Rau wollte sie am 16. März mit dem Verdienstkreuz des Landes für besondere künstlerische Leistungen auszeichnen. Als Koloratursopranistin hat Ilse Hollweg Maßstäbe gesetzt.

HELGA LEISTER-BOCKHOFF (geb. 1927)
geborene Bodenhausen

Ein fast 200 Jahre alter Männergesangverein hat seit über zwanzig Jahren gerne eine Frau in seinen Reihen. Die in der Schweiz lebende gebürtige Solingerin Helga Leister-Bockhoff ist die Protektorin und Ehrenmitglied der Wupperhofer.

Helga Leister-Bockhoff, in den Jahren 1988, 2000, 2008
Helga Leister-Bockhoff

Helga Elfriede Bodenhausen kam am 6. Dezember 1927 als Tochter der Eheleute Friedrich und Elfriede Bodenhausen, geborene Lösenbeck, im damaligen Klösterchen in Haan zur Welt. Damals wohnten die Eltern in Ohligs an der Niederstraße und später an der Pfeilstraße. Der Vater war von Beruf Ingenieur und arbeitete bei der Deutschen Reichsbahn und nach dem Krieg bei der Bundesbahn.

Nach dem Besuch der Volksschule absolvierte Helga Bodenhausen ab 1943 eine kaufmännische Ausbildung. Dann lernte sie Karl Leister kennen, den sie am 8. April 1949 in Solingen heiratete.

Die Eheleute Leister gründeten noch im gleichen Jahr in Solingen am Mangenberg einen Betrieb zur Produktion von Infrarotstrahlern und Handstaubsaugern. 1954 stellten sie hier weltweit erstmalig elektrische Heißluftgeräte zum Schweißen von Kunststoffen her. An der Löhdorfer Straße 30–36 ließ Helga Leister im Jahr 1965 ein hochmodernes Fabrikations- und Verwaltungsgebäude errichten.

Bereits im September 1960 war die Gründung einer Fabrikation in Kägiswil/Obwalden in der Schweiz erfolgt, wohin 1977 die gesamte Produktion verlegt wurde. Das Werk in Solingen wurde 1978 geschlossen. Bis zu diesem Zeitpunkt führte Helga Leister in Solingen als Einzelfirma die „Karl Leister Elektro-Gerätebau“. Aus der einstigen Solinger Firma wurde das heute weltweit operierende Unternehmen „Leister Process Technologies Kaegiswil“, das seit dem Tod des Gründers 1993 dessen zweite Frau weiterführt.

Helga Leister wohnt seit 1978 in der Schweiz und heiratete nach ihrer Scheidung in zweiter Ehe 1988 in Zürich Eugen Bockhoff. Mit ihrem 1936 in Ahaus/Westfalen geborenen Ehemann lebt sie heute in Meilen in der Schweiz.

Die gebürtige Solingerin übernahm 1987 das Protektorat über den MGV Solingen-Wupperhof 1812 e. V. Der Kontakt hatte schon lange durch Eugen Bockhoff bestanden. Er wohnte seit 1973 in Solingen und war aktiver Sänger der Wupperhofer. Heute ist er Ehrenmitglied.

Das Engagement von Helga Leister-Bockhoff zeigt, dass sie die Verbundenheit zu ihrer Heimatstadt Solingen nie verloren hat. Seit Jahren hat sie den Chor in unnachahmlicher Weise unterstützt und gefördert. Sie finanzierte Reisen und sorgte für Konzerte mit großen Gesangsstars. Wenn es ihr möglich war, reiste sie mit ihrem Mann aus der Schweiz an und nahm an Konzerten in Solingen teil.

Helga Leister-Bochkhoff mit den Wupperhofern und Gästen im Helga-Leister-Haus bei dessen feierlicher Einweihung, 1999

Helga Leister-Bockhoff

Neben dem Engagement für „ihre" Wupperhofer hat sich Helga Leister-Bockhoff auch der Förderung junger Künstler verschrieben. Die von 1990 bis 1999 existente Helga-Leister-Stiftung in Meilen förderte die fachlich qualifizierte Ausbildung begabter junger Sängerinnen und Sänger am Opernhaus/Opernstudio Zürich.

Mäzenatentum ist nicht alltäglich und gerade deshalb ist das besondere Geschenk, das die Wupperhofer im Jahr 1999 von ihrer Protektorin erhielten, etwas Außergewöhnliches. Helga Leister-Bockhoff schenkte ihnen das notwendige Kapital zum Kauf des ehemaligen evangelischen Gemeindezentrums an der Kotter Straße 86. Das als Dank nach ihr benannte Helga-Leister-Haus hat sich zu einem Ort für musikalische und gesellige Veranstaltungen entwickelt, das nicht nur von den Wupperhofern genutzt wird.

Helga Leister-Bockhoff fördert den Chor ohne Eigennutz und ohne den Hintergedanken eines Sponsors. Es ist vor allem ihr zu verdanken, dass die Wupperhofer den guten Ruf der Klingenstadt nach außen tragen können.

SCHAUSPIEL UND TANZ

Die beiden berühmten Solingerinnen Pina Bausch und Veronica Ferres waren bzw. sind nicht die ersten in ihrem Metier, die zu Ehren kamen. In Solingen kamen noch weitere Frauen zur Welt, die später die Bühnen eroberten. Einige schon länger bekannte Schauspielerinnen haben hier einige Zeit gewohnt.

Dass sie ihre Heimatstadt verlassen haben, liegt an ihrem Beruf. Sie können diesen in Solingen nicht professionell erlernen und auch nicht ausüben. Dazu gingen sie an Schauspielschulen in den Großstädten, an die großen Theaterbühnen und Filmstudios. Lernten sie dort dann auch noch ihren Lebenspartner kennen, suchten sie verständlicherweise ein gemeinsames Zuhause in Arbeitsplatznähe.

Zu Beginn der 1950er Jahre wohnte kurze Zeit eine junge Schauspielerin in Solingen. Mit ihren Eltern Otto Kurt und Martha Adele Rau, geborene Örtel, war Brigitte Susanne Rau, geboren am 31. Dezember 1933 in Pethau, Kreis Zittau, 1950 von Berlin nach Solingen gezogen. In Berlin begann Brigitte Rau, Schauspielschülerin von Helene Körber, ihre Theaterlaufbahn. Im Film debütierte sie 1952 mit dem Familienfilm „Der Kampf der Tertia". 1954 heiratete sie ihren damals bereits seit vielen Jahren berühmten Berufskollegen Gunnar Möller.

Nach der Heirat setzte Brigitte Rau ihre Schauspieltätigkeit unter ihrem Geburtsnamen fort. Sie trat als Schauspielerin auf der Bühne in Erscheinung, vornehmlich wurde sie jedoch durch Kino- und Fernsehfilme bekannt. Nach der Geburt ihrer drei Kinder widmete sie sich mehr deren Erziehung. 1960 zog die Familie Rau-Möller nach Schweden, wo Verwandte von ihm wohnten. Von dort aus nach Griechenland in den Urlaub fahrend, machte Brigitte Rau in Solingen Station. 1971 erfolgte der Umzug nach London. Doch die Ehe des Paares war nicht mehr so glücklich wie in den ersten Jahren. In einem abermaligen Streit um die bevorstehende Scheidung erschlug Gunnar Möller seine Frau am 24. September 1979 im Affekt mit einem Holzschemel. Er wurde vom Londoner Strafgericht zu fünf Jahren Haft verurteilt, von denen er zwei Jahre verbüßte. Ende 1981 kam er nach Deutschland zurück und spielte wieder Theater und trat im Fernsehen auf.

Eine kurze Zeit wohnte ein berühmte Schauspielerin und Sängerin in Solingen an der Wilhelmshöhe. Cornelia Froboess (geb. 1943) und ihr Mann, seit 1979 einige Zeit Wuppertaler Generalintendant, hatten das repräsentative Wohnhaus einer bekannten Solinger Familie erworben.

Nach einer Karriere als „Kinderstars" zogen die Schwestern Nanny Dau, verheiratete Buchner (1906–1997) und Tilly Dau (1910–1989) nach Solingen-Ohligs. In Hamburg geboren, traten sie seit ihrer Kindheit bis ca. 1930 als

Tanzduo „Dau-Sisters“ auf. Tilly hatte nach der gemeinsamen Karriere mit ihrer Schwester mit dem Duo „Tilly & Elly“ Erfolge. Ihre Tanzpartnerin war Elisabeth Vollmer, die zuvor schon als „Elly Volmero“ bekannt war. Nach der gemeinsamen Zeit mit ihrer Schwester trat Nanny Dau zunächst als Mitglied der Tanzgruppe „Dalau-Trio“ und anschließend als Solo-Artistin auf. 1933 heiratete sie in Berlin-Charlottenburg einen Herrn Buchner. Die kinderlose Ehe wurde 1941 geschieden. Während des Krieges reiste Nanny als Truppentänzerin nach Norwegen und trat vor deutschen Soldaten auf. Ihre Künstlerkarriere nahm sie nach Kriegsende jedoch nicht mehr auf, sondern machte sich selbstständig und betrieb seit Dezember 1945 an der Potzhofer Straße 11 eine Schneiderei, in der Taschen, Trachten und kunstgewerbliche Kragen hergestellt wurden. Durch ihre weitere Tätigkeit ab 1960 dürfte sie einigen Solingern gut in Erinnerung sein: Bis zur 1979 erfolgten Kündigung durch die Filmbetreibergesellschaft Helmut Rehbein war sie als Kassiererin beim Central-Theater in Solingen-Ohligs angestellt.

Brigitte Rau besuchte mit den Kindern ihre Mutter, 1967 *Solinger Tageblatt, Archiv*

ANTOINETTE FOURNIER (1813–1882)
verheiratete Kronser

Eine der besten Schauspielerinnen an der Wiener Hofburg erblickte in Solingen das Licht der Welt. Der Aufstieg eines schauspielernden Waisenkindes zur gefeierten Hofschauspielerin mutet wie ein Märchen an.

Wilhelmine Antonia Johanna Fournier wurde am 12. September 1813 als Tochter des Adjudanten Blaise Fournier und der Schauspielerin Henriette Wilhelmine, geborene Huber, in Solingen geboren. Sehr früh schon verlor sie ihre Eltern und kam zu ihrer Tante, der Schauspielerin Emilie Huber. Diese zog das Kind als „lebendes Inventar" einer umherziehenden Schauspieltruppe auf.

Als Toni Huber erschien Wilhelmine am 2. Dezember 1821 auf dem Spielplan des Königlichen Hoftheaters in Hannover in einer Jungenrolle. Bis 1824 blieb sie mit ihrer Tante, die von ihrem Mann verlassen war, und deren zwei Kindern dort. „Mit viel List und Tücke, mit Namensänderung, unterschiedlichen Alters- und Geburtsortangaben, boxte sie für 'Toni Huber' den Weg auf Bretter frei, die die Welt bedeuten," so Lohausen, der eine umfangreiche Biographie der Schauspielerin erstellte.

Nach einer Zwischenstation auf einer Wanderbühne in Wesel erhielt Antoinette Fournier, wie sie sich jetzt nannte, im April 1826 bei der Großherzoglich Hessischen National-Bühne in Mainz ihr erstes ordentliches Engagement als jugendliche Liebhaberin. Sie sprach den Prolog zur Saisoneröffnung und spielte unter anderem die Emilia in „Emilia Galotti", Agnes Sorel in der „Jungfrau von Orleans", die Dorothea in „Herman und Dorothea".

Bereits 1827 stellte sich Antoinette Fournier mit Gastrollen beim Königlichen Hoftheater in Dresden vor und spielte dort im April, Mai und September mit großem Erfolg. Sie wurde engagiert und glänzte mit „Yelva oder die Stumme" in einer Paraderolle. Zur Feier anlässlich des 80. Geburtstages von Johann Wolfgang von Goethe sprach die Solingerin den Prolog.

1830 erhielt die Schauspielerin ein Engagement beim Königlichen Hoftheater in Berlin. Hier hatte sie jedoch wenig Möglichkeiten, ihr Talent zu zeigen, und nahm daher 1833 das Angebot des Grafen Deinhardstein an, beim Burgtheater in Wien als Hofschauspielerin tätig zu werden, nachdem sechs Gastrollen 1832 glücklich verlaufen waren.

Antoinette – und auch ihre Tante, die jedoch einige Jahre später starb – waren am Ziel ihrer Lebensarbeit im Dienst des Theaters angekommen. Mit der Verpflichtung als erste Kraft am Hoftheater war nicht nur eine gute Bezahlung, sondern auch die feste Anstellung mit Pensionsaussicht verbunden. Bis zum Jahr 1836 stand Antoinette Fournier in der ersten Reihe der

Burgschauspielerinnen mit Rollen wie der Johanna in „Johanna d'Arc", Gülnare in Grillparzers „Traum ein Leben", Maria Stuart, Lady Milford, Ophelia und Beatrice in der „Braut von Messina".

Am 11. Februar 1839 heiratete Antoinette Fournier in Wien den Badearzt Dr. Nikolaus Kronser, gebürtig aus Ems an der Mosel. Tochter Emilie kam am 12. November 1839 zur Welt.

Antoinette Kronser-Fournier blieb auch auf dem Höhepunkt ihrer Laufbahn nüchtern, bescheiden, gescheit, streng und religiös. So berichten es die Chronisten. Nach jahrelangem Existenzkampf fand sie in Wien ihre Erfüllung. Die Sommer verbrachte sie mit Mann und Tochter an der Wirkungsstätte Dr. Kronsers in Karlsbad, in der übrigen Zeit war sie in Wien.

Nach ihrer Pensionierung im Jahr 1872 zog sich Antonia Kronser-Fournier mit ihrer Familie nach Graz zurück. Dort starb die Burgschauspielerin aus Solingen am 21. Januar 1882.

Antoinette Fournier, Porträt von Moritz Adolf Stein

Österreichisches Theatermuseum, Wien

ELLY BURGMER (1891–1975)

Eine bedeutende Schauspielerin sowohl auf der Bühne als auch im Film war Elly Burgmer, die ihre Kindheit in Solingen verbrachte und später oft hier ihre Mutter besuchte.

Geboren am 3. Januar 1891 in Österau im Amt Plettenberg zog Auguste Elisabeth Pauline Burgmer im September 1900 mit ihren Eltern von Remscheid kommend nach Solingen. Der Vater, August Burgmer, geboren 1865 in Burg a. d. Wupper, verstarb im Jahr 1909. Mit ihren acht Kinder im Alter zwischen vier und zweiundzwanzig Jahren blieb Elise Burgmer, geborene Simon, zurück. Ihre Tochter Elisabeth, genannt Ella, Schauspielerin, verzog am 4. Oktober 1909 nach Erfurt.

Von 1921 bis 1942 war sie als Elly Burgmer am Hamburger Schauspiel eine gefeierte Salondame und noch mehr bewunderte Charakterdarstellerin. Dann ging sie ans Deutsche Theater in Berlin. Hilpert hatte sie als Maria Theresia in „Der Engel mit dem Saitenspiel" gesehen und war von ihr begeistert. Er ließ nicht locker, bis sie zusagte. Bei ihrer Abschiedsvorstellung standen die Hamburger eine Stunde lang klatschend und rufend.

In Berlin spielte Elly Burgmer weniger als in Hamburg und nicht immer in den glücklichsten Rolle. Doch hier lernte sie viele bekannte Schauspieler kennen, mit denen sie auf der Bühne stand. Ihr Schauspieldebüt gab sie in dem 1943 erschienenen Film „Der Majoratsherr", dann folgten Auftritte u. a. in „Träumerei" und „Die Mörder sind unter uns".

1943 brannte Elly Burgmers Berliner Wohnung aus, 1944 schlossen die Theater. Die Schauspielerin stolperte bei der Tobis-Filmgesellschaft über ein Kabel und erlitt einen Knöchelbruch, an dem sie lange krankte. Dann kamen die Russen und eine Zeit, über die Elly Burgmer im Interview 1951 nicht sprechen wollte: „Am besten nicht einmal mehr daran denken!", sagte sie.

Im Sommer 1945 kam das Deutsche Theater mit Thornton Wilders „Kleiner Stadt" heraus. Die Künstler hungerten und hatten, da der gesamte Verkehr in Berlin brach lag, täglich weite Fußwege zu machen. Elly Burgmer musste statt der früheren halbstündigen U-Bahn-Fahrt nun fünf Stunden zu Fuß zurücklegen. Aber man spielte und man hielt zusammen.

Das Leben in Berlin war vor der Währungsreform hoffnungslos schwierig. Elly Burgmer zog es daher wieder in den Westen. Damals sah sie in der Köcherstraße in Solingen ihre Mutter zum letzten Mal, ehe die 84-jährige einige Wochen später, Ende Februar 1948, starb.

Die Schauspielerin versuchte in Hamburg wieder Fuß zu fassen. Sie gastierte beim Rundfunk und machte bei Ida Ehre, der Gründerin der Hamburger Kammerspiele, mit. Weil sie sich „möbliert" und ohne festes Engagement in

Hamburg ungemütlich fühlte, ließ sie ihre Berliner Wohnung wieder in Stand setzen. Schließlich wusste sie nicht mehr, wo sie hingehörte. 1950 kam es endlich zum festen Engagement am Staatlichen Schauspiel in Hamburg. Berlin gab sie endgültig auf.

Als eine herzhafte, natürliche Frau erlebte der Reporter die Schauspielerin 1951. In den folgenden Jahren spielte Elly Burgmer in Filmen wie „Absender unbekannt" und „Herz ohne Gnade". Neben ihrer Tätigkeit in Film und Fernsehen wirkte sie noch an einigen Theatern als Darstellerin mit und war eine Zeit lang auch als Synchronsprecherin tätig. Sie verstarb am 1. August 1975 in Hamburg-Altona.

Elly Burgmer, 1965 *Solinger Tageblatt, Archiv*

MARITA GRÜNDGENS (1903–1985)

In einigen Spielfilmen wirkte Marita Gründgens mit, doch bekannt war sie vor allem aus dem Rundfunk und durch ihre „Kinderstimme“. Die Künstlerin Marita Gründgens fand in Solingen-Ohligs ihr Zuhause.

Maria Theresia Gründgens, die sich später Marita nannte, wurde am 23. Mai 1903 in Düsseldorf geboren und verbrachte dort ihre Kindheit und Jugend. Die Eltern stammten aus Aachen und Köln. Schon als Kinder hatten Marita und ihr älterer Bruder Gustav Gründgens andere Interessen als ihre Altersgenossen. „Beispielsweise gaben wir uns gegenseitig Klavierkonzerte“, erinnerte sich die Künstlerin in einem Interview 1983. Wenn in der Familie Gründgens auch viel gesungen wurde, war ein Künstler zuvor nicht aus ihr hervorgegangen.

Eigentlich wollte Marita Gründgens Pianistin oder Chansonsängerin werden, doch es kam anders. Einem breiten Publikum wurde sie durch den Rundfunk bekannt. Seit 1929 arbeitete sie beim WDR, zunächst bei der Sendestelle in Düsseldorf, dann in Köln. Dort nutzte sie die ganze Bandbreite der Möglichkeiten, die sich ihr bot. Sie sang im Radio Chansons, Folklore und Parodien, sie wirkte in Sketchen und kabarettistischen Sendungen mit, arbeitete aber auch im Schul- und Kinderfunk und im Hörspiel. Zeitweilig hatte sie eine eigene Sendung mit dem Namen „Lieder aller Länder“.

Marita Gründgens am Mikrophon während einer Radiosendung *Privat*

Den Erfolg brachten vor allem die „Bunten Abende“, bei denen Marita Gründgens als Vortragskünstlerin mitwirkte. Ihre „Kinderstimme“, die sie berühmt machte, wurde entdeckt, als sie für eine erkrankte Kollegin einsprang und bei einem Wunschkonzert das „Heinerle“-Lied sowohl mit der Mutter- wie mit der Kinderstimme sang. Texter und Komponisten lieferten ihr daraufhin eine Menge Lieder. Ihre größten Erfolge waren „Ich wünsch mir eine kleine Ursula“ und „Wenn ich groß bin, liebe Mutter“. Und nicht wenige Radiohörer schickten Briefe an das „kleine Mädchen“ bzw. die Tochter von Gustav Gründgens – gesehen hatte sie bis dahin kaum jemand.

In den 1930er und Anfang der 1940er Jahre machte Marita Gründgens über 60 Schallplattenaufnahmen und trat öffentlich im Berliner Wintergarten auf. Sie war häufiger Gast bei Radio Stuttgart und machte Tourneen mit Lale Andersen, Maria von Schmedes, Barnabás von Géczy oder Rosita Serrano. In dieser Zeit wirkte sie auch in einigen Spielfilmen mit wie 1934 in „Liebe, Tod und Teufel". Um 1936 entstand der Kurzspielfilm „Unter dem Pantoffel", in dem sie neben Wilhelm Strienz als Sängerin zu hören ist. Das Parodieren war bei der Sängerin, die in ihren Plaudereien vor dem Mikrofon und im Saal aus dem Stegreif vieles munter improvisierte, ein wesentliches Element. Dabei knöpfte sie sich meist gerade gängige Schlager vor.

Während des Krieges war die Künstlerin in verschiedenen Ländern als Truppenbetreuerin eingesetzt, und die Landser liebten sie wegen ihrer Zarah-Leander-Parodie. In den Nachkriegsjahren ging Marita Gründgens bis 1960 unter anderem mit Lale Andersen und Heinz Erhardt wieder auf Tournee. Diese führten sie u. a. auch nach Solingen ins legendäre Monopol-Theater am Neumarkt. Danach wurde sie noch von verschiedenen Sendern gebucht, bis sie sich endgültig von der Bühne zurückzog. Doch 1971 war sie dann nochmals in einem Film zu sehen: „Die tollkühnen Penner".

Im Jahr 1960 bewarb sich die Künstlerin auf eine Zeitungsannonce der Firma Bremshey mit Sitz in Solingen-Ohligs, die eine Hausdame für ihre „Knirps"-Verkäuferschule in Uedorf am Rhein suchte. Die Abschlussabende der Schulungen waren Treffpunkte für Schirmfabrikanten und „Knirps"-Werber mit Chefs und Verkäuferinnen. Marita Gründgens bekam die Anstellung, an der sie sehr viel Gefallen hatte. Eines Tages griff sie selbst in die Schulungsarbeit ein und dozierte über „seelische und körperliche Kosmetik".

Weil sie ihre Aufgaben sehr gut erledigte, nahm der Unternehmer sie nach der Schließung der Schulungsstätte im Jahr 1962 mit nach Solingen. Dort über-

Marita Gründgens *Privat*

nahm sie in der Personalabteilung der Firma Bremshey soziale Aufgaben bei der Betreuung und Beratung der Betriebsangehörigen und zum Teil auch der Pensionäre. „Es war eine wirklich schöne Aufgabe“, sagte Marita Gründgens 1983. Ihre Kontaktfreudigkeit kam der Künstlerin mit dem Lebensmotto „Toleranz und Humor“ sicherlich zugute.

Auch noch lange nach ihrer Karriere strahlten die Rundfunksender ihre Lieder aus. Und im Jahr 1983 holte das Fernsehen Marita Gründgens noch einmal auf die Bühne. Als Gast bei Pop-Experte Frank Laufenberg im „WWF-Club“ beherrschte sie ihr Repertoire aus dem „Eff Eff“. Bei ihrem Vortrag passten Mimik und Pointe perfekt zusammen. Der Moderator war begeistert: „Eine echte Könnerin!“

Marita Gründgens, 1983 *Dieter Schoof*

In ihrem Leben musste die Künstlerin viele Schicksalsschläge erleiden. Besonders hart traf sie der Tod ihres Bruders 1963, kurz nachdem die Eltern verstorben waren. Sie suchte Vergessen in der Arbeit, doch nach kurzer Zeit verstarb ihr Sohn Michael aus ihrer zweiten Ehe im Alter von nur 36 Jahren nach längerer Krankheit. Marita Gründgens, die auch nach der Heirat ihren Geburts- und Künstlernamen behalten hatte, blieb ihr Sohn Claus aus erster Ehe. Er lebte mit seiner Frau und den Enkeln jedoch einige Zeit im Ausland, so dass sie ihn selten sah.

Die Künstlerin, die gern in Solingen lebte, fand vor allem in Ohligs, wo sie an der Wilhelmstraße wohnte, gute Freunde, auch im Kreis der Familie Bremshey. Für deren Kinder war sie eine Art Ersatz-Oma, der sie gerne beim Erzählen aus vergangener Zeit zuhörten. Nur wenige Wochen nachdem sie an einem Herzleiden erkrankt war, verstarb die Künstlerin am 24. Dezember 1985 in Solingen-Ohligs.

TRUDE KLETT (1911–2005)
geborene Müller

Angeregt durch ihren Vater prägte eine Frau in den Jahren nach 1945 das Solinger Kulturleben weitgehend mit. „Die Volksbühne, das ist doch Trude Klett", so eine Anekdote über jenen Solinger, der dies auf die Frage eines Fremden nach der Kulturgemeinde geantwortet haben soll.

Am 17. Mai 1911 kam Berta Johanne Gertrude Müller als Tochter des Fabrikanten für Friseurbedarf Artur Müller und seiner Frau Juliane, geborene Krenzer, zur Welt. Die Eheleute hatten vier Mädchen und wohnten an der Mittelgönrather Straße in Wald. Trude, wie sie alle nannten, besuchte nach dem Abschluss der dortigen Volksschule das Lyzeum an der Altenhofer Straße. Nach der Mittleren Reife absolivierte sie eine kaufmännische Lehre bei der Firma Robert Löhmer, der auch eine Kaffeerösterei angeschlossen war. Nach dem Abschluss der Lehrzeit blieb sie dort als Sekretärin und „rechte Hand" des Chefs beschäftigt.

Trude Müller und Kurt Klett

Ursula Bitsching

Trude Müller heiratete am 9. März 1935 den gleichaltrigen Kurt Klett, der bei der Druckerei Knoche als Schriftsetzer arbeitete. Gemeinsam bezog das Paar eine Wohnung an der Rathausstraße über dem Café Laubach. Die junge Ehefrau beendete ihre berufliche Tätigkeit und wurde 1937 Mutter von Sohn Manfred und 1938 von Tochter Ursula.

Als ihr Mann einige Zeit nach Beginn des Krieges an die Front musste, führte Trude Klett die von ihm in Solingen betreute „Büchergilde" fort. Sie nahm Bestellungen entgegen und verteilte die gelieferten Bücher. Da Kurt Klett genau wie sie Stenografie gelernt hatte, fassten sie darin in den folgenden Monaten ihre rege Korrespondenz ab. Dann verließ auch Trude Klett mit den Kindern

Solingen im Zuge der normalen Evakuierung. 1942/43 waren sie einige Monate in Pommern bei Privatleuten untergebracht. Von dort reiste Trude einmal nach Berlin, um ihren Mann zu treffen, der im November 1943 in Russland fiel.

Trude Klett mit ihren Kindern Manfred und Ursula, 1941 *Ursula Bitsching*

Vor allem nach dem frühen Tod ihres Mannes, wollte Trude Klett stets für ihre Kinder da sein. Doch ihr nach eigenen Worten „theaterbesessener" Vater kam auf die Idee, der Tochter die Halbtagsstelle als Geschäftsführerin der 1946 wiedergegründeten „Solinger Theatergemeinde" schmackhaft zu machen. 1927 hatte sich die Volksbühne des Stadt- und Landkreises Solingen e.V. gegründet und war im Jahr 1933 verboten worden. Artur Müller gehörte zu den Gründungsmitgliedern und forcierte nach dem Krieg eine schnelle Neugründung.

Er schaffte es, seine Tochter zur Annahme der Arbeitsstelle zu bewegen. Mit 180 Reichsmark monatlich war der Posten dotiert, eine Summe, für die man seinerzeit auf dem schwarzen Markt nicht einmal ein Pfund Speck bekam. Für diesen Lohn arbeitete Trude Klett beinahe rund um die Uhr in einem vier Quadratmeter großen Büro, eigens abgetrennt vom Schreibwarengeschäft Bracht. Die Bewegung erhielt regen Zulauf. Schon im ersten Jahr hatte die Volksbühne an die 1.000 Mitglieder, so dass Trude Klett wegen Arbeitsüberlastung die Betreuung der „Büchergilde" aufgab.

Das Hauptziel der Volksbühne war es, den Besuch von Theater und anderen kulturellen Veranstaltungen durch die Abgabe günstiger Eintrittskarten für breite Schichten zu ermöglichen. Darüber hinaus bemühte man sich stets, Mitglieder und damit neue Interessierte für das Solinger Kulturleben zu werben. 1947 erfolgte die Umbenennung in „Kulturgemeinde Volksbühne e.V. Solingen" und ab 1950 bzw. 1952 gab es mit dem „Jugendring" bzw. der „Jugendvolksbühne" erstmals gezielte Angebote für Jugendliche.

Mehr als einmal zwangen äußere Umstände dazu, die Volksbühne neu aufzubauen. 1954 starb Artur Müller, der viele Theaterstücke und Gedichte in Solinger Mundart geschrieben hatte. Nachdem das alte Stadttheater 1957 abgebrannt war, ging die Mitgliederzahl rapide zurück. Trude Klett organisierte deshalb Autobusse, um die Mitglieder nach Ohligs und nach Wuppertal ins Theater zu bringen. Sie war stets vom frühen Abend bis spät in die Nacht unterwegs. Es war schwierig, allen gerecht zu werden, doch sie hatte die Gabe, auf Menschen zuzugehen, ihnen sachlich ihre Fragen zu beantworten und zu erklären, worum es ging. Sie war eine starke Persönlichkeit und liebte ihren Beruf. Doch ohne die vielen Helfer, darunter auch ihre Kinder Manfred und Ursula, wäre es nicht zu schaffen gewesen. Ab den 1960er Jahren wirkte die Volksbühne aktiv bei der Gestaltung des Spielplanes mit, da sie einen wesentlichen Teil der Theaterbesucher ausmachte. Ihr Sohn Manfred, der seit 1954 im geschäftsführenden Vorstand der Solinger Volksbühne mitarbeitete, wurde 1964 deren Vorsitzender.

Trude Klett bei den Feiern der Volksbühne, 17. Mai 1976 und 17. Mai 1986

Ursula Bitsching

1971 ging Trude Klett, die seit 1966 in einem eigenen Haus am Geilenberger Weg wohnte, in Pension, was jedoch für sie nicht Ruhestand bedeutete. Ursula Klett übernahm die Geschäftsführung der Volksbühne bis zu ihrem Wegzug aus Solingen im Jahr 1979. Ihr Bruder Manfred trat daraufhin vom Vorstand zurück und wurde Geschäftsführer sowohl der Solinger Volksbühne als auch der nach Solingen verlegten Landesgeschäftsstelle der Volksbühnenvereine NRW. „Ihre" Volksbühne in guten Händen wissend, nahm sich Trude Klett nun die Zeit, um noch viele Reisen zu unternehmen.

Wenn sie in Solingen war, nahm sie nach wie vor aktiven Anteil am Geschehen der Volksbühne. Sie betreute die Mitglieder vor Ort im Theater, wo sie kaum eine Vorstellung versäumte. So hatte die langjährige Geschäftsführerin der Kulturgemeinde 1986 doppelten Grund zum Feiern, ihren 75. Geburtstag und 40-jährigen Einsatz für die Volksbühne. Bei einem Empfang, den die Volksbühne ihr zu Ehren gab, war ihr Engagement noch so lebendig wie am ersten Tag. Noch viele Jahre konnte sie am Solinger Kulturleben teilhaben. Hochbetagt starb Trude Klett nach langer schwerer Krankheit am 14. Mai 2005, kurz vor Vollendung des 94. Lebensjahres.

HELENA HUSER-SINOWENKA (1919–1992)
geborene Lapina

In Solingen Zeichen gesetzt hat die in Smolensk geborene Helena Lapina mit der Ballettschule Sinowenka. Nach schicksalsschweren Jahren hatte sie in Solingen eine Heimat gefunden.

Als Tochter eines angesehenen Pianisten und einer Opernsängerin kam Helena Lapina am 19. Oktober 1919 im damaligen Russland zur Welt. Nach der Revolution im Jahr 1917 mussten die Eltern fliehen und gingen Anfang der 1920er Jahre nach Paris, wo die Tochter erstmals Ballettunterricht bekam. Aus Heimweh kehrte die Familie später nach Moskau zurück, wo sie wieder ganz von vorn anfangen musste, denn ihr Hab und Gut hatte sie restlos verloren.

Im Alter von sieben Jahren kam die kleine Helena an das Moskauer Bolschoi-Ballett und erhielt dort eine Ballettausbildung. In Moskau studierte sie auch zehn Jahre Gesang, avancierte zur Primaballerina des weltbekannten Theaters und nach weiteren sieben Jahren schließlich zur Ballettmeisterin. Neben ihrer Tätigkeit studierte sie Pädagogik und Anatomie, weil die Künstlerin all das für eine Tänzerin als unbedingt erforderlich erachtete.

1939 hatte sie ihren letzten Auftritt am Bolschoi-Theater, dann zog das ganze Ensemble zur Truppenbetreuung auf die Krim ans Schwarze Meer. Sie selbst heiratete in jenem Jahr den Opernsänger Timofej Sinowenko und unterbrach im folgenden Jahr ihre Arbeit wegen der Geburt ihres Sohnes Valentin im März 1940. Die junge Familie verbrachte mehrere Monate in Brjansk. Nachdem ihr Mann von der Roten Armee eingezogen und im Krieg auf der Krim bei der Verteidigung von Sevastopol gefallen war, begann, bedingt durch die weiteren Kriegsereignisse, das – wie sie selbst einmal sagte – „Stromerleben" der jungen Frau, das sie trotz großer Strapazen und vieler Ängste meisterte.

Als die Krim von den Deutschen eingenommen wurde, wurde das russische Ensemble zur Truppenbetreuung übernommen. Um später bei der russischen Armee nicht als Kollaborateurin zu gelten, schloss sie sich den rückziehenden deutschen Soldaten an. Ihr Sohn war stets mit dabei, auch als sie während eines Artilleriebeschusses durch Russen verwundet wurde. Nach langem Lazarettaufenthalt kam sie zwei Monate vor Kriegsende nach Hamburg, wo sie als Schwester in einem Krankenhaus arbeitete.

Als 1945 das Hamburger Schauspielhaus wieder öffnete, fand die Ballerina zu ihrem eigentlichen Beruf zurück. Später gehörte sie einem Ballett im Londoner Covent-Garden an und kam von dort aus mit der Welsh-Division nach Deutschland (Hilden) zurück, da sie das englische Klima nicht vertrug.

Hier wurde Helena Sinowenka die künstlerische Betreuung englischer Soldaten in der damaligen „Trizone" übertragen. Sie spürte in den verschiedenen Lagern Künstler aus 13 Nationen auf und brachte sie nach Hilden. Damals trug sie den Titel eines „Captains", und schmuggelte auch deutsche Künstler in „Helens Konzert-Party" ein. Für ihr Auftreten erhielten alle Beteiligten freies Wohnen und Essen – eine Kostbarkeit in der damaligen Zeit. Ihr Sohn Valentin, der immer das Wichtigste für sie war, besuchte eine deutsche Schule in Hilden.

Helena Sinowenka *Friederike Sinowenka*

Schließlich wurde Helena Sinowenka von russischen Offizieren aufgespürt, die sie unter allen Umständen nach Russland zurückbringen wollten. Sie hatte sich jedoch entschlossen, mit ihrem Sohn in Deutschland zu bleiben und versteckte sich in Haan, wo sie englische Kinder unterrichtete. Am 16. September 1950 erhielt sie vom Regierungspräsidenten in Düsseldorf die Genehmigung, Privatunterricht in Bühnentanz zu erteilen. Angebote zur Ausrichtung einer Revue in Düsseldorf lehnte sie ab: „Ich habe die russische Schule gelernt, und das ist klassisches Ballett", war ihre Antwort.

So begann Helena Sinowenka in der Haaner Turnhalle und in Hildener Gaststätten mit Ballettunterricht. Zu ihren Schülerinnen und Schülern zählten auch viele Solinger, die sie bestürmten, doch nach Solingen zu kommen. Und sie tat es. Mitte der 1950er Jahre fanden in einer Fabrikhalle an der Teschestraße die ersten Einstudierungen statt, die als Aufführungen mit dem städtischen Orchester volle Erfolge waren. In den ersten Jahren tanzte die ehemalige Primaballerina stets gemeinsam mit ihren Eleven.

Helena Sinowenka *Friederike Sinowenka*

In Solingen gründete Helena Sinowenka im Frühjahr 1959 eine Ballettschule, in der sie durchschnittlich 80 bis 100 Schülerinnen und Schülern Unterricht gab. Sie befand sich bis zuletzt im Gebäude der Stadt-Sparkasse Solingen am Schlagbaum, Ecke Kullerstraße. Dort unterrichtete sie allein, ohne weitere Lehrkräfte, unterstützt von Ilse Stöpfgeshoff als Pianistin, für die sie Noten für Klavierbegleitung umschreiben ließ. Die Aufführungen ihrer Schule waren stets ein besonderes Ereignis in Solingen, weil die große Leidenschaft für das klassische Ballett von „Madame“, wie sie liebevoll von ihren Schülerinnen genannt wurde, zu spüren war. Auf ein ausverkauftes Theater konnte sie sich verlassen.

Helena Sinowenka bei einer Aufführung ihrer Schule *Friederike Sinowenka*

Helena Sinowenka

Solinger Morgenpost, Archiv

Helena Sinowenka nähte für alle Aufführungen die Kostüme und Perücken selbst – eine Tätigkeit, die sie bei ihrer umfangreichen Ausbildung am Bolschoi-Ballett gelernt hatte. So waren die Auf-führungen nicht nur tänzerisch eine Augenweide, sondern auch ein Rausch von Farbe.

Helena Sinowenka mit der Pianistin Ilse Stöpfgeshoff, 1983 *Solinger Tageblatt, Archiv*

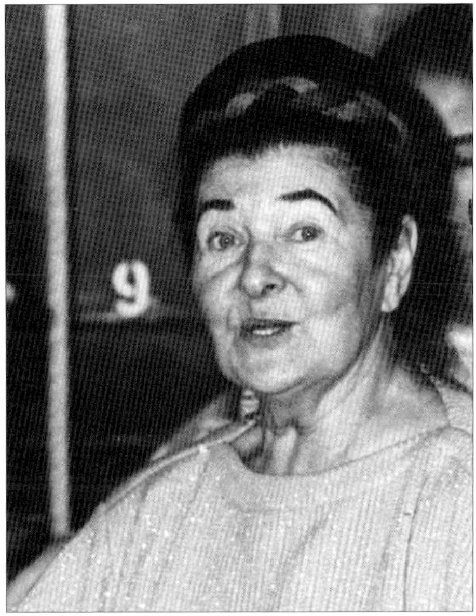

Helena Sinowenka, 1989

Solinger Morgenpost, Archiv

Durch den Einkauf von Stoffen lernte sie in Haan ihren zweiten Mann kennen, Otto Huser, Proku-rist bei einer Stofffabrik. Mit ihm und später den vier Söhnen ihres Sohnes Valentin, genannt Charly, hat Helena Sinowenka ihre freie Zeit verbracht. Intensiv kümmerte sie sich um die Jungen, von denen jedoch keiner ihre tänzerischen Fähigkeiten und Interessen hatte.

Helena Huser-Sinowenka, Mittelpunkt ihrer Familie, starb nach einem kurzen schweren Leiden am 21. Juni 1992 in Solingen. Am 14. Mai hatte sie ihren letzten Unterricht gegeben. Die weit über Solingens Grenzen hinaus bekannte Ballettschule Sinowenka schloss zunächst ihre Türen. Nach dem Verkauf ging aus ihr die heutige Ballettschule International hervor.

PINA BAUSCH (1940–2009)

Zu den unzweifelhaft weltberühmten Frauen gehört die Tanzlegende Pina Bausch, die in Solingen geboren und aufgewachsen ist. Hier stand sie auch erstmals auf den Brettern, die später für sie die Welt bedeuteten.

Philippine Bausch wurde am 27. Juli 1940 in Solingen geboren und verbrachte ihre Kindheit in der Gaststätte ihrer Eltern an der Focher Straße. Die Gastwirtsleute August und Anita Bausch, geborene Fiedler, waren Ende August 1939 mit ihren Kindern Roland und Anita von Wuppertal kommend dort eingezogen.

Pina Bausch (Mitte) in der Ballettschule des Solinger Stadttheaters, 1950er Jahre *Barbara Rennbaum*

Schon im Alter von vier Jahren führte Pina, wie sie sich kindlich selbst genannt hatte, im dem Elternhaus benachbarten Café Müller Tanzschritte vor. Sie wollte ihrer neun Jahre älteren Schwester Anita nacheifern, die damals eine Ballettschule besuchte. Schließlich durfte auch Pina zum Ballettunterricht in die Tanzschule von Jutta Hutter gehen.

Die ersten Bühnenerfolge machte sie in Solingen: Sie gehörte zum Kinderballett des Solinger Theaters, das Leonore Humburg mit Operetten-Schwung erfüllte. Mit diesem Ballett stand Pina Bausch erstmal auf der Bühne – u. a. als Liftboy, Zeitungsjunge oder Mohr im Harem.

Nach dem Besuch der Volksschule Ketzberg begann Pina Bausch im Alter von 14 Jahren ein Studium an der Folkwang-Hochschule in Essen bei Kurt Jooss und bestand mit 18 ihre Abschlussprüfung. Mit einem Stipendium des Deutschen Akademischen Austauschdienstes kam die Ballerina von 1959 bis 1962 als Studentin an die bekannte New Yorker Juilliard School. Zu ihren Lehrern zählten dort u. a. José Limon, Antony Tudor und Alfredo Corvino. In ihrer New Yorker Zeit tanzte sie in der Dance Company von Paul Sanasardo und Donya Feuer, beim New American Ballet und an der Metropolitan Opera.

1962 kehrte Pina Bausch zurück und wurde Tänzerin in dem von Kurt Jooss neu gegründeten Folkwang-Ballett. Als junge talentierte Tänzerin trat sie in den 1960er Jahren auch in ihrer Geburtsstadt Solingen auf. Beim Stiftungsfest des Männergesangverein Ossian bot sie mit Kurt Henkels, Hetty Plümacher und Alfons Holte eine Probe ihres Könnens dar.

Das Ballett auf den deutschen Bühnen war noch bis in die 1970er Jahre dominiert von den etablierten Tanzformen. Als sich jedoch aus der Reformbewegung des Ausdruckstanzes Mitte der 1960er allmählich das deutsche Tanztheater herausbildete, gehörte Pina Bausch zu den „big five“ der Gründungspioniere. Der neue Tanzstil bedeutete gleichzeitig einen radikalen Bruch: zeitnahe Gesellschaftskritik statt Märchenmief, Alltagsbewegungen statt Spitzentanz, Integration von Gesang und Sprache, Experimentieren mit Farbe und Ton.

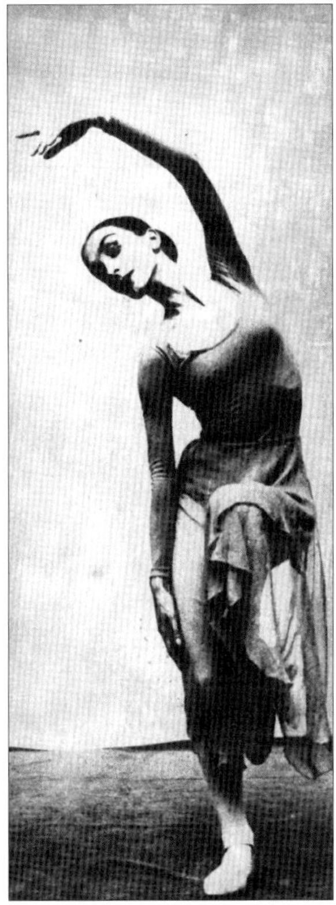

Pina Bausch, 1970

Solinger Tageblatt, Archiv

Seit 1968 fiel Pina Bausch mit eigenen Choreographien des Folkwang-Balletts auf, dessen Leitung sie im Jahr 1969 übernahm. Der Intendant der Wuppertaler Bühnen, Arno Wüstenhöfer, näherte sich dem außergewöhnlichen Talent zunächst mit Auftragsarbeiten und holte sie schließlich 1973 als Direktorin des neu gegründeten Tanztheaters nach Wuppertal. Ein mutiger Schritt – für beide Seiten. Denn die Lust der 68er am Experiment, die dem Tanztheater Einlass in die Stadttheater ermöglicht hatte, war einem Teil des Publikums vergangen. Es träumte wieder von „Schwanensee“ und quittierte die tanztheatralen Alpträume der Neuen mit Spott und Spucke. Pina Bauschs Atem reichte aus, um die eigenen Ängste zu überwinden und sich als einzige deutsche Tanztheater-Exponentin an die internationale Spitze zu arbeiten.

Ihren persönlichen thematischen Akzent legte Pina dabei in Stücken wie „Frühlingsopfer“, „Die sieben Todsünden“ oder „Blaubart“ auf das Spannungsverhältnis zwischen den Geschlechtern, die Ausbeutung und Objektivierung der Frau in einer von Männern dominierten Gesellschaft oder die Verletzbarkeit des Menschen selbst. Der frische Wind, der unter der Leitung von „Professorin Bausch“ seit Anfang der 70er Jahre wehte, verhalf dem Wuppertaler Tanztheater langsam aber stetig – und zum Trotz aller hartnäckigen Kritiker – zu internationalem Ruhm und ließ es vom einstigen Provinztheater zu einer der bedeutendsten Weltbühnen in Sachen Tanz erblühen.

Pina Bausch hat das Tanztheater revolutioniert wie niemand vor ihr, indem sie Gesang, Pantomime, Artistik und Schauspiel zu einer neuen Kunstform verbunden hat. Sprechende, singende und sich in den ungewöhnlichsten Gesten ausdrückende Tänzer, die vor allem große Motive und Atmosphären – die Innenwelten der Menschen – performten und Improvisation mit Perfektion kombinierten, waren ihr Markenzeichen. Dabei schreckte sie nicht vor den Extremen der emotionalen Expression zurück, konfrontierte das Publikum mit Ekel, Ekstase, Sex oder extremem Hass und erntete neben begeistertem Zuspruch auch oft Unverständnis und Ablehnung. Pina Bausch berührte das nur am Rande. Ihr Blick war auf ihre Kunst gerichtet.

Pina Bausch, 1973 *Solinger Tageblatt, Archiv*

Von Wuppertal aus unternahm sie immer wieder Reisen, die sie zu neuen Choreographien anregten, die sie regelmäßig, eine pro Jahr, in Wuppertal auf die Bühne brachte. Als unfertige Arbeiten ohne Titel zunächst, irgendwann gab es dann doch immer einen Namen für ihre Kompositionen aus Bewegungen, Gesten, Impulsen, die sie hervorgelockt hatte aus den Tänzern. Viele der kleinen Geschichten haben einen autobiographischen Kern. Gespielt wurden sie auf Spielwiesen der Erinnerung, in Seenlandschaften und Naturkulissen. Pina Bauschs Lebensgefährte und Bühnenbildner Rolf Borzik gestaltete sie bis zu seinem frühen Tod 1980.

Sie selbst faszinierte mit distanzierter Rätselhaftigkeit und ließ ihre Werke für sich sprechen. Doch eine Vorstellung ohne Pina Bausch gab es nicht. Die Prinzipalin des nach ihr benannten Theaters war immer anwesend. Und immer holten die Tänzerinnen und Tänzer die Choreographin zum Schluss-Applaus auf die Bühne. In Erinnerung an Pina wird ihr Ritual nach anstrengender Probenarbeit bleiben: Sie legte sich auf den Boden, um ihren Beinen an der Wand Entlastung zu geben, eine Rotweinflasche neben sich und ein „Zigarettchen" anzündend.

Trotz zahlreicher anderer Angebote seit 1973 aus Paris, Hamburg, New York und Berlin blieb die Tänzerin und Choreographin Wuppertal treu, auch wenn sie sich die Zuneigung des bergischen Publikums anfänglich mühsam erarbeiten musste. Ihr Wuppertaler Tanztheater gehört zu den international begehrtesten deutschen Kulturexporten. Es war unter Bausch seit Jahrzehnten auf den wichtigsten Bühnen der Welt zu Hause. Sie konnte die besten Tänzer aus vielen Ländern für sich gewinnen und gilt unzähligen Nachwuchskünstlern als Vorbild.

Wuppertal dankte es ihr am 27. April 2008 mit der Verleihung der Ehrenbürgerschaft, der höchsten Auszeichnung, welche die Stadt zu vergeben hat. Bis dahin hatte sie bereits mehr als 60 Auszeichnungen weltweit bekommen, darunter den herausragenden Kyoto-Kulturpreis, den Goldenen Löwen der Biennale in Venedig und die Ehrendoktorwürde der renommierten New Yorker Juilliard School. Ende 2009 wurde sie posthum für ihr Lebenswerk mit dem Theaterpreis „Der Faust“ geehrt.

Pina Bausch, 2005

Gerhard Bartsch

Zu ihrem Geburtsort Solingen hatte Pina Bausch ein zwiespältiges Verhältnis. In Anlehnung an ihre Kinder- und Jugendzeit konzipierte sie ihr berühmtes Stück „Café Müller“, in dem sie viele nachbarschaftliche Erinnerungen verarbeitete. Hier stand sie 1978 noch selbst auf der Bühne und tanzte den Part der Nachtwandlerin. Bei den wenigen Aufführungen, die sie mit ihrem Tanztheater bis in die 1980er Jahre im Solinger Theater- und Konzerthaus gab, hat sie künstlerisch gute Erfahrungen gemacht, wenn es auch einige Besucher gab, die türenschlagend aus dem Theater liefen, weil sie eine mit Torf aufgeschüttete Bühne nicht sehen wollten, und die Verantwortlichen sich über den vom Torf verstaubten Theaterraum beschwerten. Sie war eine der größten Persönlichkeiten, die diese Stadt je hervorgebracht hat; ihr Geburtshaus zu einer Gedenkstätte zu machen, hatte die Künstlerin jedoch stets abgelehnt. Im Lauf der Diskussion um den Erhalt des Gebäudes hatte sie erklären lassen, jemandem ein Denkmal zu setzen, der noch lebe, verstoße gegen den guten Geschmack.

Am 30. Juni 2009 verstarb Pina Bausch in Wuppertal nach kurzer schwerer Krankheit. Sie hinterließ ihren Lebenspartner Ronald Kay, Dichter und Literaturprofessor, und ihren gemeinsamen Sohn Rolf Salomon. Noch wenige Tage zuvor hatte sie im Wuppertaler Opernhaus auf der Bühne gestanden – bei der Uraufführung ihrer letzten Choreographie. Mit Pina Bausch verlor die internationale Tanzszene ihre wichtigste und zugleich prägendste Vertreterin. Mit über 40 eigenen Werken hinterlässt sie ein großartiges Oeuvre. Sie hat Theatergeschichte geschrieben.

GISELA TRAUT (1941–2010)
verheiratete Gahr

In wichtigen Bühnenrollen und in Fernsehfilmen war viele Jahre eine bekannte Schauspielerin zu sehen, deren Zuhause in Solingen-Wald, Am Eckstumpf, war, wohin sie später oft und gerne zurück kam.

Gabrielle Gisela Trautvetter, Tochter des Scherenmachers Willi Trautvetter und seiner Frau Hildegard, geborene Hülstrung, kam am 28. August 1941 zur Welt. Ihr späterer Beruf zeichnete sich schon früh ab: Als Kind spielte sie bei Schulaufführungen mit Begeisterung und viel Erfolg die Jungfrau Maria. Die Eltern folgten ihrem Wunsch und ermöglichten Gisela nach dem Besuch der Mittelschule privaten Schauspielunterricht, zunächst 1959 bis 1961 bei Christine Kayssler in Köln und von 1961 bis 1963 bei Maria Wimmer in München.

Gisela Traut

Stadtarchiv Solingen

Unter dem Pseudonym Gisela Traut wurde die talentierte junge Frau schnell eine bekannte Schauspielerin. Sie wirkte an den Bühnen in Neuss, Bamberg, Ingolstadt und Schleswig und wurde außerdem zu Freilichtspielen in Tecklenburg und Schwäbisch Hall verpflichtet. Einige ihrer wichtigen Rollen, die sie während ihrer Bühnentätigkeit gestaltete, war das „Käthchen von Heilbronn“, die „Jungfrau von Orleans“, das Gretchen im „Faust“, die Julia in „Romeo und Julia“ und die Eve im „Zerbrochenen Krug“.

Als „Eve“ lernte sie 1963 ihren späteren Mann kennen, den bekannten Schauspieler Michael Gahr. Mit ihm ging sie 1968 nach München und war dort zwei Jahre später an der Kleinen Komödie in der Rolle der Atlanta in der Komödie „Das Haus in Montevideo“ zu sehen.

Neben ihrer Theatertätigkeit war die Solingerin auch für Film und Fernsehen tätig, unter anderem synchronisierte sie sehr oft, das heißt, sie war als Sprecherin bei der Eindeutschung ausländischer Filme tätig. Als Darstellerin wirkte sie bis 1970 in vier Fernsehfilmen mit, die im Österreichischen Fernsehen ausgestrahlt wurden. 1970 nahm Gisela Traut das Angebot an, eine Hauptrolle in einem amerikanischen Film zu übernehmen. Drehorte für „Am siebten Tag der Woche“ waren München, das Rheinland und London.

Nach einer Gesangsausbildung in München bei Jo Bornkessel sang Gisela Traut auch mehrfach auf der Bühne, zum Beispiel in „Was ihr wollt“, aber auch in unzähligen Veranstaltungen in München, Hamburg und Essen. Gemeinsam mit ihrem Mann Michael Gahr sang sie bei dem Abend „Der Alltag trägt sein Sonntagskleid“.

Das Schauspieler-Paar Gahr-Traut heiratete 1971, doch auch danach war die Zeit nicht einfach für sie. Beide liebten ihren Beruf und waren ständig unterwegs. Da jeder woanders seine Aufgaben hatte, waren sie monatelang im Jahr getrennt. Er drehte und synchronisierte an ihrem Wohnort in München, während sie bei Barlog und Valerie von Martens ganz woanders Theater spielte. Dennoch schafften sie es oft, sich bei ihren Eltern zu treffen und mehrere Tage in Solingen zu verbringen. Nach dem Tod des Vaters kam die Mutter oft nach München.

1982 erkrankte Gisela Traut plötzlich schwer. Sie konnte nicht mehr auf der Bühne stehen, was für sie ein schwieriger Lebenseinschnitt war. Diesen meisterte sie auf eine besondere Weise: Sie schrieb ein wunderbares Buch mit dem Titel „Der Alltag trägt sein Sonntagskleid. Gedanken – Gedichte“, erschienen im Jahr 1984. Dieses reine Lyrik-Buch von Gabrielle Gisela Traut war mit über 39.000 verkauften Exemplaren ein großer Erfolg. Es folgte die Vertonung des Buches und die Herausgabe eines weiteren: „Verteile die Liebe“.

Nach langer, mit Geduld ertragener Krankheit verstarb Gisela Traut am 3. Juni 2010 in München.

SOLINGERINNEN IN DIESEM BUCH VON A BIS Z

Den Frauen, deren Namen fett gedruckt ist, ist jeweils ein eigener Beitrag gewidmet. Die anderen Frauen sind in den Texten erwähnt.

QUELLEN- UND LITERATURANGABEN

ASTEROTH, Gertrud – StAS: Einwohnerkartei; Neue Rhein-Zeitung 16.7.1955; ST 1955; SM 8.6.1968, 18.2.1989, 20.11.2003; Schriftwechsel mit Heike Weber

BADEN, Brigitte – SM 22.11.1986, 21.12.1991, 20.12.2005; ST 20.12.2005; Gespräch mit Elise Rosemeier und Manfred Baden, August 2010

BADEN, Ilse – ST 4.3.1995, ST 1.12.2004; Gespräch mit Ilse Baden, September 2010

BAUSCH, Pina – StAS: Einwohnerkartei; Bergische Blätter 19/20009; SM 1.7.2009, 1.9.2009, 13.3.2010; ST 4.2.2006, 22.4.2006, 13.6.2006, 28.4.2008, 1.7.2009, ST 1.7.2009, 16.7.2009

BECK, Helga – RP 25.5.1970

BÖHM, Elsa – Remscheider Generalanzeiger 8.9.2004; SM 27.6.1984, 23.7.1990, 15.9.2004; ST 7.6.1983, 23.7.1984, 1.2.1995, 1.5.1996, 9.5.2006; Gespräch mit Elsa Böhm, September 2010

BOLL, Edith – Rosenbaum, Wilhelm: Nützen wollen wir gern und unterhalten. Fest-schrift Verlag B. Boll 2009; ST 24.2.1998; Gespräch mit Bernhard Boll, September 2010

BREITHAUPT, Ursula – Norbert Jung: Im Gespräch: Karl Breuer, über 50 Jahre im Tanzsportgeschehen. In: tanz mit uns. März 2003; Neue Rhein Zeitung, 8.9.1956; ST 9.6.1964, 18.2.1965; Gespräch mit Ursula Breithaupt, August 2010

BREUER-REINMÖLLER, Lore – Lore Breuer: Eine Kindheit in Solingen. In: RB 1974, S. 40 ff.; Deutsches Literatur-Archiv Marbach, Internetseite, Bestände, Nachlass L. B-R.; Dirk Soechting: Zum Tode von Lore Breuer-Reinmöller. In: RB 1980, S. 97 f; StAS: Einwohnerkartei

BUCHNER,, Nanny – StAS, Nachlass Nanny Buchner, Vorwort

BURGMER, Elli – ST 21.2.1951; Auskünfte Stadtarchiv Plettenberg zu Geburts- und Sterbeurkunde

CADUFF, Sylvia – ST 7.2.1977, 2.6.1985

COMBÜCHEN, Sigrid – Schriftwechsel mit Sigrid Combüchen, August 2010

DORP, Elfriede – StARS: Heiratsurkunde 177/1911, Sterbeurkunde 216/1970; SM 17.1.1970; ST 16.1.1970; Auskünfte Sekretariat Caritas Wuppertal/Solingen, Gespräch mit Carl Barich und Frank H. Jochem, September 2010

EICKENBERG, Hildegard – SM 8.11.1980, SM 18.11.1981; ST ST 19.4.1975, 19.11.1981, ST 2.12.1997; Gespräch mit Horst Eickenberg, September 2010

EVERTS, Anneliese – Künstlerinnen aus Solingen. Eine Ausstellung anläßlich des 25jährigen Bestehens des Soroptimist Club Solingen in Zusammenarbeit mit dem Deutschen Klingenmuseum, Katalog 1993; StAS: Auskünfte aus PA 6407, Sterbeurkunde 1918/1967; SM, 10.10.1998, 4.4.2006; ST 24.2.1968, 8.10.1998;

FLEISCHER, Else – StAS: Ordner Ratsmitglieder; SM 1.8.1987, 18.12.1987; ST 5.10.1992; Gespräch mit Else Fleischer und Dora Decker, Oktober 2010

FOURNIER, Antonia – Hans Lohausen: In den Metropolen gefeiert und geschmäht. Durch einen Zufall nach 150 Jahren entdeckt: Antonia Fournier (1813–1882) – eine Burgschauspielerin, in: SM 8.5.1982

GEISLER, Friedel – Friedel Geisler: Ich hab's gesehen. Was war mit den Sinti in Solingen geschehen? In: Die Heimat, Heft 23, 2007/2008, S. 60 ff.; ST 2.5.1977; SM 30.3.83, 1.10.1988; Gespräch mit Friedel Geisler, September 2010

GENÇ, Mevlüde – Stefan Willeke über Mevlüde Genç in: DIE ZEIT, 21.05.2008 Nr. 22

GNOSS, Hanna – StAS: Einwohnerkartei, Sterbeurkunde 1596/1949; SM 30.5.1070; ST 5.5.1973, 19.6.1974

GODECK, Cäcilie – StAS, Auskünfte aus PA 803 und PA 7375; ST 7.10.1958

GÖLLLNER, Marianne – SM 22.7.1989, 7.6.2010, 29.5.2010; ST 29.5.2010; Gespräch mit Ben Göllner, Oktober 2010

GROSSER, Maria – Die Heimstatt, Jg. 1978, Heft 1–2,, S. 158 f.; StAS, Sterbeurkunde 1338/1978; RP 8.10.1955; SM 4.7.1970; ST 4.7.1970, 10.7.1970, 19.4.1975, 21.7.1978; Standesamt Meschede: Auskunft Geburtsurkunde 59/1891; Gespräch mit Dorothee Knecht-Grosser, September 2010

GROSSMANN, Kläre – StAS: Ordner Ratsmitglieder; RP 4.7.1967; SM12.10.1978, 7.8.1989
GRÜNDGENS, Marita – Prisma Nr. 22/1983; ST 24.12.1983, 28.12.1985; Gespräch mit Anita Nestler, August 2010; Gespräch mit Dieter Schoof, August 2010
GUSYK, Jenny – Rosenbaum, Wilhelm: Jenny Gusyk. Jüdin, Türkin, Solingerin, Solingen 2003; ST 12.11.2009
GUTTENBERG-STEINHAUSEN, Elisabeth – StAS: Geburtsurkunde Solingen 410/1879; Die Heimat. Jg 31, Nov. 1965; ST 8.10.1965
HAGEN, Emmi – Strohmeier, Renate: Lexikon der Naturwissenschaftlerinnen und naturkundigen Frauen Europas. S. 126; ST 7.12.1957
HÄMMERLING, Irmgard – ST 8.1.2009
HAMMERSTEIN, Wittib – Schnitzler, Erich: Die biedere Wittib Hammerstein aus Wald. In: Heimat Mai 1937 und Berg. Blätter 1/83; Braches, Bernd: Die Elberfelder Schnellpost (1783–1816). In: Briefmarkenfreunde Wuppertal, Wuppertal 1986, S. 33 ff.
HEINEN-AYECH, Bettina – RP 10.11.1955; SM 18.8.2007; ST 22.7.1955, 10.7.1998; www.bettina-heinen-ayech.de; Gespräch mit Bettina Heinen-Ayech, September 2010
HENDRICHS, Luise – Gesenkschmiede Hendrichs. Geschichte einer Solinger Fabrik, Landschaftsverband Rheinland, Rheinisches Industriemuseum, Schriften, Band 15, Essen 1999; Karin Weingart-Perschel: Vom „Fliegen, Springen, Lückenfüllen“ Solinger Frauengeschichten. Beiträge zur Industrie- und Sozialgeschichte 6, Köln 1996, S. 47–62; StAS: Sterbeurkunde Peter Wilhelm Hendrichs 2208/1974; ST 20.2.1951; Gespräch mit Eberhard Heuser, Oktober 2010
HERMES, Elly – TSG Solingen, Vereinszeitung, April 1989; StAS: Einwohnerkartei, Sterbeurkunde 131/1968; SM 16.8.1990; ST 19.2.1994, 24.10.2000; Gespräch mit Inge Scholz, September 2010, Gespräch mit Christa Zudeick, September 2010
HOLLWEG, Ilse – Karl Ruhrberg: Ilse Hollweg. Duisburg 1971; Klaus Günther: Auf den Flügeln des Gesangs. Solingen 2002; SM 2.4.1988, 13.2.1990; ST 6.10.1956, 18.4.1975
HOPPE, Auguste – Homberg, Hans-Erich: Das Sanatorium Augustaheim in Aufderhöhe. In: Die Heimat, NF, Heft 23, 2007/2008, S. 20 ff.; StAS: Heiratsurkunde Höh 46/1894, Sterbeurkunde 1405/1948, Einwohnerkartei, Bürgerrolle H 38, Handschriftliche Notizen Else Göddert, 1970
IMMER, Alida – ST 19.3.1992, 25.6.1993, 2.11.1993, 21.12.2002; Gespräch mit Adalbert Immer; Schriftwechsel mit Kay Immer, Oktober 2010
JANSEN, Mally– StAS: Auskünfte aus PA 3570; ST 28.3.1959, 24.12.1976
KARTHAUSEN, Gerburg – SM 31.10.1987; Gespräch mit Gerburg Karthausen, Oktober 2010
KETTERER, Lies – Lore Reinmöller: Lies Ketterer – Eine Solinger Bildhauerin. In: RB 1951, S. 27 ff.; Künstlerinnen aus Solingen. Eine Ausstellung anläßlich des 25jährigen Bestehens des Soroptimist Club Solingen in Zusammenarbeit mit dem Deutschen Klingenmuseum, Katalog 1993; StAS: Auskünfte aus PA 17408, O–Sammlung: Lies Ketterer, diverse Zeitungsartikel; Rheinische Landeszeitung 1940; ST 2.11.1976
KIND, Kläre –StAS: Einwohnerkartei, Notizen von Dr. Aline Poensgen 2001
KLETT, Trude –StAS: Na O72 Nachlass Klett, Vorwort; SM 21.5.1986; Gespräch mit Ursula Bitsching und Eva Klett, September 2010
KLOSE, Tilde – Krause, Manfred (Hg.): „... daß ich die Stätte des Glückes vor meinem Tode verlassen müßte“ Beiträge zur Geschichte jüdischen Lebens in Solingen, Solingen 2000; StAS: Geburtsurkunde Sg 1354/1892
KOBBENRODT, Alma – StAS: Heiratsurkunde SG 6/1916, Sterbeurkunde 1374/1977; RP 21.9.1968, 23.4.1969; ST 8.1.1968, 27.7.1977
KÖBELER, Emilie – StAS: Heiratsurkunde Sg 80/1893, Sterbeurkunde 1198/1935, Hausakten HA 1016, HA 11753, Bürgerrolle S 78; Fliedner Kulturstiftung Kaiserswerth, Akte SA-338 „Emilie Klingelnberg“; ST 6.1.1935
KÖLLER, Käthe – ST 17.2.1979
KORTENBACH, Gertrud – „Gertrud Kortenbach“, Gedächtnisausstellung Solingen 1961; Katalog „Form vollendet. Gertrud Kortenbach 1924 bis 1960“, Ausstellung Kunstmuseum Baden Solingen 2009; StAS, Sterbeurkude SG 785/1960; Gespräch mit Hildegard Terp, August 2010

LANGE, Olga – StAS, Geburtsurkunde Höhscheid 434/1886; ST 24.12.1966; Gespräch mit Evelyn und Günter Darmann, August 2010
LEISTER-BOCKHOFF, Helga – SM 21.8.2007; Schriftwechsel mit Eugen Bockhoff, September 2010
LINKE, Charlotte – RP 3.9.1969 ; SM 18.5.1968
MARKUS, Gisela – Horst Rosenstock, unter: www.blv-nrw.de/club_dmf
MAYER, Marlies – SM 8.8.1972; ST 5.8.1971; SM 26.8.1972; Gespräch mit Marlies Mayer, September 2010
MEIS, Klara – StAS: Geburtsurkunde Sg 153/1898, Auskünfte aus PA 18390; ST 29.8.1981, ST 3.9.1981
MERCATOR, Bertha – Leithäuser, Julius: Frauengestalten aus dem Wupperlande und der Nachbarschaft. In: Volks- und Heimatkunde des Wupperlandes, Elberfeld 1927; Schell, Otto: Bergische Frauen. Elberfeld 1927; StAS: Geburtsurkunde Sg 227/1861; www.zeno.org/(Pataky, Sophie: Lexikon deutscher Frauen der Feder. Bd 1, Berlin 1898); www.lutherhaus-eisenach.de
MERREM-NIKISCH, Grete – Günther, Klaus: Auf den Flügeln des Gesangs. Solingen 2002; Auskunft des Stadtarchivs Düren zur Geburtsurkunde 1887, September 2010
MIERBACH, Charlotte – Stadt Leverkusen, Frauenbüro: Frauen – Leben in Leverkusen, 2005; S. 24 f.; StAS: Einwohnermeldekartei; Gespräch mit Irmgard Mierbach, September 2010
NEEF-STOLZE,Loni – ST 26.1.1980, ST 2.11.1994
PALLAS, Betty – Wikipedia: „http://de.wikipedia.org/wiki/Betty_Pallas"
PLÜMACHER, Hetty – Günther, Klaus: Auf den Flügeln des Gesangs. Solingen 2002; StAS: Einwohnerkartei; SM 9.12.1964, 3.12.1994; ST 26.8.1970
PRIESS, Clara – Leithäuser, Julius: Frauengestalten aus dem Wupperlande und der Nachbarschaft. In: Volks- und Heimatkunde des Wupperlandes, Elberfeld 1927; Schell, Otto: Bergische Frauen. Elberfeld 1927; StAS: Geburtsurkunde Sg 28/1865; books.google.de/books: Im Wandel und in der Verwandlung der Zeit von Erika von Watzdorf-Bachoff u. a.
RAU, Brigitte –SM 8.10.1979; ST 27.9.1979
RAUTENBACH, Hanna – StAS, O-Sammlung, Hanna Rautenbach, Einwohnerkartei; ST 29.8.1981, 1.9.1981
REICHARDT-STROMBERG, Mathilde – Leithäuser, Julius: Frauengestalten aus dem Wupperlande und der Nachbarschaft. In: Volks- und Heimatkunde des Wupperlandes, Elberfeld 1927; Schell, Otto: Bergische Frauen. Elberfeld 1927; www.zeno.org/Pataky-1898 (Pataky, Sophie: Lexikon deutscher Frauen der Feder. Bd 2, Berlin 1898); Auskunft der Verbandsgemeinde Unkel: Sterbeurkunde 1898, September 2010
REIFF, Irene – ST 21.12.1983; Gespräch mit Dr. Irene Reiff, August 2010
ROOCK, Elisabeth – Lore Breuer: Elisabeth Roock. Der erste weibliche Oberbürger-meister im Bergischen Land. In: RB 1973, S. 27 –29; StAS: Ordner Ratsmitglieder; SM 15.5.1991; ST 18.1.1977, 22.8.1995, 20.11.1995
ROTHSTEIN, Erika – Landtag intern, 12.10.1993; ST 18.8.1995, 20.10.1995; Gespräch mit Erika Rothstein, September 2010
RÜPPEL, Erna – Dr. Horst Sassin, Vortragsmanuskript „Dr. Erna Rüppel"; StAS: Sterbeurkunde 1353/1970;
SAATKAMP, Elfriede – AWO: Erinnerungen zum Wiederaufbau der Arbeiterwohlfahrt Solingen nach 1945. Solingen 2006; StAS: Einwohnerkartei; Gespräch mit Paul Saatkamp, Oktober 2010
SCHAUFUSS, Christel – Sport Made in Solingen. 1984: Ewald Licht entdeckte Christel Rupke; Hamer, Bernd: Bergisches Olympiabuch. Teil 1 Solingen und Remscheid ..., Norderstedt 2008; StAS, Auskünfte aus PA 19977; ST 19.9.1953; RP 23.11.1956; ST 18.11.1998
SCHEIDMANN-HERMKES, Coeleste – Günther: Auf den Flügeln des Gesangs. Solingen 2002; RP 8.4.1954, 12.4.1954; ST 10.4.1954; Familienunterlagen; Gespräch mit Franz Josef Scheidmann, August 2010
SCHLESINGER, Erika – StAS, 0-Sammlung: Schlesinger, Erika; Korrespondenz mit Dr. Barbara Schlesinger, September 2010

SCHMITZ, Hedwig – StAS: Geburtsurkunde Höh 443/1879; ST 12.5.1955, 30.6.1970; Auskunft Verlag B. Boll, September 2010
SCHULZ, Maria – ST 17.6.1996, 24.6.2004; Gespräch mit Maria Schulz, Oktober 2010
SCHWIERES, Maria – StAS: Einwohnerkartei, Ordner Ratsmitglieder; RP 22.3.1969; ST 20.3.1969, 8.3.1982; Gespräch mit
SINOWENKA, Helena – SM 26.2.1969; ST 23.6.1992; Gespräch mit Friederike Sinowenka, August 2010
SOULT, Johanna Louise – Otto Bauermann: Das hervorragende Haus „auf der Treppe". In: Die Heimat. Beilage zum ST März/1967 (3/67), S. 9 f.; Axel Fuesers: Eine Bekanntschaft auf der Treppe. In: Die Heimat, NF Heft 3/1987, S. 5 ff.; Axel Fuesers und Albrecht Graf Finck von Finckenstein: Napoleons Marshall Soult und Louise Berg. Göttingen 2005
SPITZER, Auguste – StAS, Geburtsurkunde Höh 289/1887, Sterbeurkunde 33/1978; ST 5.8.1967; Auskünfte Messegesellschaft Wächtersbach
STEIN, Olga vom – StAS: Geburtsurkunde Sg 128/1894, Auskünfte aus PA 4341; Olga vom Stein: Lebenserinnerungen; ST 1.2.1969, 23.11.1985; Gespräch mit Ellen Weyersberg-vom Stein, September 2010
STOCKHAUSEN, Fanny – Leithäuser, Julius: Frauengestalten aus dem Wupperlande und der Nachbarschaft. In: Volks- und Heimatkunde des Wupperlandes, Elberfeld 1927; Schell, Otto: Bergische Frauen. Elberfeld 1927; StAS: Geburtsurkunde Sg 182/1846; Internet: www.zeno.org/Pataky-1898 (Pataky, Sophie: Lexikon deutscher Frauen der Feder. Bd 2, Berlin 1898)
STORSBERG, Ruth – StAS: Ordner Ratsmitglieder; RP 11.12.1970, 25.8.1972; ST 2.11.1974, 31.10.1974, 25.5.1987
TRAUT, Gisela – Interview mit Michael Gahr unter: www.kuestenwache.net/kuewa; ST 21.2.1970; Gespräch mit Michael Gahr, August 2010
VOGEL, Gisela – SM 19.2.1981, 16.1.1987; Gespräch mit Gisela Vogel, September 2010
VOGT, Elli – StAS: Einwohnerkartei, Sterbeurkunde 892/1973; ST 3.5.1973; 5.5.1973
WAGNER, Änne Wagner – Änne Wagner: Gegen den Strom? Erinnerungen, 3 Bde, Solingen 1988, 1989; Wohnen im Licht, 1/1990; StAS, O-Sammlung; ST 30.4.1997
WATZKE, Johanna – ST 21.8.1973
WESTER, Ina – www.igl-ev.de/wester_70; Gespräch mit Ina Wester, August 2010
WESTERMANN-KRIEG, Liesel – Friedhelm Funk: Liesel Westermann-Krieg. In: Stadtanzeiger Solingen 2006, S. 30; Hamer, Bernd: Bergisches Olympiabuch. Teil 1 Solingen und Remscheid
WINTER-BONN, Elisabeth – RP 22.10.1966; Hans H. Hofstätter: Elisabeth Winter-Bonn, Plastische Arbeiten in Keramik, Holz, Ton, Bronze, Staufen 1988 (Katalog); Anne-Katrin Becker (Red.): „Theatrum mundi" – Was ist die Welt? Karlsruhe 2004 (Katalog)
WITTRAM, Margot – RP 11.7.1969
WOLFERTZ, Hannelore – www.badminton.de/2002-Badmintonmenschen.279.0.html: Horst Rosenstock; Geldmacher, Wilfried u. a.: Solinger Sport '75. Solingen 1975; Gespräch mit Hannelore Wolfertz, August 2010
WOLFF, Trude – StAS: Sterbeurkunde 406/1974; RP 13.6.1969, 14.6.1969, 5.3.1974; ST 9.3.1974, 6.3.1974; Familienchronik; Gespräch mit Dr. Erich Wolff, Oktober 2010
ZENKER, Ingeborg – SM, 6.4.2010; ST 10.4.1971, ST 7.4.2010; Gespräch mit Gerburg Karthausen, Oktober 2010

In den Angaben verwendete Abkürzungen: Rheinische Post (RP), Romerike Berge (RB), Stadtarchiv Solingen (StAS), Solin-ger Tageblatt (ST), Solinger Morgenpost (SM)